한국의 여성 무급가사노동경제

권태희 著

Eureka · Digerati · BoBos
에듀컨텐츠
http://www.ecbook.biz
EduContents
B&B
Book & Brain

한국의 여성 무급가사노동경제

발행일	초판 1쇄 • 2009년 1월 5일
발행인	李 相 烈
서 명 저 자	**한국의 여성 무급가사노동경제** 권 태 희 著
발행처 출판등록 주 소 전 화 팩 스 e-mail 홈페이지	에듀컨텐츠 제22-682호(2002년 1월 9일) 서울 송파구 문정동 11-8번지 2층 (02) 443-6366 (02) 443-6376 huepia@daum.net http://www.ecbook.biz
만든사람들	기획 • **송정은** / 책임편집 • **이정희** / 표지디자인 • **이희자** / 영업 • **이강민**
정 가 ISBN	16,000원 978-89-90045-87-4 (13320)

Copyright© 2002-2009. 에듀컨텐츠
● 저자와의 협의로 인지는 생략합니다.
● 본 책자의 부분 혹은 전체를 에듀컨텐츠의 허락없이 복사, 복제, 전재하는 것은 저작권법에 저촉됩니다.

저자 : 권태희

■ **저자 약력**

상명대학교 경제학과 졸업
성균관대학교 대학원 경제학부(경제학 석사, 경제학 박사)
명지대학교 금융지식연구소 연구교수
현, 성균관대학교 경제학과 BK21 연구교수

■ **저서 및 논문**

「디지털지식경제」, 해남
「한국 적극적 조치제도의 성과 결정요인」, 한국노동연구원
"Economic Valuation of Unpaid Work in Korea," Asian Women, Vol. 21
"한국의 적극적 조치 제도평가와 개선과제," 여성연구, Vol. 73, No. 2
"Employment Problems for Irregular Workers in Korea," Pacific Affairs, Vol. 81, No.3

머리말

　무급가사노동은 우리의 생활공간을 지탱하는 노동활동으로 구성되어 있다. 무급가사노동의 양을 측정하고, 가치를 추계하는 것은 시간사용의 배분, 노동활동의 배분 및 경제적 자원과 사회적 책임에 있어서 남성과 여성사이의 주요한 불평등성의 존재를 확인하기 위해 중요하다. 또한 이것은 경제시스템의 동태적 구성요소인 인구와 노동력의 사회적 재생산과정에 투영된다.

　본 연구에서는 다양한 사회경제적 여건 하에 있는 여성과 남성이 결혼여부, 가족환경, 그리고 사회경제적 배경에 따라 무급가사노동시간이 어떻게 나타나는지를 파악하고자 하였다. 특히 여성 집단 내의 혼인상태, 경제활동 참여 여부에 따른 무급가사노동시간의 실태를 살펴보고자 하였다. 이어서 여성 무급가사노동의 기여도를 다양한 인적, 사회경제적 기준 하에서 각각 화폐가치로 산출하고 이들의 개인적 기여도를 파악하였다.

　정책적 관점에서 무급 가사노동에 대한 관심은 두 가지로 정리될 수 있는데 하나는 가치평가이고 다른 하나는 전통적 성별분업 하에서 일하는 여성의 이중부담이다. 가치평가 측면에서 고려되어야 하는 부분은 개인적인 차원에서 이들이 상해를 입거나 이혼 등 가계내의 생산 활동이 불가능하게 되었을 경우 시장에서 대체하여야 하는데 이 대체를 위한 객관적이고 정확한 기준이 없다는 점이며 동일한 이유로 국민경제 측면에서 가계 생산이 시장으로 대체될 경우 실질적인 부가가치의 증가 없는 지표성장, 즉 통계적인 착시현상이 발생하게 되는 문제이다. 동시에 일하는 여성 증가를 염두에 두면서 취업과 결혼을 동시에 병행하는 것이 여성에게 얼마나 부담이 되는지를 분석하여 여성의 경제활동증가에 따른 이중부담을 완화할 수 있는 정책적 지원의 필요성을 나타내고자 하였다.

주요 연구결과로서 가사노동의 실태를 통하여 취업여성의 과중한 이중부담을 알 수 있었으며 동시에 남성의 가치관과 실제 가사노동으로 나타나는 현상의 차이 등을 파악할 수 있었다. 향후 취업여성의 가사노동부담 완화, 성별분담에 대한 논의를 이끌어낼 수 있는 기초자료로서 역할을 할 수 있을 것이다.

취업여성의 가사노동의 가치평가는 여성, 특히 전업주부와 같이 노동 가치를 평가하는 명확한 기준이 없는 집단에게 법적지위, 경제적 가치와 보상, 그리고 사회보장 등 다양한 경제, 사회적 부문의 객관적 기준을 제시한다는 데 의의가 있다. 사회, 경제, 법률 등 현실적인 구체적 사례로 교통사고 시 상해 및 피해보상, 이혼 시 재산분할청구액 산정, 조세제도에서 부부간 상속 및 증여, 사회보험제도에서 전업주부에 대한 보험료 산정기준 등에서 여성의 무급가사동가치가 적용될 수 있다. 결과는 추정방법에 따라 다소 편차는 있었으나, 무급가사노동에 대한 총평가액이 가장 높게 추계된 방법은 총기회비용법이었으며, 가장 낮게 추계된 방법은 종합대체비용법 II 였다.

이와 같은 결과는 국민소득계정에 가계부문의 생산 활동을 통합하려는 노력에 의해 시장부문과 가계부문 사이의 상호작용을 예측해 볼 수 있는 유용한 기초자료가 될 것이다. 특히 가계부문에서 전담해온 생산 활동이 사회화 될 경우 이 시장의 규모를 추정해보고, 이에 대한 적절한 정책대응방안을 마련하는 일이 향후 필요할 것으로 판단된다.

본 연구는 그동안 저자가 연구해온 결과물을 정리한 것에 불과하다. 후속집필에서 최근 무급노동경제의 이론적 동향과 주요 선진국의 사례 비교연구를 추가, 반영할 것이다.

2008년 12월

권 태 희

목 차

Ⅰ. 서론 ·· 1
  1. 연구의 필요성 및 목적 ··· 2
  2. 연구의 내용 및 방법 ··· 4
  3. 생활시간조사 자료의 개요 ·· 6

Ⅱ. 여성 무급가사노동의 현황 ·· 11
  1. 결혼여부와 성별 무급가사노동시간 ·· 12
  2. 가구유형별 성별 무급가사노동시간 ·· 26
  3. 취업관련 지위와 성별 무급가사노동시간 ······································ 32
  4. 여성의 취업과 무급가사노동부담 ·· 53
  5. 취업노동시간에 따른 성별 무급가사노동시간 ······························ 60
  6. 한국남성의 무급가사노동시간 ·· 67

Ⅲ. 여성 무급가사노동의 가치평가 ·· 73
  1. 무급노동의 시간사용 특징 ·· 75
  2. 무급노동의 가치평가 방법 ·· 84
  3. 무급가사노동의 가치평가 ·· 92
  4. 무급가사노동가치 평가치의 종합분석 ·· 121

Ⅳ. 정책방안 ·· 129
  1. 여성무급가사노동 실태와 정책과제 ·· 130
  2. 무급노동의 가치평가와 정책과제 ·· 134
  3. 연구의 한계 및 향후 연구 ·· 148

참고문헌 ·· 149
부 록 ·· 155

표 목 차

<표 Ⅱ-1> '남자는 직장 여자는 가정'에 대한 태도 ················· 13
<표 Ⅱ-2> '맞벌이부부는 집안일도 공평하게 분담해야 한다'에 대한 태도 ····· 13
<표 Ⅱ-3> 성별·요일별 가사노동 시간 - 20세 이상 ················· 15
<표 Ⅱ-4> 혼인상태별 평균시간 - 20세 이상 미혼자 ················· 15
<표 Ⅱ-5> 혼인상태별 평균시간 - 20세 이상 기혼자 ················· 15
<표 Ⅱ-6> 혼인상태별 행위자 비율 - 20세 이상 미혼자 ··············· 16
<표 Ⅱ-7> 혼인상태별 행위자 비율 - 20세 이상 기혼자 ··············· 17
<표 Ⅱ-8> '남성은 직장 여성은 가정'에 대한 태도와 무급가사노동시간 ········ 19
<표 Ⅱ-9> 기혼여성의 취업여부별 평균시간 - 20세 이상 ··············· 21
<표 Ⅱ-10> 전업주부와 취업주부의 전체 노동시간 - 20세 이상 ··········· 21
<표 Ⅱ-11> 여성의 취업노동시간과 무급가사노동시간 ················· 23
<표 Ⅱ-12> 맞벌이와 비맞벌이별 성별 무급가사노동시간 ··············· 24
<표 Ⅱ-13> 한 부모 및 양부모 여부에 따른 취업노동, 가정관리 및
         돌보기 시간 ·································· 27
<표 Ⅱ-14> 가구유형별 행위자 비율 - 편부모 가구 ·················· 28
<표 Ⅱ-15> 농가 구분과 성별 구분에 따른 가사노동과 취업노동시간 ········ 30
<표 Ⅱ-16> 농가의 성별 무급가사노동시간 ······················· 30
<표 Ⅱ-17> 비농가의 성별 무급가사노동시간 ····················· 31
<표 Ⅱ-18> 미혼 취업자의 성별 무급가사노동시간 ·················· 33
<표 Ⅱ-19> 기혼 취업자의 성별 무급가사노동시간 ·················· 34
<표 Ⅱ-20> 평일 미혼취업자의 직업별 무급가사노동시간 ··············· 36
<표 Ⅱ-21> 토요일 미혼취업자의 직업별 무급가사노동시간 ············· 37
<표 Ⅱ-22> 일요일 미혼취업자의 직업별 무급가사노동시간 ············· 38
<표 Ⅱ-23> 평일 기혼취업자의 직업별 무급가사노동시간 ··············· 39
<표 Ⅱ-24> 토요일 기혼취업자의 직업별 무급가사노동시간 ············· 40
<표 Ⅱ-25> 일요일 기혼취업자의 직업별 무급가사노동시간 ············· 41
<표 Ⅱ-26> 평일 미혼취업자의 종사상 지위별 무급가사노동시간 ·········· 43

<표 Ⅱ-27> 토요일 미혼취업자의 종사상 지위별 무급가사노동시간 ··················· 43
<표 Ⅱ-28> 일요일 미혼취업자의 종사상 지위별 무급가사노동시간 ··················· 44
<표 Ⅱ-29> 평일 기혼취업자의 종사상 지위에 따른 무급가사노동시간 ············· 46
<표 Ⅱ-30> 토요일 기혼취업자의 종사상 지위에 따른 무급가사노동시간 ·········· 46
<표 Ⅱ-31> 일요일 기혼취업자의 종사상 지위에 따른 무급가사노동시간 ·········· 47
<표 Ⅱ-32> 평일 20세 이상 미혼취업자의 소득별 평균 무급가사노동시간 ········ 48
<표 Ⅱ-33> 토요일 20세 이상 미혼취업자의 소득별 평균 무급가사노동시간 ···· 49
<표 Ⅱ-34> 일요일 20세 이상 미혼취업자의 소득별 평균 무급가사노동시간 ···· 49
<표 Ⅱ-35> 평일 20세 이상 기혼취업자의 소득별 평균 무급가사노동시간 ······· 51
<표 Ⅱ-36> 토요일 20세 이상 기혼취업자의 소득별 평균 무급가사노동시간 ···· 51
<표 Ⅱ-37> 일요일 기혼취업자의 소득별 평균 무급가사노동시간 ······················ 52
<표 Ⅱ-38> 미취학자녀, 취업유무별 취업·무급무급가사노동시간 ······················ 53
<표 Ⅱ-39> 취업자의 휴일 유형별 무급가사노동시간 ·························· 55
<표 Ⅱ-40> 기혼취업자의 미취학자녀 유무에 따른 무급가사노동시간 ·············· 56
<표 Ⅱ-41> 취업여성의 피곤정도에 따른 가사노동·취업노동시간 ····················· 57
<표 Ⅱ-42> 기혼취업여성의 미취학아동유무, 피곤정도에 따른 가사·취업노동시간
··· 59
<표 Ⅱ-43> 기혼취업여성의 주당 노동시간에 따른 가정관리, 돌보기,
무급가사노동시간 ··· 60
<표 Ⅱ-44> 평일 주36시간미만 기혼취업자의 미취학아동유무별
가사·취업노동시간 ·· 61
<표 Ⅱ-45> 토요일 주36시간미만 기혼취업자의 미취학아동유무별
가사·취업노동시간 ·· 62
<표 Ⅱ-46> 일요일 주당 36시간미만 노동 기혼취업자의 미취학아동유무별
가정관리, 돌보기, 취업노동시간 ··· 64
<표 Ⅱ-47> 평일 주당 36시간 이상 노동 기혼취업자의 미취학아동유무별
가정관리, 돌보기, 취업노동시간 ··· 64
<표 Ⅱ-48> 토요일 주당 36시간 이상 노동 기혼취업자의 미취학아동유무별
가정관리, 돌보기, 취업노동시간 ··· 66
<표 Ⅱ-49> 일요일 주당 36시간 이상 노동 기혼취업자의 미취학아동유무별
가정관리, 돌보기, 취업노동시간 ··· 66

<표 Ⅱ-50>	남성의 혼인상태별 무급가사노동시간	68
<표 Ⅱ-51>	남성의 교육수준별 무급가사노동시간	69
<표 Ⅱ-52>	'남성은 직장, 여성은 가정'에 대한 태도와 무급가사노동시간	70
<표 Ⅱ-53>	남성의 소득별 무급가사노동시간	71
<표 Ⅱ-54>	남성의 직업별 무급가사노동시간	72
<표 Ⅲ-1>	전업주부의 1인당 월 무급가사노동 가치평가 비교	75
<표 Ⅲ-2>	성별에 의한 1일 평균무급노동시간	77
<표 Ⅲ-3>	전체여성의 활동유형별·연령별 무급노동시간	83
<표 Ⅲ-4>	여성의 활동별 대응직종 및 시간당 평균임금	104
<표 Ⅲ-5>	여성의 활동유형별·연령별 시간당 평균임금	105
<표 Ⅲ-6>	전체여성의 연령별 무급노동 참여 수	106
<표 Ⅲ-7>	전체여성의 개별기능대체비용법의 평가액	107
<표 Ⅲ-8>	전체여성의 연령별 시간당 종합대체비용Ⅰ	108
<표 Ⅲ-9>	전체여성의 종합대체비용법Ⅰ의 평가액	108
<표 Ⅲ-10>	전체여성의 연령별 시간당 종합대체비용Ⅱ	109
<표 Ⅲ-11>	전체여성의 종합대체비용법Ⅱ의 평가액	110
<표 Ⅲ-12>	전체여성의 연령별 시간당 기회비용	111
<표 Ⅲ-13>	전체여성의 총기회비용법의 평가액	111
<표 Ⅲ-14>	전체여성의 순기회비용법의 평가액	112
<표 Ⅲ-15>	전체여성의 임금가중치 Ⅰ, Ⅱ	113
<표 Ⅲ-16>	전체여성의 Hybrid 평가법Ⅰ의 평가액	114
<표 Ⅲ-17>	전체여성의 Hybrid 평가법Ⅱ의 평가액	115
<표 Ⅲ-18>	기존연구(1999)와의 1인당 월 무급노동가치 비교	125
<표 Ⅳ-1>	전업주부의 손해배상액 비교	138

그 림 목 차

<그림 Ⅱ-1>	혼인상태별 평균 무급가사노동시간	16
<그림 Ⅱ-2>	혼인상태별 가정관리 행위자 비율	17
<그림 Ⅱ-3>	미혼자의 '남성은 직장, 여성은 가정'에 대한 태도와 무급가사노동시간	19
<그림 Ⅱ-4>	기혼자의 '남성은 직장 여성은 가정'에 대한 태도와 무급가사노동시간	20
<그림 Ⅱ-5>	기혼여성의 취업여부별 무급가사노동시간	21
<그림 Ⅱ-6>	전업주부와 취업주부의 전체 노동시간	22
<그림 Ⅱ-7>	여성의 취업노동시간과 무급가사노동시간	23
<그림 Ⅱ-8>	맞벌이 가구의 성별 무급가사노동시간	25
<그림 Ⅱ-9>	비맞벌이 가구의 성별 무급가사노동시간	25
<그림 Ⅱ-10>	한 부모 및 양부모 여부에 따른 취업노동, 가정관리 및 돌보기 시간	27
<그림 Ⅱ-11>	가구유형별 행위자 비율: 평일	28
<그림 Ⅱ-12>	가구유형별 행위자 비율: 일요일	29
<그림 Ⅱ-12>	농가 구분과 성별 구분에 따른 가사노동과 취업노동시간	30
<그림 Ⅱ-13>	농가와 비농가의 가정관리 사용시간	31
<그림 Ⅱ-14>	미혼 취업자의 성별 무급가사노동시간	33
<그림 Ⅱ-15>	기혼 취업자의 성별 무급가사노동시간	34
<그림 Ⅱ-16>	평일 미혼취업자의 직업별 무급가사노동시간	36
<그림 Ⅱ-17>	토요일 미혼취업자의 직업별 무급가사노동시간	37
<그림 Ⅱ-18>	일요일 미혼취업자의 직업별 무급가사노동시간	38
<그림 Ⅱ-19>	평일 기혼취업자의 직업별 무급가사노동시간	39
<그림 Ⅱ-20>	토요일 기혼취업자의 직업별 무급가사노동시간	40
<그림 Ⅱ-21>	일요일 기혼취업자의 직업별 무급가사노동시간	42
<그림 Ⅱ-22>	평일 미혼취업자의 종사상 지위별 무급가사노동시간	43
<그림 Ⅱ-23>	토요일 미혼취업자의 종사상 지위별 무급가사노동시간	44
<그림 Ⅱ-24>	일요일 미혼취업자의 종사상 지위별 무급가사노동시간	44
<그림 Ⅱ-25>	평일 기혼취업자의 종사상 지위별 무급가사노동시간	45
<그림 Ⅱ-26>	토요일 기혼취업자의 종사상 지위에 따른 무급가사노동시간	46

<그림 Ⅱ-27> 일요일 기혼취업자의 종사상 지위에 따른 무급가사노동시간 …… 47
<그림 Ⅱ-28> 평일 미혼취업자의 소득별 평균 무급가사노동시간 ………… 48
<그림 Ⅱ-29> 토요일 미혼취업자의 소득별 평균 무급가사노동시간 ……… 49
<그림 Ⅱ-30> 일요일 미혼취업자의 소득별 평균 무급가사노동시간 ……… 50
<그림 Ⅱ-31> 평일 기혼취업자의 소득별 평균 무급가사노동시간 ………… 51
<그림 Ⅱ-32> 토요일 기혼취업자의 소득별 평균 무급가사노동시간 ……… 52
<그림 Ⅱ-33> 일요일 기혼취업자의 소득별 평균 무급가사노동시간 ……… 52
<그림 Ⅱ-34> 미취학자녀, 취업유무별 취업·무급가사노동시간 …………… 53
<그림 Ⅱ-35> 취업여성의 피곤정도에 따른 가사노동·취업노동시간 …… 58
<그림 Ⅱ-36> 기혼취업여성의 미취학아동유무, 피곤정도에 따른
           가사·취업노동시간 ……………………………………………… 59
<그림 Ⅱ-37> 기혼취업여성의 주당 노동시간에 따른 무급가사노동시간 ………… 61
<그림 Ⅱ-38> 평일 주36시간미만 기혼취업자의 미취학아동유무별
           가사·취업노동시간 ……………………………………………… 61
<그림 Ⅱ-39> 토요일 주36시간미만 기혼취업자의 미취학아동유무별
           가사·취업노동시간 ……………………………………………… 63
<그림 Ⅱ-40> 일요일 주당 36시간미만 노동의 기혼취업자의 미취학아동 유무별
           가정관리, 돌보기, 일영역시간 ………………………………… 64
<그림 Ⅱ-41> 평일 주당 36시간 이상 노동 기혼취업자의 미취학아동유무별
           가정관리, 돌보기, 취업노동시간 ……………………………… 65
<그림 Ⅱ-42> 토요일 주당 36시간 이상 노동 기혼취업자의 미취학아동유무별
           가정관리, 돌보기, 취업노동시간 ……………………………… 66
<그림 Ⅱ-43> 일요일 주당 36시간 이상 노동 기혼취업자의 미취학아동유무별
           가정관리, 돌보기, 취업노동시간 ……………………………… 67
<그림 Ⅱ-44> 남성의 혼인상태별 무급가사노동시간 ………………………… 68
<그림 Ⅱ-45> 남성의 교육수준별 무급가사노동시간 ………………………… 69
<그림 Ⅱ-46> '남성은 직장, 여성은 가정'에 대한 태도와 무급가사노동시간 …… 70
<그림 Ⅱ-47> 남성의 소득별 무급가사노동시간 ……………………………… 71
<그림 Ⅱ-48> 남성의 직업별 무급가사노동시간 ……………………………… 72
<그림 Ⅲ-1> 활동유형별·여성특성별 무급노동시간 비교 …………………… 79
<그림 Ⅲ-2> 전체여성의 연령계층별 무급노동시간 비교 …………………… 80
<그림 Ⅲ-3> 전체여성의 연령별 총 추계액 ………………………………… 116
<그림 Ⅲ-4> 전체여성의 연령별 1인당 연간 평가액 ……………………… 117
<그림 Ⅲ-5> 전체여성의 연령별 1인당 월 평가액 ………………………… 117

부표목차

<부표 1> 전체여성과 전업주부의 '99 vs '04년 무급노동시간 비교 ·············· 156
<부표 2> 전체여성의 연령계층별 '99 vs '04년 무급노동시간 비교 ·············· 157
<부표 3> 전업주부의 활동유형별·연령계층별 무급노동시간 ························ 158
<부표 4> 취업주부의 활동유형별·연령별 무급노동시간 ···························· 159
<부표 5> 전체남성의 활동유형별·연령별 무급노동시간 ···························· 160
<부표 6> 전업주부의 활동유형별·연령별 시간당 평균임금 ························ 161
<부표 7> 전체여성의 무급노동가치 평가액 종합표 ···································· 162
<부표 8> 전업주부의 무급노동가치 평가액 종합표 ···································· 163
<부표 9> 1999년 전체여성의 무급가사노동가치 평가액 종합표 ················ 164
<부표 10> 1999년 전업주부의 무급가사노동가치 평가액 종합표 ················ 165
<부표 11> 1999년 전체남성의 무급가사노동가치 평가액 종합표 ················ 166
<부표 12> 취업주부의 무급노동가치 평가액 종합표 ···································· 167
<부표 13> 전업주부(중졸)의 무급노동가치 평가액 종합표 ·························· 168
<부표 14> 전업주부(고졸)의 무급노동가치 평가액 종합표 ·························· 169
<부표 15> 전업주부(대졸)의 무급노동가치 평가액 종합표 ·························· 170
<부표 16> 전업주부(대학원졸)의 무급노동가치 평가액 종합표 ··················· 171
<부표 17> 전업주부(중졸, 미취학아이 유)의 무급노동가치 평가액 종합표 ···· 172
<부표 18> 전업주부(중졸, 미취학아이 무)의 무급노동가치 평가액 종합표 ···· 173
<부표 19> 전업주부(고졸, 미취학아이 유)의 무급노동가치 평가액 종합표 ···· 174
<부표 20> 전업주부(고졸, 미취학아이 무)의 무급노동가치 평가액 종합표 ···· 175
<부표 21> 전업주부(대졸, 미취학아이 유)의 무급노동가치 평가액 종합표 ···· 176
<부표 22> 전업주부(대졸, 미취학아이 무)의 무급노동가치 평가액 종합표 ···· 177
<부표 23> 취업주부(중졸)의 무급노동가치 평가액 종합표 ·························· 178
<부표 24> 취업주부(고졸)의 무급노동가치 평가액 종합표 ·························· 179
<부표 25> 취업주부(대졸)의 무급노동가치 평가액 종합표 ·························· 180
<부표 26> 취업주부(대학원졸)의 무급노동가치 평가액 종합표 ··················· 181
<부표 27> 취업주부(중졸, 미취학아이 유)의 무급노동가치 평가액 종합표 ······· 182

<부표 28> 취업주부(중졸, 미취학아이 무)의 무급노동가치 평가액 종합표 ········ 183
<부표 29> 취업주부(고졸, 미취학아이 유)의 무급노동가치 평가액 종합표 ········ 184
<부표 30> 취업주부(고졸, 미취학아이 무)의 무급노동가치 평가액 종합표 ········ 185
<부표 31> 취업주부(대졸, 미취학아이 유)의 무급노동가치 평가액 종합표 ········ 186
<부표 32> 취업주부(대졸, 미취학아이 무)의 무급노동가치 평가액 종합표 ········ 187
<부표 33> 취업주부(대학원졸, 미취학아이 유)의 무급노동가치 평가액
 종합표 ·· 188
<부표 34> 취업주부(대학원졸, 미취학아이 무)의 무급노동가치 평가액
 종합표 ·· 189
<부표 35> 여성가구주(전체)의 무급노동가치 평가액 종합표 ·························· 190
<부표 36> 여성가구주(전업주부)의 무급노동가치 평가액 종합표 ··················· 191
<부표 37> 여성가구주(취업주부)의 무급노동가치 평가액 종합표 ···················· 192

I. 서 론

1. 연구의 필요성 및 목적   2
2. 연구의 내용 및 방법   4
3. 생활시간조사 자료의 개요   6

I. 연구의 필요성 및 목적

여성이 주로 수행하는 가계내의 생산 활동은 무급가사노동에 의하여 이루어지기 때문에 이들의 개인적 기여도를 파악하는데 어려움이 있다. 또한 이들 집단의 노동가치가 국민소득계정에 포함되지 않아 이들의 생산 활동과 부가가치가 국민경제 전체에서 파악되지 않는 문제가 있다.

이러한 노동가치 평가가 문제제기 되는 이유는 몇 가지로 예를 들어 볼 수 있는데 개인적인 차원에서는 이들이 상해를 입거나 이혼 등 가계내의 생산 활동이 불가능하게 되었을 경우 시장에서 대체하여야 하는데 이 대체를 위한 객관적이고 합리적 기준이 없기 때문이다. 동일한 이유로 국민경제 측면에서 가계생산이 시장으로 대체될 경우 실질적인 부가가치의 증가 없는 지표성장, 즉 통계적인 착시현상이 발생하기 때문이다. 국부를 전체적으로 파악하고 평가하여야 하는 국민계정에서의 가계생산 부문의 누락은 오랜 논의의 역사를 가지고 있다.

노드하우스와 토빈(Nordhaus & Tobin)은 새로운 지표인 MEW(Measure of Ecocomic Welfare)를 통하여 기존의 GNP 개념에 소비자 내구재에서 발생하는 서비스(capital service), 여가, 비시장노동(non-market work), 귀속가치(imputed value)를 추가로 계상하고 비용측면에서 고려할 수 있는 경제성장에 따른 도시화, 교통 혼잡, 소음, 환경오염 등을 공제하는 방안을 제시하였다.

이어서 세계 각국에서 가계생산의 가치부여에 대한 논의들이 이루어지기 시작하였으며 이러한 가계생산이 주로 여성에 의하여 이루어지는 이유로 여성의 노동가치 평가를 위한 움직임으로 가시화되기 시작하였다. 1975년 이후 여러 가지 국제적인 연구와 회의가 가시화되기 시작하였으며 우리나라에서도 1990년 이후 이러한 논의들이 본격적으로 시작되었다.

실질적으로 우리나라는 논의의 시작은 다소 늦었지만 상당부분 많은 연구와 논의의 진전을 이루었는데 가사노동의 가치평가와 국민계정 산입의 기초가 되는 국가자료의 구축이 이루어지기 시작하면서 본격화되었다. 우리나라는 1999년 통계청의 '생활시간조사'를 통하여 투입물 접근법에 의한 가사노동 가치평가와 위성계정 개발이 가능하게 되었다.

이 자료를 이용하여 2001년 한국여성개발원에서 수행한 '무급노동의 경제적 가치평가와 정책방안' 연구, '무보수 가사노동 위성계정 개발을 위한 연구', '무급노동의 국민소득계정 통합: 해외사례와 국내정책방안' 연구 등이 차례로 수행되어 개인의 무급노동가치 평가 및 국가경제에서 차지하는 기여도를 산출하는 데 기여하였다. 2004년 통계청은 '제2차 생활시간조사'를 수행하였고 1999년의 자료와의 연계 속에 무급가사노동의 실태 및 변화 파악, 가치평가, 위성계정의 개발 및 국민계정에의 산입을 보완 연구할 수 있는 인프라를 구축하였다.

그럼에도 불구하고 연구결과의 확산을 통한 무급가사노동의 중요성, 경제적 기여에 대한 대내외적 인식의 제고가 미흡하였고 이에 따라 여성의 가사노동과 관련된 적극적인 정책화가 미흡하였던 점을 지적할 수 있다. 특히 현재 활발하게 진행되고 있는 돌봄 노동, 자녀보육, 여성의 가정관리 영역의 전문화 등에 따른 변화와 특징에 대한 논의가 부족하여 여성의 가계생산에서의 기여도를 정확하게 평가하는데 어려움을 겪어 왔다.

여성의 경제활동참여 증대 및 가구구조의 변화 등 가계생산을 둘러싼 환경변화들은 여성의 무급가사노동의 가치평가와 국민경제에서의 기여도 평가가 보다 구체적이고 실효성 있는 방향으로 이루어져야 함을 의미한다. 이러한 과학적인 분석의 기초 하에 향후의 가사노동방식의 변화를 예측하고 이와 관련된 정책방안을 마련할 필요가 있다.

본 연구는 세 가지 주요 연구주제를 중심으로 연구진행하고자 한다. 첫째, 무급가사노동의 실태와 변화를 파악하고자 한다. 집단별로 무급가사노동실태는 어떠한 양상을 가지는지를 파악하고 특히 여성의 인구사회학적 변화, 가구의 구조 변화 등과 더불어 무급가사노동 실태의 변화를 파악하고 향후의 변화방향을 예측하는 것을 주요 목적으로 한다.

둘째, 무급가사노동의 경제적 가치를 다양한 방법으로 평가, 비교하여 이혼이나 상해 등 여성의 재산권과 관련된 정책방안을 수립하는 기초 자료로서 활용하고자 한다. 특히 다양한 여성 집단별로 경제적 가치평가방법을 체계적으로 분류하여 실효성 있는 근거자료로서 역할을 하도록 한다.

2. 연구의 내용 및 방법

가. 연구의 내용

1) 무급가사노동의 실태 및 변화추이 파악

무급가사노동의 실태를 다양한 집단별로 파악하고 비교하고자 한다. 우선 전업주부의 가사노동 실태를 파악하고 2004년과 1999년의 실태를 비교분석함으로써 향후의 변화방향 등을 예측하고자 한다. 전업주부 뿐 아니라 종사상 지위별 취업여성의 가사노동실태와 변화를 파악하고 가족구조에 따른 가사노동실태, 가족내 남녀간 비교 등을 통하여 여성의 가사노동 기여도를 구체화하고자 한다. 이러한 실태를 바탕으로 가족정책을 수립할 수 있는 기초를 마련하고 가사노동과 관련된 가족정책을 개발하여 양성평등한 가족문화를 수립할 수 있는 기반을 마련하고자 한다.

2) 무급가사노동의 경제적 가치평가

무급가사노동의 가치평가는 개인의 노동가치 평가를 위하여 많은 방법론의 개발 및 적용에 대한 시도가 이루어진 부분이다. 현재까지 진행된 기회비용법, 전문가대체법 등을 적용하여 가치평가를 수행한다. 여성 집단별로 세분화된 결과를 도출하여 각각의 개인이 처한 상황에 따른 가장 적절한 가치 평가법을 제시하고자한다. 이러한 세부적인 가치평가가 사회, 경제적으로 수용될 수 있도록 하는 방안을 마련하고자 한다.

나. 연구방법

본 연구를 위한 연구방법은 크게 문헌연구와 자료분석을 통한 연구로 나뉜다. 주된 자료는 통계청의 '제1, 2차 생활시간조사(1999, 2004)' 자료이다. 또 하나의 주요한 자료는 통계청의 '가계조사(각년호)'로 가계의 소비지출 및 내구재보유 사항을 담고 있는 자료이다. 또 하나의 중요한 자료는 노동부의 '임금구조기본통계' 조사 자료이다. 노동가치 평가를 위한 임금자료로 이용된다. 자료를 이용한 분석은 생활시간사용의 실태, 가치평가에 모두 이용된다. 문헌연구는 주로 가치평가에 대한 이론적 논의와 발전에 대하여 다룰 것이다.

다. 연구의 의의

본 연구를 통하여 여성무급노동 실태를 파악하고 성별, 여성 취업여부 별 가사노동분담실태 등을 파악함으로써 양성평등한 가족정책 수립을 위한 기초 자료를 제공할 수 있다. 또한 일과 가족 양립에 대한 가족정책 발굴의 기초가 되는 무급가사노동시간 사용 실태를 파악함으로써 여성정책의 실효성을 제고할 수 있다.

다양한 가사노동가치 평가 방법을 이용하여 무급노동의 가치평가를 제시하고 이를 여성의 재산권 보호, 상해 및 보험, 이혼이나 재산분할 등의 근거자료로서의 활용도를 제고한다. 특히 각 개인의 산출근거가 되는 집단을 보다 세분화하여 각 집단의 대표성 있는 가치평가 자료를 산출한다. 가계생산의 국민경제 기여도를 파악하고 실질적으로 국민 삶의 질을 측정할 수 있는 도구가 되도록 하는 데 의의가 있다.

이러한 연구결과를 통하여 인식확산 및 홍보효과를 꾀하게 되는데 특히 성별, 여성 취업여부별로 가사노동과 돌봄 노동이 불공평하게 분담되어 있는 현황을 통해 무급노동에서의 여성 기여도를 인식하게 할 수 있다. 성별로 불평등한 무급가사노동 분담으로 인한 가족변화의 파급효과, 예를 들어 젊은 세대 여성이 결혼과 출산을 연기·기피하게 하는 요인 등을 예측할 수 있다. 젊은 여성의 증가하는 사회적 참여 욕구 실현과 출산수준 제고를 위해서는 현재 성별 불평등한 무급노동 분배가 개선되어야 함 등을 홍보하여 양성평등한 가족정책방안 마련과 관련된 일반인의 지지를 얻어낼 수 있다.

3. 생활시간조사 자료의 개요

가. 생활시간조사 개요

무급 가사노동의 실태를 파악하는데 주로 사용되는 자료는 통계청에서 수집한 '전국 생활시간조사'자료이다. '생활시간조사'는 1999년 1차 조사를 시작으로 5년을 주기로 시행되고 있다. 2004년 제 2차 생활시간조사가 이루어져 결과를 발표하였다. 생활시간조사의 주요 목적은 우리나라 국민이 하루 24시간을 어떤 형태로 보내고 있는가를 조사하여 국민의 삶의 방식과 질을 파악하고 주어진 시간자원을 효율적으로 활용하도록 하는 기초자료를 제공하는데 일차적인 목적이 있다. 또한 이 자료의 명시적인 목적으로 무보수 가사노동에 소요된 시간과 그 외 다양한 생활시간을 파악하여 각종 노동, 복지, 문화, 교육, 교통 관련 정책 수립 및 학문적 연구 활동에 기초자료로 사용하기 위함을 들고 있다.

1999년 1차 조사의 경우 전국 17,000가구에 거주하는 만 10세 이상 가구원 46,109명의 시간사용을 응답하게 하였다. 가구당 응답일은 2일로 자기장부기입 방식(diary)을 이용하게 하였다. 조사항목은 가구관련 사항으로 주택의 종류, 입주형태, 아동사항 등이고 개인관련 사항으로는 성별, 연령, 교육정도, 혼인상태 및 경제활동상태, 주관적 느낌, 시간활용일지(diary)를 조사하였다.

2004년에도 기본적인 사항은 동일하게 조사되었다. 조사규모는 전국 약 12,750가구로 만 10세 이상 가구원 약 32,000명이 포함되었다. 조사항목에서 기존의 1999자료와 변경된 사항이 있는데 이는 타 통계조사와의 중복을 피하기 위함이다. 본 조사가 경제활동인구조사 구에서 표본을 추출하였으므로 기본적으로 경제활동인구조사에 응답한 가구나 개인의 경우 이들의 인구학적 사항이나 가구사항이 중복될 수 있다. 이를 고려하여 농어가의 구분이나 주택사항, 개인사항 중 학력이나 혼인상태 등은 2004년 8월 경제활동인구조사를 연결할 수 있도록 하였다. 개인관련 사항은 인구특성인 가구주와의 관계나 성별, 생년월일 뿐 아니라 미취학자녀의 보육여부, 주당 돌본 시간, 돌본 사람 등을 구체적으로 조사하였다. 1999년에 비하여 성(gender)역할에 대한 주관적인 느낌 등을 추가하여 생활시간에 대한 개인의 주관적 평가를 파악하고자 하였다. 또한 경제활동상태나 부업의 여부, 일한 총시간, 산업 및 직업, 직장에서의 지위, 월평균 소득, 주휴제도, 업무후의 피로도 등도 1999년에 이어 조사하였다.

나. 행동분류 및 변화

기본적으로 1999년의 행동분류 사항을 따르되 변화가 필요한 부분을 중심으로 조정하였다. 대분류로는 9개 분류, 중분류로는 53개 항목이 있다. 대분류는 1. 개인유지, 2. 일, 3. 학습, 4. 가정관리, 5. 가족보살피기, 6. 참여 및 봉사활동, 7. 교제 및 여가활동, 8. 이동, 9. 기타로 나뉜다. 중분류에는 1999년에 비하여 추가된 내용은 없으나 소분류 내에 활동 추가가 이루어진 부문이 있다. 첫째, 개인유지 부문 중 식사 및 간식의 중분류 내에 1999년 자료에는 소분류 3개 항목으로 이루어져 있다. 가족과의 식사, 그 외의 식사, 간식과 음료로 구분된 것이 2004년에는 가족과의 식사, 혼자식사, 가족외의 사람과의 식사, 간식과 음료의 4분류로 구성되었다.

둘째, 가정관리 영역에서 중분류 45번의 3가지 항목 외에 2004년에는 454번, 인터넷, TV홈쇼핑, 카탈로그쇼핑이 추가되어 변화하는 개인의 행동을 포착하고자 하였다. 셋째, 가족보살피기 항목 중 여러 항목에서 간호항목이 포함되었다. 가족구성원이나 기타 환자를 돌보는 일이 매우 시간을 사용하는 일임에도 불구하고 1999년도 조사에서 가시화되지 않아 이를 가시화하고자 하는 노력이다. 중분류 51번에 해당하는 항목으로 513번으로 미취학아이 간호로 장애아나 기타 병중인 아동을 간호하는데 많은 시간을 사용하는 경우를 파악하고자 하였다. 가족보살피기 항목 중 52번의 초, 중, 고등학생 보살피기에서 524번으로 조, 중, 고등학생 간호 항목이 역시 추가되었다. 이어서 534항목으로 배우자 간호, 542항목으로 부모 및 조부모간호, 552항목으로 그 외 가족간호가 추가되었다.

넷째, 참여 및 봉사활동 부분에도 변화가 다소 있었다. 이웃 및 친분이 있는 사람 돕기에 있어 향후 위성계정 개발에 있어 생산 활동의 구분을 명확하게 하기 위하여 61중분류 항목을 611번 소득이 있는 활동돕기, 612번 가사활동돕기, 619번 기타일 돕기로 구분하였다. 62번의 참여활동 역시 위성계정의 산입에 영향을 미치는 항목을 구분하기 위하여 621번 생산적인 참여활동, 622번 비생산적인 참여활동으로 구분하였다.

다섯째, 교제 및 여가활동에서의 변화도 있는데 정보화에 따른 사람들의 활동 변화를 파악하고자 하였다. 71번의 교제활동 중 714번으로 인터넷을 이용한 교제활동 항목을 추가하였다. 71번의 미디어 이용 중 727번 항목으로 인터넷 정보 검색을 추가하였으며 정보기기의 발달로 인한 변화 등도 함께 파악하고자 하였다. 그 밖의 이동이나 기타 사항은 1999년과 동일하게 이루어졌다.

다. 가사노동의 범주와 내용

선행연구에서 가사노동의 범주로 간주하던 활동은 대분류상의 4번 가정관리, 5번 가족보살피기, 그리고 이와 관련된 이동을 주로 들고 있다.

활동구분	Code	활동구분	Code
1. 음식준비	41	6. 가정경영	46
식사준비	411	가계부 정리	461
설겆이, 식후정리	412	가정계획	462
간식 및 저장식품 만들기	413	은행 및 관공서 일보기	463
2. 의류관리	42	7. 기타가사일	499
세탁 및 세탁물 넣기	421	8. 미취학아동 돌보기	51
옷 정리(세탁물 걷기, 옷장정리)	422	신체적 돌보기(씻기기, 먹이기, 재우기 등)	511
다림질, 바느질, 의류손질	423	아이에게 책 읽어주기, 놀아주기	512
의류수선, 세탁서비스받기	424	미취학아이 간호	513
재봉, 뜨개질	425	기타 미취학 아이 보살피기	519
3. 청소정리	43	9. 취학아동 돌보기	52
방, 물품정리	431	씻기기, 등하교 도와주기	521
집안청소	432	숙제 및 공부봐주기	522
그 외 청소 및 정리	439	선생님과 상담 및 학교방문	523
4. 집관리	44	초, 중, 고등학생 간호	524
가재도구, 집손질 및 관련서비스 받기	441	기타 학생 보살피기	529
세차, 차량관리 및 관련서비스 받기	442	10. 배우자 보살피기	53
그 외 집관리	449	배우자 보살피기	531
5. 가정관리 관련 물품구입	45	배우자 간호	532
시장보기(식료품, 일용품: 세제, 휴지 등)	451	11. 부모 및 조부모 보살피기	54
쇼핑하기(의목, 신발, 장식용품 등)	452	부모 및 조부모 보살피기	541
내구재 구매관련 행동	453	부모 및 조부모 간호	542
인터넷, TV홈쇼핑, 카달로그 쇼핑	454	12. 그외 가족 보살피기	55
6. 가정경영	46	그외 가족 보살피기	551
가계부 정리	461	그외 가족 간호	552
가정계획	462	13. 이동	
은행 및 관공서 일보기	463	가정관리 관련 이동	841
	499	가족보살피기 관련 이동	851

가사노동의 범주는 위의 표에서 정리한 바와 같다. 이중 몇 가지의 소분류는 2004년도에 추가된 것이다. 추가된 내용은 가장 주된 것으로는 가족간호와 관련

된 부분이다. 가족실태 조사 등에 의하면 가족돌보기의 시간이 환자가 있는 경우 매우 큰 편차를 보이고 환자를 간호하는 경우 간호에 매우 많은 시간을 투입하고 있다는 것을 고려하기 위한 것이다. 또 하나 가사노동의 중요한 변화는 정보사회로의 진전에 따른 가사노동 방식의 변화이다. 최근의 가사노동 방식은 보다 기술집약적으로 변화하여 과거의 노동집약적인 가사노동 방식에서 탈피하고 있다. 가전제품의 사용 뿐 아니라 인터넷의 발달, 기타 정보통신 기기의 발달은 이미 가사노동의 많은 부분을 변화시켜 인터넷을 이용한 쇼핑이나 기타 정보수집 등의 많은 부분이 추가되었다. 향후 2009년의 생활시간 조사에서는 또 다른 가사노동방식의 변화 등이 이루어질 것으로 예상되는데 최근 진행되고 있는 홈 네트워크 시스템 등은 가사노동 방식의 또 하나의 변화를 가져올 것으로 예상된다.

이에 따라 가사노동이 노동보다는 지본과 지식 투입을 증가시켜야 하는 변화의 시기를 맞고 있어 가사노동 실태를 파악하고 측정하는데도 주의가 필요하다. 생활시간조사를 이용한 가사노동의 파악은 투입을 파악하려는 노력으로 일차적으로 시간투입을 파악하고 있다. 그러나 자본과 기술진보는 동일한 노동투입에도 불구하고 생산함수 자체를 변화시켜 산출물의 양과 질을 변화시킬 것으로 예상되므로 향후 실태를 파악할 경우 상대적으로 자본이나 기술집약적인 부분의 경우를 중심으로 살펴볼 필요가 있다. 그 예를 들어 보면 가정경영 부분으로 가정계획을 수립하는 일, 은행일이나 관공서의 일을 볼 경우 단순한 업무인가, 지식집약적인 업무인가에 대한 파악이 필요하다. 또한 가족보살피기영역에서도 숙제 및 공부 봐주기나 선생님과 상담활동 등 대체가 어려운 분야에 대한 질적 고려, 간호와 같은 특수한 기능의 요구 등을 고려해야할 필요성이 제기될 것이다.

II 여성 무급노동가사노동의 현황

1. 결혼여부와 성별 무급가사노동시간　　12
2. 가구유형별 성별 무급가사노동시간　　26
3. 취업관련 지위와 성별 무급가사노동시간　　32
4. 여성의 취업과 무급가사노동부담　　53
5. 취업노동시간에 따른 성별 무급가사노동시간　　60
6. 한국남성의 무급가사노동시간　　67

정책적 관점에서 무급 가사노동에 대한 관심은 두 가지이다. 한 가지는 여성이 가정에서 수행하는 무급 가사노동에 대한 가치가 인정되지 않는 것이고 다른 한 가지는 여성의 경제활동 증가로 일하는 여성이 증가함에도 불구하고 전통적 성별분업 체계 하에서 일하는 여성은 이중의 부담을 짊어져야 한다는 것이다. 무급 가사노동 가치에 대한 부분은 가치평가와 위성계정에서 다룰 것이고 본 절에서는 향후 일하는 여성 증가를 염두에 두면서 취업과 결혼을 동시에 병행하는 것이 여성에게 얼마나 부담이 되는가를 보여주려고 한다. 많은 여성이 과거와 달리 경제활동 참여를 통해 새로운 역할을 수행하고 있지만 전통적 성별 분업 하에서 여성이 전담하던 가사노동은 여전히 여성의 몫으로 남아있다. 본 절에서는 다양한 사회경제적 여건 하에 있는 여성과 남성이 무급 가사노동에 투입하는 시간의 양이 어떻게 다른지 보여주려고 한다. 또 여성 집단 내에서도 혼인상태에 따라서, 혹은 경제활동 참여 여부에 따라서 무급가사노동시간이 어떻게 다른지 보여주려고 한다.

1. 결혼여부와 성별 무급가사노동시간

남성이 생계를 책임지고 여성이 가사를 전담하는 전통적 성별 분업은 오랫동안 우리사회 관행이었지만 최근 변화하고 있는 듯하다. 기혼 여성의 취업에 대한 부정적 태도는 급격히 완화되고 있다. 남자는 일을 해야 하고 여성은 가정에 있어야 한다는 생각에 대한 최근 조사를 보면 전통적 성별분업에 반대하는 입장에 선 사람의 비율이 절반을 넘는다. 남성의 51.1% 여성의 64%가 전통적 성별분업에 반대하는 입장에 있는데 남녀 인구의 절반 이상이 이러한 태도를 취한다는 것은 우리 사회가 많이 변화했음을 의미한다.

<표 II-1> '남자는 직장 여자는 가정'에 대한 태도

단위: %

	매우찬성	찬성하는 편	반대하는 편	매우 반대	전체
남성	6.3	42.6	47.0	4.1	100%(29798)
여성	3.7	32.3	54.0	10.0	100%(33470)

자료: 통계청. 2004. 생활시간조사 원시자료

<표 II-2> '맞벌이부부는 집안일도 공평하게 분담해야 한다'에 대한 태도

단위: %

	전혀 그렇지 않다	별로 그렇지 않다	약간 그렇다	매우 그렇다	선택할 수 없음	전체
남성	1.4	17.7	52.6	28.0	0.8	100%(2584)
여성	0.6	10.3	44.8	43.3	1.0	100%(3205)

자료: 여성부. 2003. 「전국가족조사 기초통계 보고서」

또 맞벌이부부가 증가함에 따라서 이들 부부의 공평한 가사분담에 대해서도 긍정적 태도가 다수를 이루고 있다. 2003년 여성부의 전국가족조사 자료에 따르면 기혼남성의 80.6%가 맞벌이부부의 공평한 가사분담에 동의하고 기혼여성도 88.1%가 이러한 입장에 있다. 그러나 가사노동 분담에 대한 생각은 실제 행동으로까지 연결되지 않는 듯하다. 최근 가족과 관련된 다양한 사회적 변화에도 불구하고 가사노동은 여전히 여성의 몫으로 남아있다. 2004년 여성이 가사노동에 투입한 시간은 3시간 39분이지만 남성 경우 31분에 불과하다. 1999년 여성의 가사노동 시간은 3시간 58분이고 남성은 29분에 그치고 있다.[1] 생활시간조사가 처음 실시된 1999년과 비교하여 남성의 가사노동 관련 행동은 별 변화가 없다. 여성은 남성의 7배 되는 시간을 가사노동에 투입하고 있다. 1999년에 비해 여성의 가사노동 시간이 감소하기는 하였지만 여성이 가사노동의 주요 책임을 맡고 있는 것은 과거와 다름이 없다.

---

1) 통계청의 생활시간조사 원시자료를 분석하는데 있어서 가사노동은 가정관리와 가족보살피기를 위한 노동을 의미한다. 가정관리는 음식준비, 의류관리, 청소, 집관리, 가정관리 물품 구입, 가정경영, 가정관리 관련 이동을 의미하며 가족보살피기는 미취학 아이 보살피기, 초중고생 보살피기, 배우자·부모·조부모 보살피기, 가족보살피기 관련 이동을 포함한다.

가. 결혼여부와 성별 무급가사노동시간

왜 여성은 2004년에도 여전히 남성보다 훨씬 더 많은 시간을 가사노동에 투입하는 것일까? 이 질문을 다른 방식으로 기술하면 왜 가정에서의 전통적 성별 분업은 2004년에도 견고하게 유지되고 있는가? 이것을 설명해줄 수 있는 이유는 여러 가지이겠지만, 가장 중요한 요인은 결혼여부라고 할 수 있다. 결혼을 계기로 여성의 가사노동 시간은 크게 증가하여 가사노동에 투입하는 성별 시간양의 격차가 증가한다. 결혼제도 내에서 여성은 아내와 어머니의 역할을 수행하면서 많은 양의 가사노동을 수행하는 것이다. 그동안 여성의 역할과 관련하여 다양한 사회적 변화가 수반되었음에도 불구하고 가사노동 대부분은 여성에 의해서 수행되고 있다. 가사노동 시간의 양은 결혼을 전후로 성별에 따라서 큰 차이를 보이고 있다. 미혼자의 경우를 보면 평일 미혼여성이 가사노동에 42분을 사용하고 남성은 18분을 사용한다. 여성이 가사노동에 사용하는 시간이 더 많은데 주말이 될 수록 그 차이는 더 벌어진다. 그러나 미혼자 집단의 성별에 따른 무급가사노동시간 사용 차이는 기혼자와 비교하면 그리 크지 않다. 그러나 기혼자의 경우 성별에 따른 가사노동의 시간차는 크게 증가한다. 평일의 경우 기혼여성이 가정관리와 가족보살피기에 투입하는 시간은 각각 3시간 15분, 1시간이지만 남성은 각각 23분과 11분에 불과하다. 남성은 결혼여부에 따라 가사노동시간의 변화가 크지 않지만 여성의 경우는 그렇지 않다. 평일 미혼여성의 무급가사노동시간은 42분에 불과하지만 기혼여성은 4시간 15분으로 미혼여성의 6배에 달한다. 여성에게 이처럼 결혼은 무급가사노동시간의 증가를 의미한다. <그림 Ⅱ-1>은 성별에 따라 가사 노동시간이 결혼을 전후로 큰 차이가 있음을 명확하게 보여주고 있다. 남성의 경우 여성에 비해 결혼 여부에 따른 가사 노동시간 차이는 상대적으로 미미하다. 미혼 남성이 평일 가사노동에 투입하는 시간은 18분이고 기혼 남성은 34분이다. 반면 여성의 경우는 미혼일 경우 42분에 불과하지만 기혼이 되면 무려 4시간 15분을 가사노동에 투입한다. 주말이 되면 남성의 가사노동 시간이 증가하기는 하지만 기혼 여성의 가사노동 시간에 비하면 아무것도 아니다. 이러한 자료는 2004년에도 결혼한 여성에게 기대되는 역할이 무엇인가를 실증적으로 보여주고 있다. 여성의 역할과 관련된 다양한 사회적 변화에도 불구하고 여성은 살림하고 아이 돌보는 역할에 주된 책임을 져야 하는 것이다. 혼인상태별 가사노동 행위자 비율 자료도 가사노동의 성별 분업을 잘 보여주고 있다. 남성의 경우 가사노동 행위자 비율이 결혼여부에 따라 별 차이가 나지 않지만 여성의 경우는 큰 차이를 보이고 있다.

<표 II-3> 성별·요일별 가사노동 시간 - 20세 이상

(단위: 시간:분)

	평일				토요일				일요일			
	여성		남성		여성		남성		여성		남성	
	2004	1999	2004	1999	2004	1999	2004	1999	2004	1999	2004	1999
가사노동	3:39	3:58	0:31	0:29	3:45	4:02	0:42	0:34	3:39	3:54	0:55	0:46
가정관리	2:46	3:05	0:20	0:19	2:56	3:11	0:27	0:24	2:57	3:13	0:36	0:32
가족보살피기	0:50	0:51	0:09	0:08	0:47	0:48	0:14	0:09	0:39	0:40	0:18	0:14

자료: 통계청. 2005. 『2004 생활시간조사 결과』.

<표 II-4> 혼인상태별 평균시간 - 20세 이상 미혼자

(단위: 시간:분)

	평일			토요일			일요일		
	평균	여성	남성	평균	여성	남성	평균	여성	남성
가정관리	0:26	0:39	0:16	0:36	0:56	0:20	0:45	1:05	0:28
가족보살피기	0:03	0:03	0:02	0:05	0:07	0:03	0:05	0:08	0:04

자료: 통계청. 2005. 『2004 생활시간조사보고서』.

<표 II-5> 혼인상태별 평균시간 - 20세 이상 기혼자

(단위: 시간:분)

	평일			토요일			일요일		
	평균	여성	남성	평균	여성	남성	평균	여성	남성
가정관리	1:55	3:15	0:23	2:03	3:23	0:30	2:07	3:24	0:39
가족보살피기	0:37	1:00	0:11	0:38	0:55	0:17	0:34	0:46	0:22

자료: 통계청. 2005. 『2004 생활시간조사보고서』.

기혼여성에게 가정관리나 보살핌 노동을 전담시키는 것이 우리의 현실임을 잘 알 수 있다. 기존 연구에 의하면 남성에 비해 여성은 결혼에 대해 더 유보적 입장을 취하고 있다(여성부, 2003). 또 기혼자들의 배우자 만족도를 보면, 여성보다 남성의 경우 만족도가 더 높다. 결혼이나 결혼생활과 관련된 성별차이는 여성의 과도한 무급가사노동시간과 무관하지 않은 듯하다.

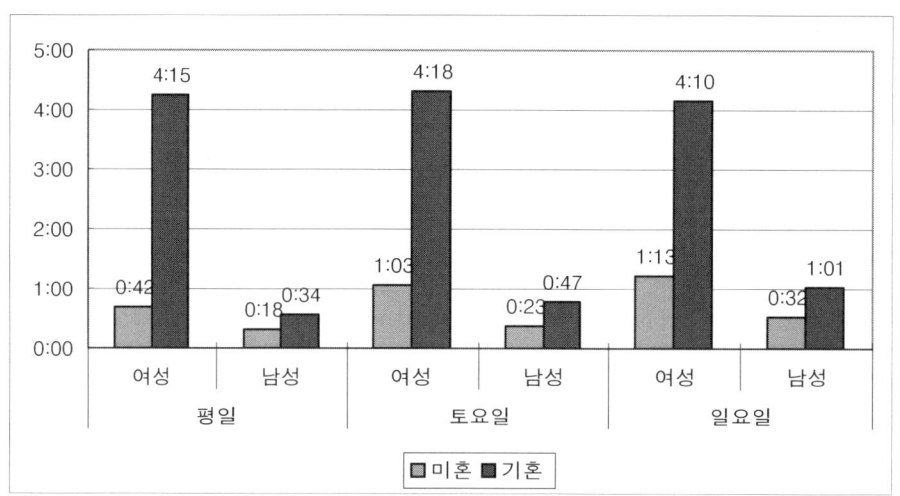

<그림 II-1> 혼인상태별 평균 무급가사노동시간(단위: 시간:분)

자료: 통계청. 2005. 『2004 생활시간조사보고서』.

<표 II-6> 혼인상태별 행위자 비율 - 20세 이상 미혼자

(단위: %)

	평일			토요일			일요일		
	평균	여성	남성	평균	여성	남성	평균	여성	남성
가정관리	45.4	58.6	35.1	51.9	65.2	41.6	58.7	73.1	46.9
가족보살피기	3.7	4.8	2.8	6.6	9.0	4.7	6.4	8.2	4.8

자료: 통계청. 2005. 『2004 생활시간조사보고서』.

<표 II-7> 혼인상태별 행위자 비율 - 20세 이상 기혼자

(단위: %)

	평일			토요일			일요일		
	평균	여성	남성	평균	여성	남성	평균	여성	남성
가정관리	70.3	97.3	39.1	73.7	97.3	46.6	77.8	97.2	55.7
가족보살피기	36.7	52.2	18.9	37.9	51.3	22.5	33.8	42.3	24.0

자료: 통계청. 2005. 『2004 생활시간조사보고서』.

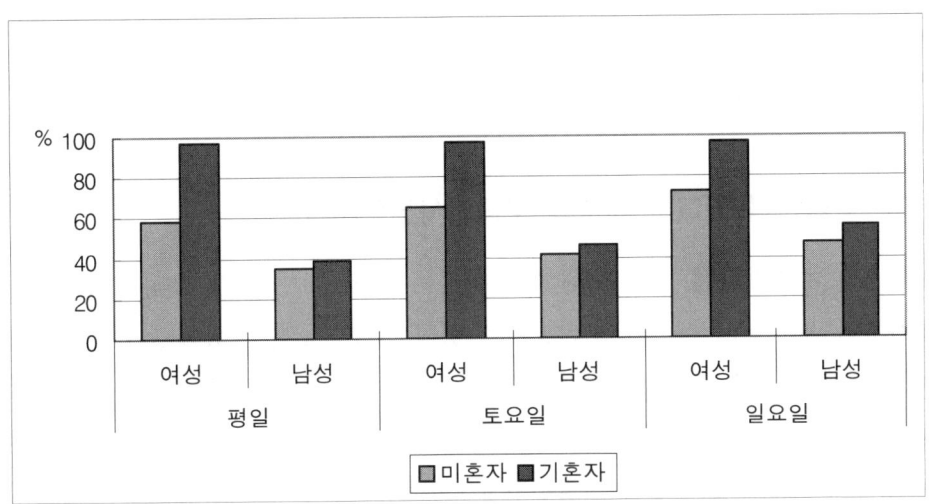

<그림 II-2> 혼인상태별 가정관리 행위자 비율(단위 : %)

자료: 통계청. 2005. 『2004 생활시간조사보고서』.

나. 가사노동에 대한 정책적 관심

가사노동의 성별분업 지속에 정책적 관심을 갖는 이유는 다음과 같다. 여성의 교육수준이 향상되고 경제활동에 적극적인 태도를 지닌 여성이 증가하고 있다. 사회적 차원에서도 여성의 인적자원 활용이 중요한 과제로 등장하고 있다. 우리나라 여성의 경제활동참여율은 꾸준히 증가해왔으며 전체 생산인력 중 여성이 차지하는 비중도 증가하고 있다. 사회에서 여성의 새로운 역할 변화가 요구되고 이러한 역할을 선택하는 여성이 증가함에도 불구하고 전통적 성별 분업이 지속되는 현실은 취업여성의 이중부담을 의미한다. 여성이 현재와 같은 수준의 가사노동을 부담을 갖고 있다면 노동시장에서 여성의 능력발휘나 양성평등은 요원한 일이 된다.

여성의 사회적 역할 변화에 적절한 가사노동 분담의 재조정이 있어야 한다. 그러나 1999년과 2004년 생활시간조사 자료 분석을 통해 제시된 성별 무급가사노동시간은 여전히 전통적 모습을 띠고 있다. 여성인력의 원활한 활용과 국가 발전을 위해서 가사노동의 분담은 확산되어야 한다. 여성의 취업이 확대되는 상황에서 여성이 가사노동을 전담할 경우 여성의 경제활동은 제한되고 일하는 여성은 이중 부담으로 고통을 겪게 된다.

다. 성별분업에 대한 태도와 무급가사노동시간

여성의 경제활동에 대한 일반인의 의식은 최근 몇 십년간 긍정적 방향으로 변화했다. 이러한 의식변화와 더불어 여성의 경제활동에 찬성하는 남성의 가사노동 참여도 증가할 것이라는 기대가 있었다. 그러나 놀랍게도 의식의 변화는 아직 행동 변화에 별 영향을 미치지 못하는 듯하다. '남성은 직장 여성은 가정'에 찬성하는 입장은 전통적 성별분업을 지지하는 입장으로 볼 수 있다. 평일 찬성하는 미혼남성의 무급가사노동시간은 26분, 반대는 21분, 기혼남성은 각각 41분과 42분으로 별 차이를 보이고 있지 않다. 평일 찬성하는 미혼여성의 무급가사노동시간은 55분 반대는 50분, 기혼여성의 경우는 각각 5시간 1분과 4시간 48분으로 역시 큰 차이를 보이고 있지 않다. 전체적으로 전통적 성별 역할 분담에 대한 태도는 무급가사노동시간과 별 상관이 없는 듯하다.

Ⅱ. 여성 무급가사노동의 현황

<표 Ⅱ-8> '남성은 직장 여성은 가정'에 대한 태도와 무급가사노동시간

(단위 : 시간:분)

		찬		반	
		남성	여성	남성	여성
미혼	평일	0:26	0:55	0:21	0:50
	토요일	0:32	1:30	0:29	1:10
	일요일	0:41	1:28	0:39	1:23
기혼	평일	0:41	5:01	0:42	4:48
	토요일	0:57	5:04	1:00	4:56
	일요일	1:10	4:35	1:10	4:49

자료 : 통계청. 2004. 생활시간조사 원시자료

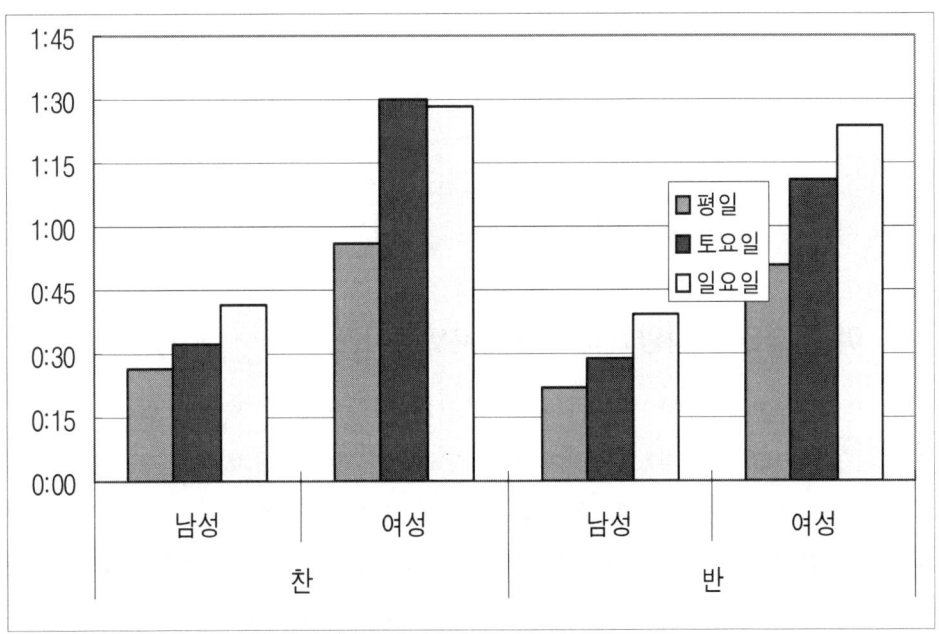

<그림 Ⅱ-3> 미혼자의 '남성은 직장, 여성은 가정'에 대한 태도와 무급가사노동시간(단위 : 시간:분)

자료 : 통계청. 2004. 생활시간조사 원시자료

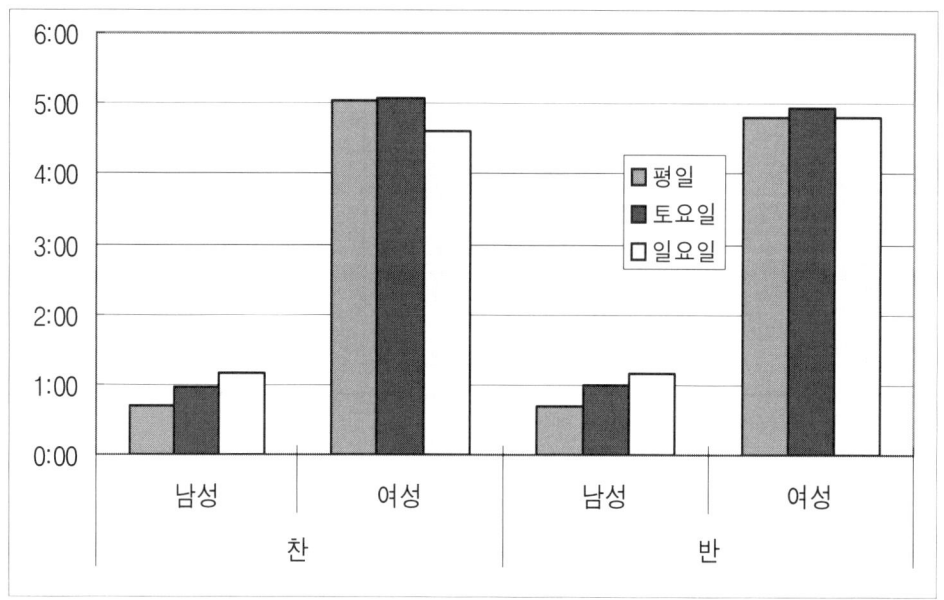

<그림 II-4> 기혼자의 '남성은 직장 여성은 가정'에 대한 태도와 무급가사노동시간(단위; 시간:분)

자료 : 통계청. 2004. 생활시간조사 원시자료

라. 여성 집단의 다양화와 무급가사노동시간

여성의 경제활동 참여 증가는 여성 집단의 다양화를 촉진하고 있다. 여성 집단이 다양화되고 여성의 사회참여가 증가하면서 전통적으로 여성이 가족 내에서 전담하던 역할을 지원해 줄 관련 정책에 대한 요구가 증가하고 있다. 기혼 여성의 취업여부별 무급가사노동시간을 살펴보자. 미취업 여성은 취업 여성에 비해서 무급가사노동시간에 더 많은 시간을 투입하고 있다. 두 집단의 차이는 주말이 되면서 감소하는데, 그 이유는 취업 여성의 경우 주말 가사노동 시간이 증가하고 미취업여성의 경우는 감소하기 때문이다. 기혼 취업여성이 취업노동으로 바빠서 주중에 하지 못했던 가사노동을 주말에 몰아서 하고 있음을 알 수 있다.

<표 II-9> 기혼여성의 취업여부별 평균시간 - 20세 이상

(단위: 시간:분)

	평일			토요일			일요일		
	평균	미취업	취업	평균	미취업	취업	평균	미취업	취업
가정관리	3:15	4:00	2:30	3:23	3:54	2:52	3:24	3:35	3:13
가족보살피기	1:00	1:29	0:31	0:55	1:17	0:33	0:46	1:02	0:30

자료: 통계청. 2005. 『2004 생활시간조사보고서』.

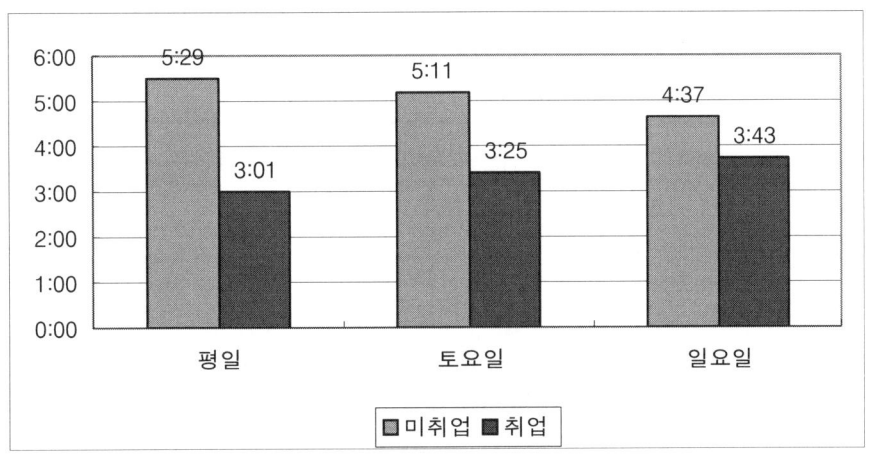

<그림 II-5> 기혼여성의 취업여부별 무급가사노동시간(단위: 시간:분)

자료: 통계청. 2005. 『2004 생활시간조사보고서』.

<표 II-10> 전업주부[1]와 취업주부[2]의 전체 노동시간 - 20세 이상

(단위: 시간:분)

	평일				토요일				일요일			
	전업주부		취업주부		전업주부		취업주부		전업주부		취업주부	
	2004	1999	2004	1999	2004	1999	2004	1999	2004	1999	2004	1999
총 일한시간	5:39	6:00	8:59	9:44	5:22	5:47	8:01	9:18	4:45	5:06	6:29	7:43
일(수입노동)	0:10	0:12	5:58	6:29	0:11	0:10	4:36	5:55	0:08	0:12	2:46	3:57
가사노동[3]	5:29	5:48	3:01	3:15	5:11	5:37	3:25	3:23	4:37	4:54	3:43	3:46

자료: 통계청. 2005. 『2004 생활시간조사 결과』.

주 1. 전업주부는 20세 이상 기혼 여성 중 취업하지 않은 주부임
 2. 취업주부는 20세 이상 기혼 여성 중 취업한 주부임
 3. 가정관리와 가족보살피기 포함

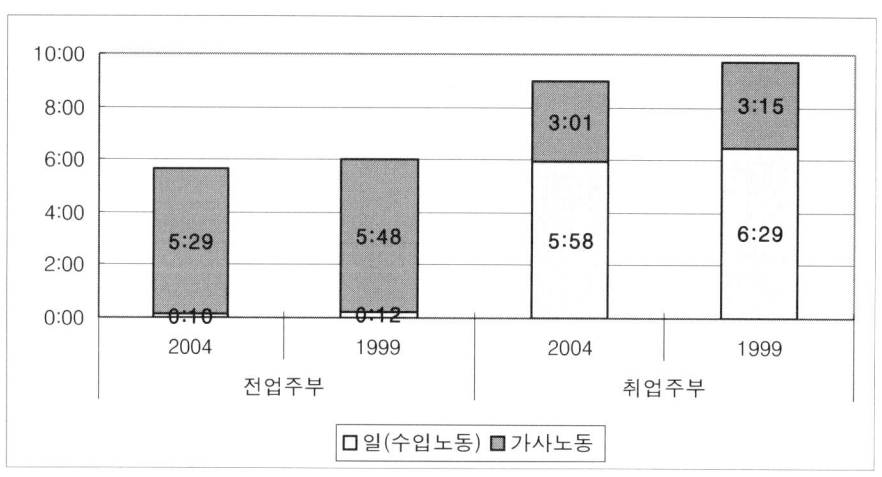

<그림 Ⅱ-6> 전업주부와 취업주부의 전체 노동시간(단위: 시간:분)

자료: 통계청. 2005. 『2004 생활시간조사 결과』.

<표 Ⅱ-10>과 <그림 Ⅱ-6>은 취업과 무급을 합친 취업주부의 총 노동시간 부담이 전업주부보다 훨씬 더 큰 것을 보여준다. 1999년 평일 경우 취업주부는 전업주부보다 3시간 44분, 2004년 평일에는 3시간 20분 더 노동하고 있다. 1999년에 비해 노동시간의 차는 약간 감소했지만 취업주부의 노동량이 많은 것은 여전하다. 주말이 되면 전업주부의 무급가사노동시간은 감소하지만 취업주부의 경우는 증가하여 취업주부는 주말도 고단하게 보내고 있다. 1999년과 2004년을 비교하면 취업주부의 무급가사노동시간은 크게 변하지 않았지만 취업노동시간은 크게 감소하였다.

결혼여부와 취업여부별로 여성 집단을 비교해보자. 평일 미혼취업, 기혼미취업, 기혼취업 여성의 무급가사노동시간을 비교하면 미혼취업 여성의 경우 취업노동시간이 8시간 12분으로 가장 길고, 그 다음이 6시간 44분의 기혼취업여성이다. 무급가사노동시간은 기혼미취업 여성이 6시간 35분으로 가장 길고 그 다음이 기혼취업여성 3시간 26분이다. 취업과 무급가사노동을 합친 총 무급가사노동시간은 기혼취업여성이 가장 길고 그 다음이 미혼 취업여성, 기혼 미취업여성 순서이다. 평일 기혼 취업여성은 미혼 취업여성보다 1시간 22분, 기혼 미취업여

성보다 3시간 24분 더 일하고 있다. 토요일에는 기혼 취업여성은 각각의 이들보다 2시간 56분, 2시간 40분 더 일하고 일요일에는 각각 3시간 19분, 1시간 38분 더 일하고 있다. 평일 취업노동시간이 긴 미혼여성은 일요일 휴식을 취할 수 있지만 기혼 취업여성은 일요일에도 고단한 일과를 보내고 있다.

<표 II-11> 여성의 취업노동시간과 무급가사노동시간

(단위 : 시간:분)

	평일			토요일			일요일		
	미혼 취업	기혼 미취업	기혼 취업	미혼 취업	기혼 미취업	기혼 취업	미혼 취업	기혼 미취업	기혼 취업
가사노동	0:36	6:35	3:26	1:04	6:14	3:57	1:20	5:30	4:06
취업노동	8:12	0:11	6:44	5:05	0:11	5:08	2:36	0:07	3:09
총시간시간	8:48	6:46	10:10	6:09	6:25	9:05	3:56	5:37	7:15

주: 1. 일관련 시간에는 출퇴근 시간, 일관련 이동시간 포함.
2. 가사노동에는 가정관리, 가족보살피기 관련 이동시간 포함.

자료 : 통계청. 2004. 생활시간조사 원시자료

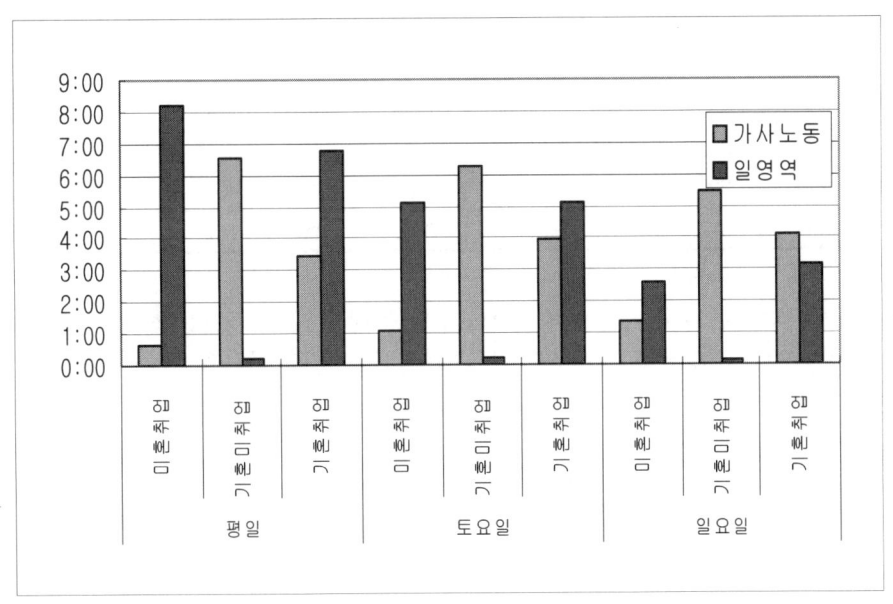

<그림 II-7> 여성의 취업노동시간과 무급가사노동시간(단위: 시간:분)

자료 : 통계청. 2004. 생활시간조사 원시자료 .

기혼 취업여성의 고단함과 관련하여 이들의 배우자는 어느 정도의 역할을 하고 있는가? 여성이 취업한 가정에서 가사노동과 관련하여 남성의 협조가 어느 정도인지 살펴보자. 맞벌이 가구의 남편은 가사노동과 관련하여 어느 정도의 도움을 제공하고 있을까? 이것에 대한 답은 <표 Ⅱ-12>에 제시되어 있다. 여성의 2004년 평균 가사노동 시간은 3시간 28분이다. 그러나 이들 배우자의 경우는 32분에 불과하여 여성은 남성의 6.5배의 시간을 가사노동에 투입하고 있다. 1999년에 비해 이들 가구에서 여성의 무급가사노동시간은 감소하고 남성은 조금 증가했지만 가사노동의 성별분업을 변화시키는데 별 영향을 미치지 못하고 있다. 남편의 경우 부인의 취업과 상관없이 가사노동 참여는 극히 제한적이다. 맞벌이 가구의 기혼여성은 가사노동과 관련하여 남편으로부터 협조를 얻기보다는 스스로 많은 짐을 지거나 제3의 방식으로 문제를 해결해 나가는 듯하다.

<표 Ⅱ-12> 맞벌이와 비맞벌이별 성별 무급가사노동시간

(단위: 시간:분)

	맞벌이가구[1]				비맞벌이가구[2]			
	여성		남성		여성		남성	
	2004	1999	2004	1999	2004	1999	2004	1999
가사노동	3:28	3:42	0:32	0:27	6:25	6:42	0:31	0:27
가정관리	2:45	3:01	0:19	0:18	4:14	4:38	0:14	0:12
가족보살피기	0:41	0:39	0:12	0:08	2:06	1:58	0:16	0:13

자료: 통계청. 2005. 『2004 생활시간조사 결과』.

주 1. 맞벌이 가구란 20세 이상 60세 미만의 부부 중 부부 둘 다 취업한 경우임
   2. 비맞벌이 가구란 20세 이상 60세 미만의 부부 중 남편만 취업한 경우임

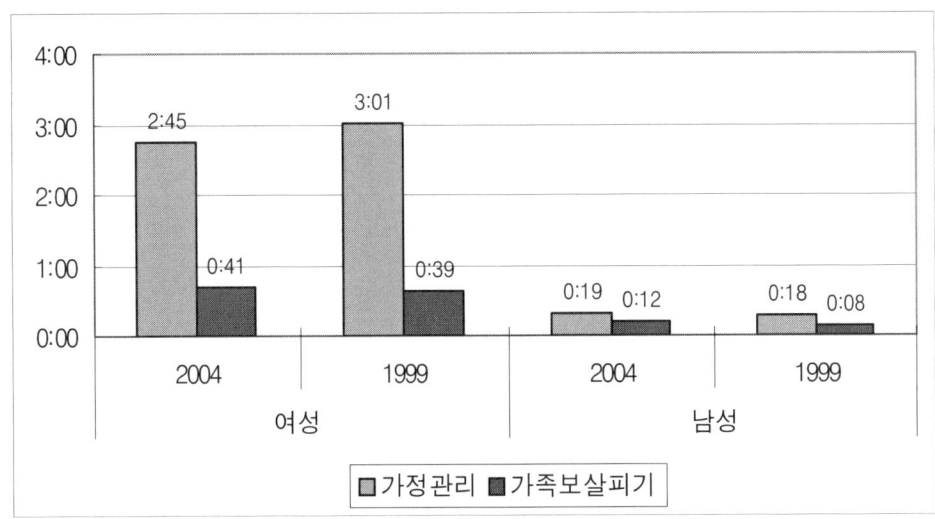

<그림 II-8> 맞벌이 가구의 성별 무급가사노동시간(단위: 시간:분)

자료: 통계청. 2005. 『2004 생활시간조사 결과』.

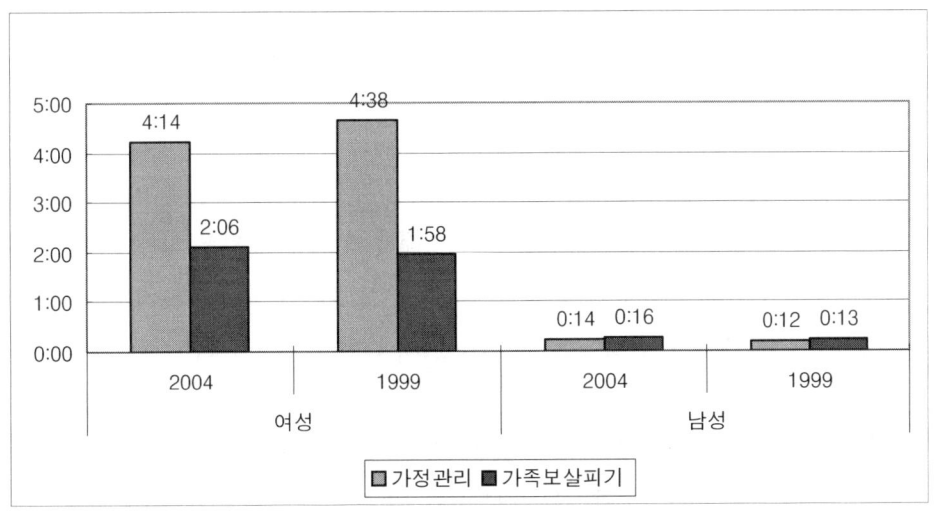

<그림 II-9> 비맞벌이 가구의 성별 무급가사노동시간(단위: 시간:분)

자료: 통계청. 2005. 『2004 생활시간조사 결과』.

여성이 취업하지 않은 비맞벌이 가구의 경우를 보면 2004년 여성의 무급가사 노동시간은 6시간 25분이지만 남성은 31분에 불과하다. 이들 가구의 경우도

1999년에 비해서 여성의 무급가사노동시간이 감소하고 남성은 조금 증가하였지만 이것이 여성이 전담하는 가사노동 성별분업에 별 영향을 주지 못하고 있다. <표 Ⅱ-12>에서 흥미있는 점은 부인의 취업 여부가 남편의 무급가사노동시간과 별 상관이 없다는 점이다. 맞벌이 가구나 비맞벌이 가구나 남성의 무급가사노동시간은 30분 수준에 머물고 있다. 1999년과 2004년 사이 가족과 관련된 의식이나 행동에 있어서 많은 변화가 있었음에도 남성의 무급가사노동시간은 별 변화가 없다는 것이다. 맞벌이 가구에서 가사노동 분담과 관련하여 남성은 별 노력은 하지 않고 있다.

2. 가구유형별 성별 무급가사노동시간

가. 한 부모 가구의 무급가사노동시간

한 부모 가구는 성인부모 혼자서 가족의 생계부양과 가사노동을 책임져야 하기 때문에 많은 어려움을 겪고 있다. 다음 표와 그림은 각각 한 부모 가구와 양부모가구의 무급가사노동시간을 보여주고 있는데, 양부모 가구에 비해서 한 부모 가구의 무급가사노동시간이 더 적다. 양부모가구의 경우는 부모 두 사람의 무급가사노동시간을 모두 합친 것이기에 한 부모 가구 경우보다 더 길다. 평일의 경우 양부모 남성과 여성을 합친 무급가사노동시간은 6시간 25분인데 반하여 편모가구는 4시간15분, 편부가구는 1시간22분이다. 한 부모 가구 중 편부가구의 무급가사노동시간이 현저하게 짧은 것을 알 수 있다. 토요일 양부모 가구의 무급가사노동시간은 6시간54분, 편모가구는 4시간37분, 편부가구, 1시간34분으로 평일보다 길다. 일요일의 경우 양부모와 편모의 무급가사노동시간은 토요일과 유사한 수준인데 편부의 경우는 2시간 10분으로 크게 증가한다. 편부의 경우 양부모가구 남성에 비해 많은 시간을 가사노동에 투입하고 있지만, 여타 가구에 비해 전체 무급가사노동시간은 크게 적은 편이다.

가사노동의 시간 중 가족보살피기 시간이 한 부모 가구에서 짧은데 특히 편부가구에서 짧게 나타났다. 평일 편부가구의 가족보살피기 시간은 31분으로 편모 1시간16분, 양부모가구 2시간23분에 비하면 많이 짧다. 한 부모 가구의 경우 가구주 혼자 가족부양의 책임을 져야 하기 때문에 자녀보살피기에 충분한 시간을 할애하기가 어려운 것이다. 이들 가구의 자녀를 위한 돌봄 서비스 제공에 특별한 관심을 기울여야 할 것이다.

<표 II-13> 한 부모 및 양부모 여부에 따른 취업노동, 가정관리 및 돌보기 시간

(단위 : 시간:분)

	평일			토요일			일요일		
	가정관리	돌보기	취업노동	가정관리	돌보기	취업노동	가정관리	돌보기	취업노동
편부	0:51	0:31	7:10	1:05	0:29	5:38	1:28	0:42	2:38
편모	2:59	1:16	4:56	3:26	1:11	3:22	3:43	0:56	2:01
양부모남성	0:17	0:19	8:47	0:33	0:30	6:23	0:47	0:37	2:53
양부모여성	3:45	2:04	3:33	3:59	1:52	2:34	4:03	1:28	1:22

자료 : 통계청. 2004. 생활시간조사 원시자료

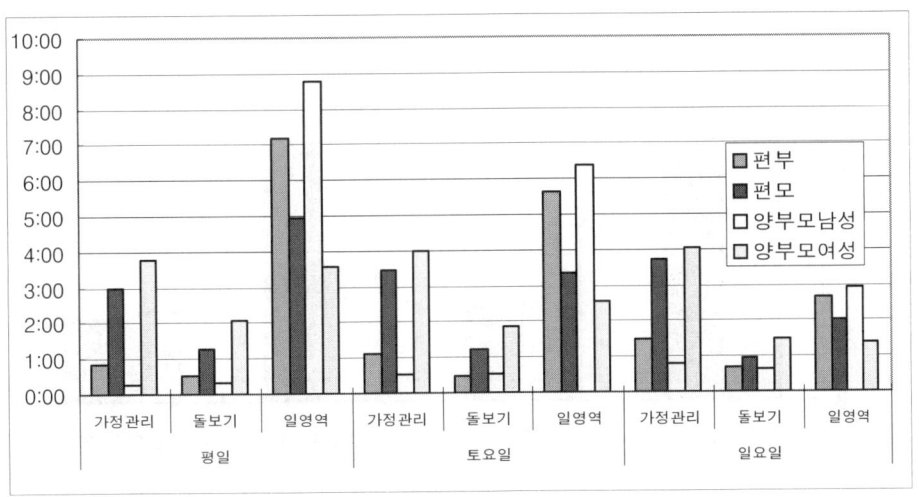

<그림 II-10> 한 부모 및 양부모 여부에 따른 취업노동, 가정관리 및 돌보기 시간(단위: 시간: 분)

자료 : 통계청. 2004. 생활시간조사 원시자료

<표 Ⅱ-14>는 한 부모 가구 편모와 편부의 가사노동 행위자 비율을 보여주고 있다. 가정관리와 관련하여 편모 거의 대부분이 가정관리를 하고 있는데 반하여 편부의 경우는 그 비율이 낮아 평일 편부의 가정관리 참여는 60% 정도이고 토요일 64%, 일요일 76.5%로 편모에 비해 크게 낮다. 이러한 차이는 가족보살피기에서 더 크게 나타난다. 편부의 가족보살피기 참여가 편모에 비해서 크게 떨어지고 있다. 한 부모 가구는 가사노동과 취업노동의 이중노동 부담으로 어려움이 많은데 편부 가구의 경우는 아동양육과 관련된 시간 사용이 부족한 것에 특별한 관심을 보여야 할 것이다.

<표 Ⅱ-14> 가구유형별 행위자 비율 - 편부모 가구

(단위: %)

	평일			토요일			일요일		
	평균	편모	편부	평균	편모	편부	평균	편모	편부
가정관리	89.1	97.5	59.5	90.8	97.8	64.0	94.1	98.8	76.5
가족보살피기	67.5	75.9	37.8	61.6	69.8	29.8	49.5	54.0	32.6

자료: 통계청. 2005. 『2004 생활시간조사보고서』.

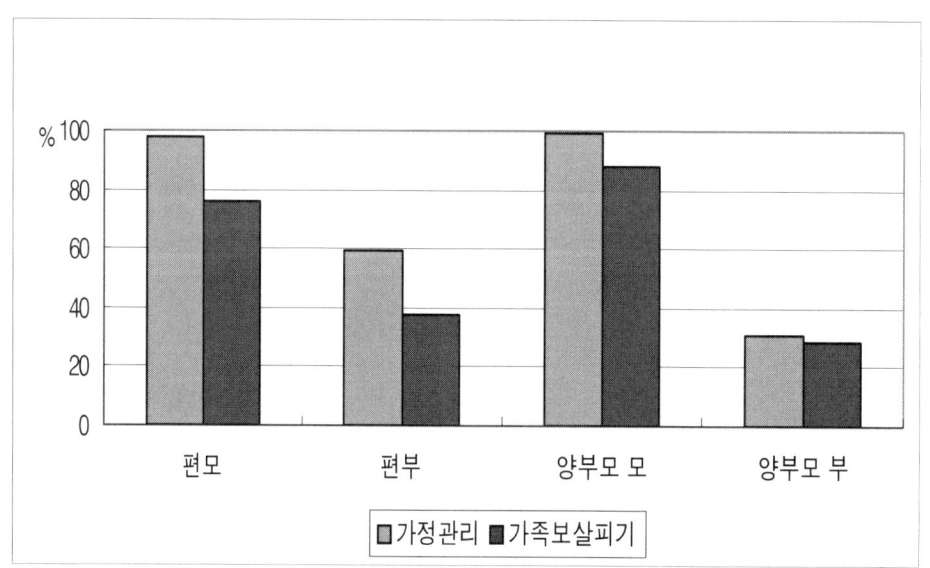

<그림 Ⅱ-11> 가구유형별 행위자 비율: 평일

자료: 통계청. 2005. 『2004 생활시간조사보고서』.

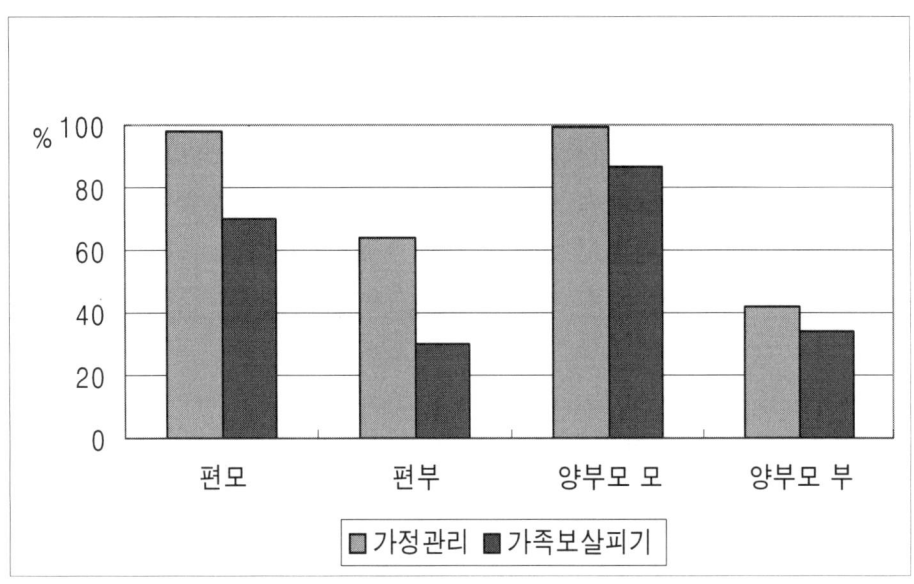

<그림 Ⅱ-12> 가구유형별 행위자 비율: 일요일

자료: 통계청. 2005. 『2004 생활시간조사보고서』.

나. 농가·비농가별 무급가사노동시간

다음의 표는 농가와 비농가의 성별 무급가사노동시간을 보여주고 있다. 여성의 무급가사노동시간은 농가보다 비농가가 더 긴데 주된 차이는 가족보살피기 시간 차이에서 비롯된다. 미취학자녀의 분포를 농가와 비농가별로 보면, 이들 아동 대부분이 비농가에 거주하고 있기에 비농가의 가족보살피기 시간이 길 수밖에 없다. 남성의 경우 평일 무급가사노동시간은 농가가 조금 길지만 주말에는 비농가가 길다. 남성의 평일 취업노동시간은 비농가가 52분 더 길지만 일요일의 경우는 농가 남성이 2시간3분 더 길다. 여성의 취업노동시간은 농가 여성이 비농가여성보다 평일 1시간27분, 1시간37분, 2시간9분 더 길다. 농가 여성의 생산노동과 가사노동 이중 부담이 큰 것을 알 수 있다.

<표 Ⅱ-15> 농가 구분과 성별 구분에 따른 가사노동과 취업노동시간

(단위: 시간:분)

	평일				토요일				일요일			
	가사노동		취업노동		가사노동		취업노동		가사노동		취업노동	
	남성	여성	남성	여성	남성	여성	남성	여성	남성	여성	남성	여성
농가	0:46	3:24	6:10	5:13	0:43	3:33	5:18	4:22	0:44	3:35	4:40	3:42
비농가	0:38	4:04	7:02	3:46	0:55	4:12	5:17	2:45	1:08	3:59	2:37	1:33

자료 : 통계청. 2004. 생활시간조사 원시자료

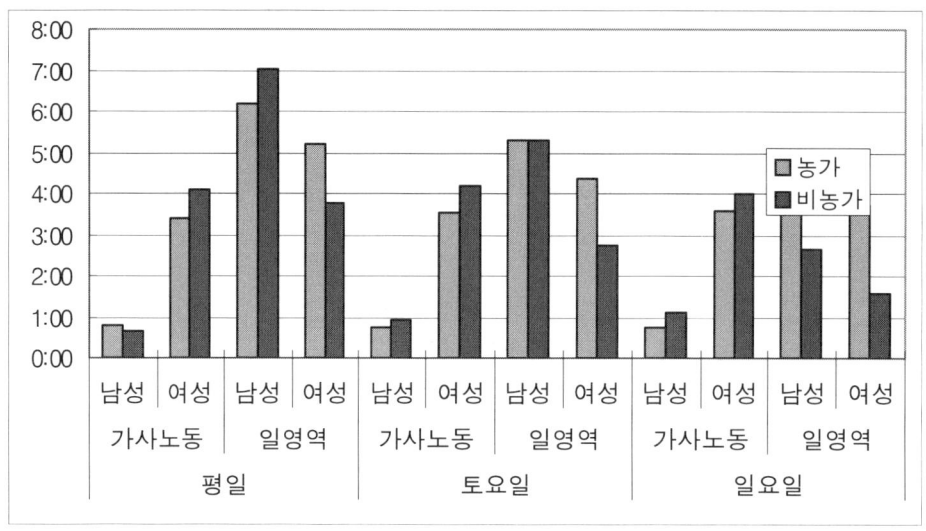

<그림 Ⅱ-12> 농가 구분과 성별 구분에 따른 가사노동과 취업노동시간
(단위: 시간:분)

자료 : 통계청. 2004. 생활시간조사 원시자료

<표 Ⅱ-16> 농가의 성별 무급가사노동시간

(단위: 시간:분)

	평일			토요일			일요일		
	평균	여성	남성	평균	여성	남성	평균	여성	남성
가정관리	1:33	2:35	0:26	1:39	2:47	0:26	1:42	2:53	0:27
가족보살피기	0:14	0:20	0:08	0:14	0:21	0:08	0:17	0:22	0:11

자료: 통계청. 2005. 『2004 생활시간조사보고서』.

<표 II-17> 비농가의 성별 무급가사노동시간

(단위: 시간:분)

	평일			토요일			일요일		
	평균	여성	남성	평균	여성	남성	평균	여성	남성
가정관리	1:23	2:25	0:18	1:30	2:34	0:25	1:37	2:38	0:34
가족보살피기	0:27	0:45	0:08	0:28	0:43	0:13	0:26	0:36	0:16

자료: 통계청. 2005. 『2004 생활시간조사보고서』.

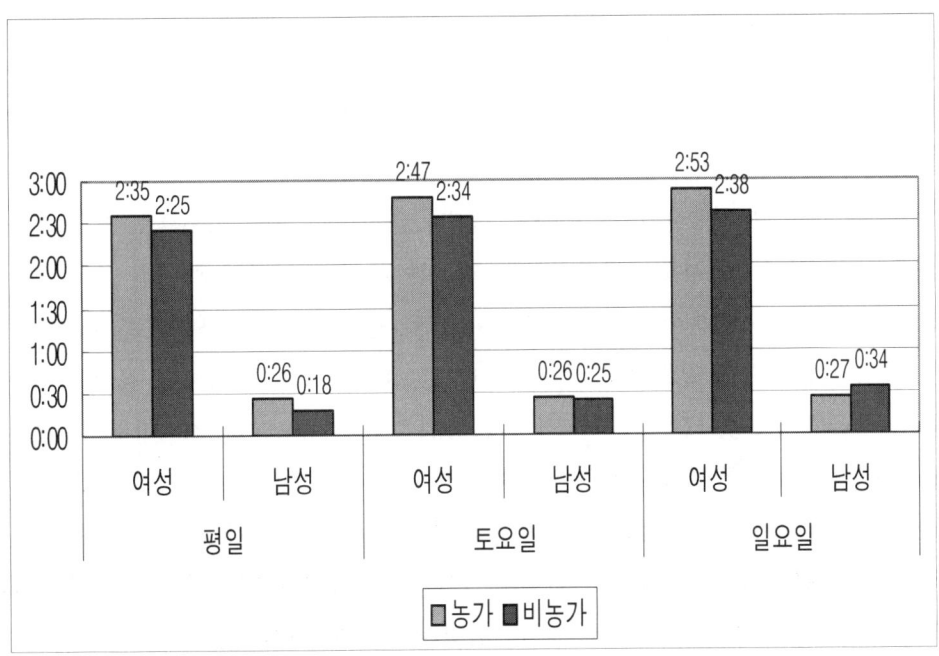

<그림 II-13> 농가와 비농가의 가정관리 사용시간(단위: 시간:분)

자료: 통계청. 2005. 『2004 생활시간조사보고서』.

3. 취업관련 지위와 성별 무급가사노동시간

앞에서 결혼은 성별 무급가사노동시간의 격차를 증가시키는 주요 요인이라고 지적했다. 무급가사노동시간은 성별, 결혼여부, 직업과 소득에 따라 다양할 것으로 예상된다. 본 절에서는 무급가사노동시간이 사회경제적 요인에 따라 어떻게 다른지 1999년과 2004년 자료를 사용하여 비교하여 살펴보려고 한다.

가. 결혼여부와 성별 무급가사노동시간

먼저 미혼 취업여성의 가사노동 시간을 살펴보자. 1999년 이들의 평일 무급가사노동시간은 41분이었다. 미혼 취업 남성의 19분보다 22분 더 긴 시간이다. 2004년에 이르면 여성은 36분 남성은 17분으로 성별격차는 19분으로 조금 감소한다. 그러나 무급가사노동시간의 성별격차는 주말이 되면서 확대된 1999년 토요일 성별격차는 35분이고 일요일은 59분으로 증가한다. 2004년에는 토요일 37분 일요일 41분으로 일요일의 경우만 1999년보다 감소한다. 이처럼 평일에 비해 주말 무급가사노동시간의 성별 격차가 증가하는 이유는 주중에 미루어두었던 가사노동을 주말에 여성이 더 많이 하기 때문이다. 1999년과 2004년 주요 변화는 평일 무급가사노동시간은 조금 감소하였지만 주말 무급가사노동시간은 여성 일요일을 제외하고는 조금 증가하였다. 미혼 취업남성의 일요일 노동시간이 39분으로 평일의 2배를 넘고 있다. 미혼 취업자의 경우 여성은 남성의 2배 정도의 시간을 가사노동에 투입하고 있다. 그런데 미혼 취업자의 경우는 기혼 취업자와 비교하여 무급가사노동시간 사용의 성별 격차는 그리 큰 편은 아니다.

<표 II-18> 미혼 취업자의 성별 무급가사노동시간

(단위: 시간:분)

	평일		토요일		일요일	
	남성	여성	남성	여성	남성	여성
1999	0:19	0:41	0:22	0:57	0:32	1:31
2004	0:17	0:36	0:27	1:04	0:39	1:20

자료 : 통계청. 1999. 2004 생활시간조사 원시자료

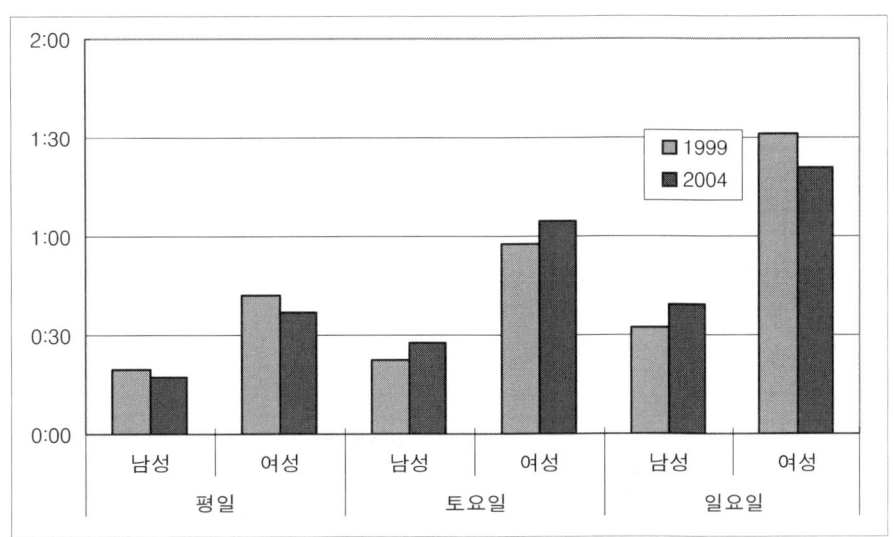

<그림 II-14> 미혼 취업자의 성별 무급가사노동시간 (단위: 시간:분)
자료 : 통계청. 1999. 2004 생활시간조사 원시자료

이제 기혼 취업자의 성별 가사노동 시간을 살펴보자. 1999년 기혼 취업 여성의 평일 무급가사노동시간은 3시간 43분인 반면 남성의 경우는 32분에 불과하다. 2004년에는 여성 3시간 26분 남성 33분 수준에 머물고 있다. 해당기간 여성의 가사노동 시간이 감소하고 남성은 별 변화를 보이지 않는다. 1999년 평일 무급가사노동시간 사용 성별 격차는 1999년 3시간 11분에서 2004년 2시간 53분으로 감소하였다. 이러한 감소에도 불구하고 평일 기혼 취업여성은 남성의 6.2배에 달하는 시간을 가사노동에 투입하고 있다. 주말이 되면서 남녀 모두의 가사

노동 시간이 증가한다. 토요일의 경우 1999년에는 여성이 남성보다 3시간 12분, 2004년에는 3시간 5분 더 가사노동을 하였고 일요일의 경우는 여성이 1999년 3시간 18분, 2004년 2시간 57분 더 가사노동을 하고 있다. 해당기간 평일 가사노동 시간의 성별격차가 감소했음에도 불구하고 주말 성별 무급가사노동시간 차이는 여전하여 기혼 취업여성의 주말이 고단함을 알 수 있다.

<표 II-19> 기혼 취업자의 성별 무급가사노동시간

(단위: 시간:분)

	평일		토요일		일요일	
	남성	여성	남성	여성	남성	여성
1999	0:32	3:43	0:39	3:51	0:56	4:14
2004	0:33	3:26	0:52	3:57	1:09	4:06

자료 : 통계청. 1999. 생활시간조사 원시자료
자료 : 통계청. 2004. 생활시간조사 원시자료

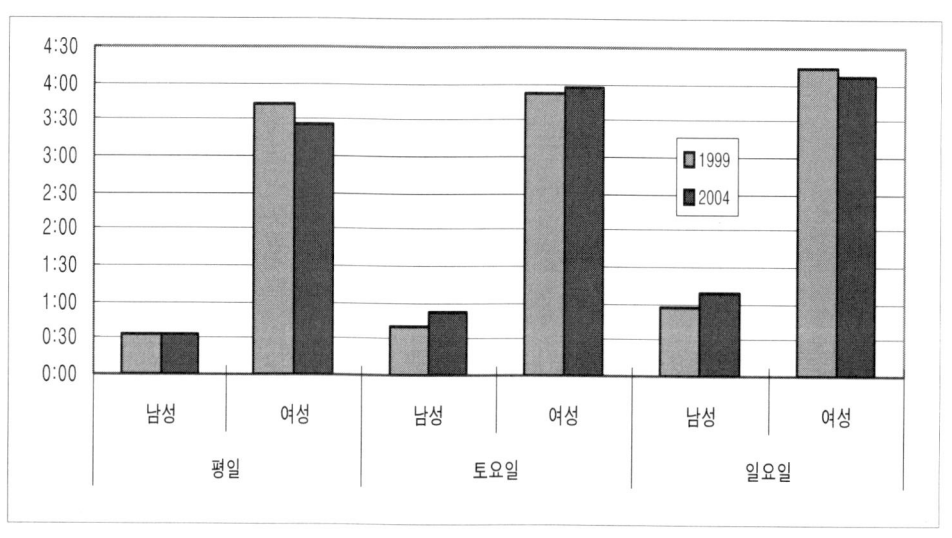

<그림 II-15> 기혼 취업자의 성별 무급가사노동시간 (단위: 시간:분)

자료 : 통계청. 1999. 2004 생활시간조사 원시자료

나. 직업별 무급가사노동시간

1) 미혼취업자의 무급가사노동시간

직업별로 가사노동 시간을 살펴보자. 평일 미혼 취업자의 직업별 무급가사노동시간은 1999년과 2004년 남성의 경우는 12분-27분 범위에 있고 여성은 21분에서 1시간 20분에 달하여 여성내부의 편차가 크게 나타나고 있다. 직업별로 가사노동 시간이 긴 직업집단은 평일 여성의 경우 서비스종사자, 판매종사자, 장치및기계조립, 단순노무종사자이고 짧은 집단은 전문가, 사무종사자, 기능원이다. 1999년과 2004년 사이 평일 여성의 무급가사노동시간은 서비스와 판매종사자를 제외하고는 조금씩 감소하였다. 해당기간 남성의 무급가사노동시간은 유사한 수준을 유지하고 있는데 기술공, 기능원, 단순노무종사자는 조금 감소하고 사무직과 판매종사자는 조금 증가하였다.

미혼 취업자의 직업별 주말 무급가사노동시간을 살펴보자. 여성과 남성 모두의 경우 주말 무급가사노동시간은 증가한다. 남성의 경우 1999년 토요일 25분 이상 가사노동에 시간을 사용하는 집단은 기술공 및 준전문가(26분) 집단뿐이다. 같은 해 여성의 경우 토요일 1시간이상 무급가사노동시간 사용을 하는 집단은 전문가(1시간12분), 기술공 및 준전문가(1시간17분), 단순노무(1시간9분)이다. 2004년 토요일 30분 이상 가사노동을 한 남성 직업군은 전문가(31분), 단순노무자(30분) 두 집단뿐이고 1시간 이상 가사노동을 한 여성 직업군은 기술공 및 준전문가(1시간8분), 사무종사자(1시간13분), 판매종사자(1시간12분), 기능원(1시간16분)이다.

1999년 일요일 35분 넘게 가사노동에 시간을 사용하는 남성 직업집단은 기술공 및 준전문가(35분), 기능원 관련 종사자(41분) 두 집단뿐이고 1시간 30분을 넘는 여성 직업군은 기술공 및 준전문가(1시간45분), 사무종사자(1시간38분), 기능원(2시간2분), 장치 및 기계조작은(1시간37분), 단순노무자(2시간24분)이었다. 2004년 일요일에는 전문직과 서비스직을 제외한 모든 남성이 35분 이상의 가사노동을 했으며 40분 이상 한 남성 직업군은 기술공 및 준전문가(42분), 사무종사자(51분), 단순노무자(41분)였다. 같은 해 일요일 여성의 무급가사노동시간은 1999년에 비해 조금 감소했지만 1-2개 직업군을 제외하고는 모두 1시간 이상 가사노동을 하는데 1시간30분 넘는 가사노동을 하는 직업군은 사무종사자(1시간36분), 기능원(1시간45분) 집단이다.

<표 II-20> 평일 미혼취업자의 직업별 무급가사노동시간

(단위: 시간:분)

	전문가		기술공 및 준전문가		사무 종사자		서비스 종사자		판매 종사자		기능원 및 관련 기능 종사자		장치, 기계조작 및 조립 종사자		단순노무 종사자	
	남성	여성	남성	여성	남성	여성	남성	여성	남성	여성	남성	여성	남성	여성	남성	여성
1999	0:14	0:35	0:16	0:40	0:12	0:33	0:17	0:50	0:13	0:39	0:21	0:54	0:14	0:49	0:27	1:20
2004	0:14	0:34	0:11	0:31	0:16	0:28	0:18	1:00	0:23	0:48	0:17	0:21	0:14	0:45	0:17	1:00

주1) 의회의원 및 고위임직원, 관리자는 남녀 모두 표본수가 적어 제외.
주2) 농업, 임업 및 어업 숙련 종사자는 여성의 표본수가 적어 제외
자료 : 통계청. 2004. 생활시간조사 원시자료

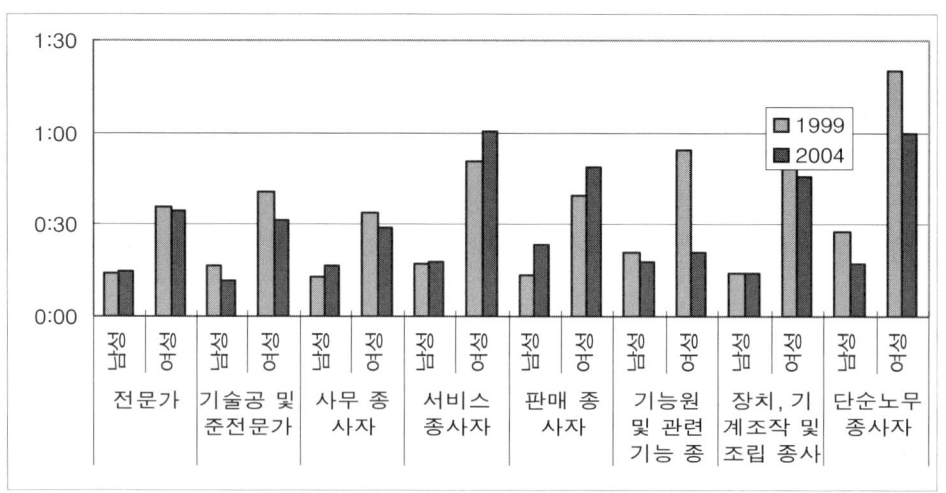

<그림 II-16> 평일 미혼취업자의 직업별 무급가사노동시간(단위: 시간:분)

주 1. 의회의원 및 고위임직원, 관리자는 남녀 모두 표본수가 적어 제외.
  2. 농업, 임업 및 어업 숙련 종사자는 여성의 표본수가 적어 제외
자료 : 통계청. 1999. 2004 생활시간조사 원시자료

Ⅱ. 여성 무급가사노동의 현황

<표 Ⅱ-21> 토요일 미혼취업자의 직업별 무급가사노동시간

(단위: 시간:분)

	전문가		기술공 및 준전문가		사무 종사자		서비스 종사자		판매 종사자		기능원 및 관련 기능 종사자		장치, 기계조작 및 조립 종사자		단순노무 종사자	
	남성	여성	남성	여성	남성	여성	남성	여성	남성	여성	남성	여성	남성	여성	남성	여성
1999	0:22	1:12	0:26	1:17	0:16	0:50	0:14	0:53	0:16	0:34	0:22	0:44	0:20	0:42	0:21	1:09
2004	0:31	0:53	0:23	1:08	0:29	1:13	0:16	0:51	0:22	1:12	0:27	1:16	0:26	0:27	0:30	0:38

주1) 의회의원 및 고위임직원, 관리자는 남녀 모두 표본수가 적어 제외.
주2) 농업, 임업 및 어업 숙련 종사자는 여성의 표본수가 적어 제외
자료 : 통계청. 1999 2004. 생활시간조사 원시자료

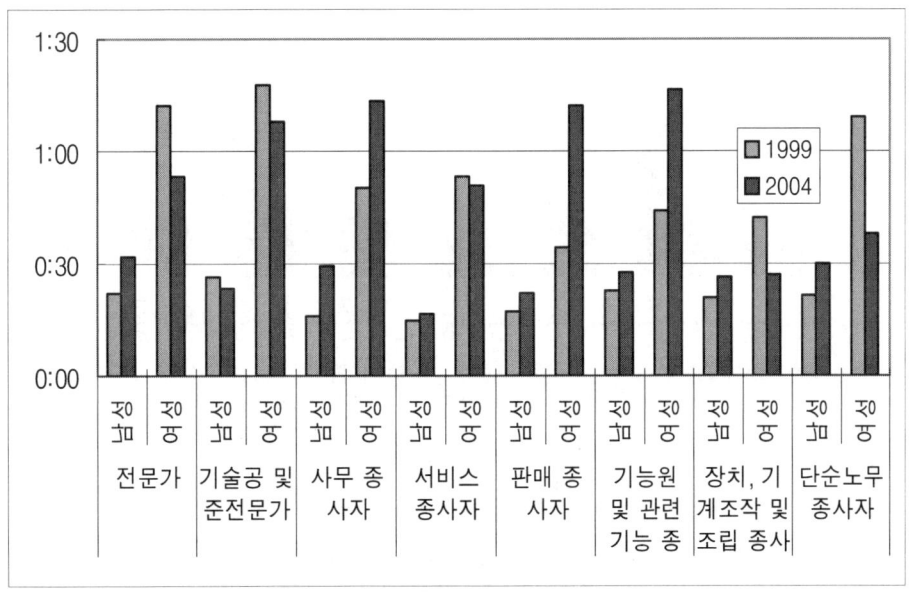

<그림 Ⅱ-17> 토요일 미혼취업자의 직업별 무급가사노동시간(단위: 시간:분)
자료 : 통계청. 1999. 2004 생활시간조사 원시자료

<표 Ⅱ-22> 일요일 미혼취업자의 직업별 무급가사노동시간

(단위: 시간:분)

	전문가		기술공 및 준전문가		사무 종사자		서비스 종사자		판매 종사자		기능원 및 관련 기능 종사자		장치, 기계조작 및 조립 종사자		단순노무 종사자	
	남성	여성	남성	여성	남성	여성	남성	여성	남성	여성	남성	여성	남성	여성	남성	여성
1999	0:30	1:24	0:35	1:45	0:31	1:38	0:12	1:14	0:27	0:49	0:41	2:02	0:34	1:37	0:25	2:24
2004	0:22	1:18	0:42	1:23	0:51	1:36	0:12	1:05	0:37	0:50	0:35	1:45	0:39	0:52	0:41	1:04

주1) 의회의원 및 고위임직원, 관리자는 남녀 모두 표본수가 적어 제외.
주2) 농업, 임업 및 어업 숙련 종사자는 여성의 표본수가 적어 제외
자료 : 통계청. 1999. 2004 생활시간조사 원시자료

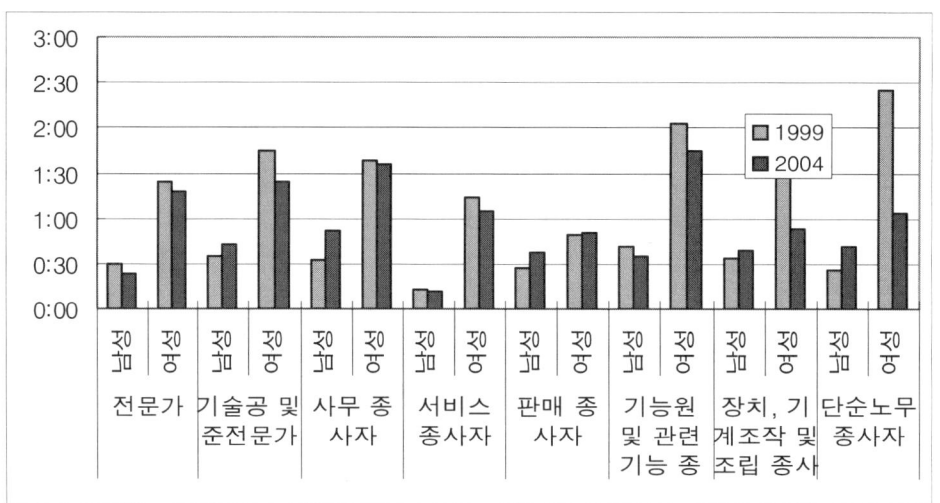

<그림 Ⅱ-18> 일요일 미혼취업자의 직업별 무급가사노동시간(단위: 시간:분)

주: 1. 의회의원 및 고위임직원, 관리자는 남녀 모두 표본수가 적어 제외.
　　2. 농업, 임업 및 어업 숙련 종사자는 여성의 표본수가 적어 제외
자료 : 통계청. 1999. 2004 생활시간조사 원시자료

2) 기혼취업자의 무급가사노동시간

기혼 취업자의 직업별 무급가사노동시간을 살펴보자. 평일 기혼 취업 남성의 가사노동 시간은 1999년 25분에서 47분 범위에, 2004년에는 26분에서 48분 범위에 있다. 여성의 경우는 1999년 2시간59분에서 4시간6분 범위에, 2004년에는 2시

간30분에서 3시간50분 범위에 있다. 미혼 취업자과 비교해 기혼 취업자의 직업별 성별격차는 훨씬 더 크다. 여성 기혼취업자의 경우 2004년 평일 무급가사노동시간은 한 집단을 제외하고는 모두 3시간을 넘는데 3시간30분을 넘는 직업군은 기술공및준전문가(3시간50분), 판매종사자(3시간39분), 농림어업 종사자(3시간49분), 단순노무종사자(3시간35분)로 이들 여성의 가사노동부담이 상당한 수준임을 알 수 있다.

<표 II-23> 평일 기혼취업자의 직업별 무급가사노동시간

(단위: 시간:분)

	전문가		기술공 및 준 전문가		사무 종사자		서비스 종사자		판매 종사자		농업, 임업 및 어업 숙련 종사자		기능원 및 관련 기능 종사자		장치, 기계 조작 및 조립 종사자		단순 노무 종사자	
	남성	여성	남성	여성	남성	여성	남성	여성	남성	여성	남성	여성	남성	여성	남성	여성	남성	여성
1999	0:28	3:03	0:25	3:44	0:25	3:45	0:44	3:22	0:31	3:58	0:47	4:06	0:27	3:38	0:29	2:59	0:36	3:41
2004	0:33	3:07	0:31	3:50	0:26	3:26	0:44	3:04	0:33	3:39	0:48	3:49	0:28	3:11	0:31	2:30	0:37	3:35

주1) 의회의원 및 고위임직원, 관리자는 남녀 모두 표본수가 적어 제외.
자료 : 통계청. 1999. 2004 생활시간조사 원시자료

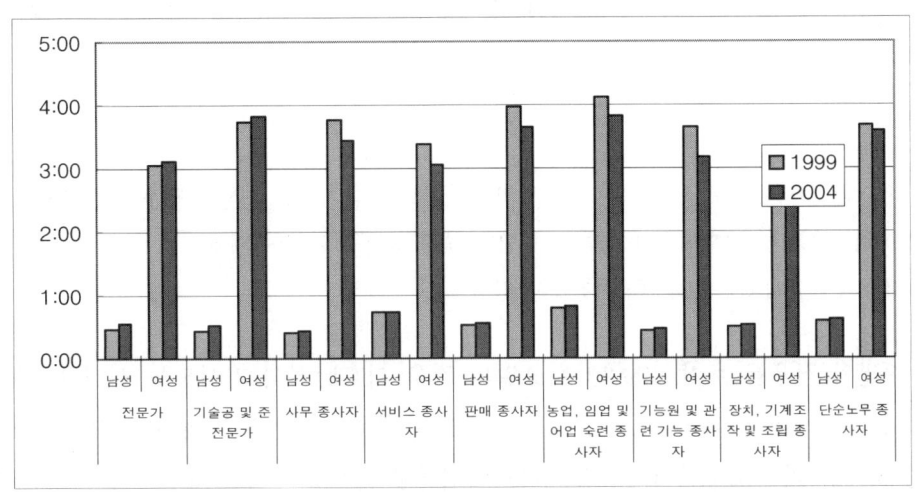

<그림 II-19> 평일 기혼취업자의 직업별 무급가사노동시간(단위: 시간:분)
자료 : 통계청. 1999. 2004 생활시간조사 원시자료

<표 II-24> 토요일 기혼취업자의 직업별 무급가사노동시간

(단위: 시간:분)

	전문가		기술공 및 준 전문가		사무 종사자		서비스 종사자		판매 종사자		농업, 임업 및 어업 숙련 종사자		기능원 및 관련 기능 종사자		장치, 기계 조작 및 조립 종사자		단순 노무 종사자	
	남성	여성	남성	여성	남성	여성	남성	여성	남성	여성	남성	여성	남성	여성	남성	여성	남성	여성
1999	1:04	4:07	0:46	4:31	0:49	4:26	0:36	3:20	0:26	3:49	0:45	4:05	0:32	3:27	0:36	3:11	0:33	4:05
2004	1:06	4:30	1:10	4:49	1:28	4:27	0:50	3:23	0:34	3:54	0:45	4:06	0:40	3:48	0:43	3:06	0:44	4:04

자료 : 통계청. 1999. 2004 생활시간조사 원시자료

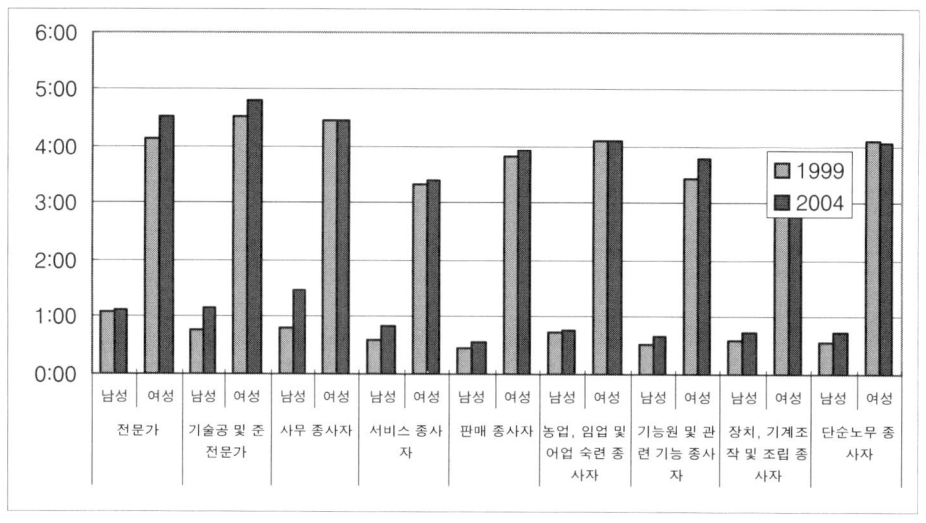

<그림 II-20> 토요일 기혼취업자의 직업별 무급가사노동시간(단위: 시간:분)

주1) 의회의원 및 고위임직원, 관리자는 남녀 모두 표본수가 적어 제외.
자료 : 통계청. 1999. 2004 생활시간조사 원시자료

주말의 경우를 보자. 1999년 토요일의 경우 기혼남성의 가사노동 시간은 26분에서 1시간4분 범위에 있고 2004년에는 34분에서 1시간28분 범위에 있다. 2004년 토요일 가사노동이 1시간을 넘는 직업군은 전문가(1시간6분), 기술공및준전문가(1시간10분), 사무종사자(1시간28분)이다. 이들의 가사노동 시간이 타 직업

군보다 긴 이유는 토요휴무제가 이들 직업군에 광범위하게 확산되었기 때문인 듯하다. 2004년 일요일 1시간30분 넘게 가사노동을 하는 남성 직업군은 토요일의 경우와 유사하여 전문가(1시간35분), 기술공및준전문가(1시간30분), 사무종사자(1시간42분)이다. 기혼여성의 토요일 무급가사노동시간은 1999년 3시간11분에서 4시간31분 범위에 있고 2004년에는 3시간6분에서 4시간49분 범위에 있다. 일요일의 경우는 기혼여성 무급가사노동시간은 1999년 3시간27분에서 5시간28분 범위에, 2004년에는 3시간27분과 5시간1분 범위에 있어 일요일 가사노동 부담이 토요일에 비해서 큰 것을 알 수 있다. 2004년 토요일 4시간20분 이상의 가사노동을 하는 기혼여성은 전문가(4시간30분), 기술공 및 준전문가(4시간49분), 사무종사자(4시간27분)이고 같은 해 일요일 4시간50분 이상 가사노동을 하는 기혼여성은 전문가(5시간27분), 사무직종사자(4시간51분)로 일요일 무급가사노동시간이 상당하다. 1999년에서 2004년 사이 기간 무급가사노동시간 성별 격차는 조금 감소했지만 여성의 무급가사노동시간이 압도적으로 긴 것은 여전하다.

<표 Ⅱ-25> 일요일 기혼취업자의 직업별 무급가사노동시간

(단위: 시간:분)

	전문가		기술공 및 준전문가		사무 종사자		서비스 종사자		판매 종사자		농업, 임업 및 어업 숙련 종사자		기능원 및 관련 기능 종사자		장치, 기계 조작 및 조립 종사자		단순 노무 종사자	
	남성	여성	남성	여성	남성	여성	남성	여성	남성	여성	남성	여성	남성	여성	남성	여성	남성	여성
1999	1:19	5:28	1:13	4:59	1:21	5:08	0:51	3:27	0:43	4:14	0:43	4:00	0:57	4:22	0:49	4:24	0:54	4:30
2004	1:35	5:01	1:30	4:49	1:42	4:51	1:06	3:27	0:56	3:52	0:39	3:40	1:03	4:23	1:00	4:45	1:01	4:18

주1) 의회의원 및 고위임직원, 관리자는 남녀 모두 표본수가 적어 제외.
자료 : 통계청. 1999. 2004 생활시간조사 원시자료

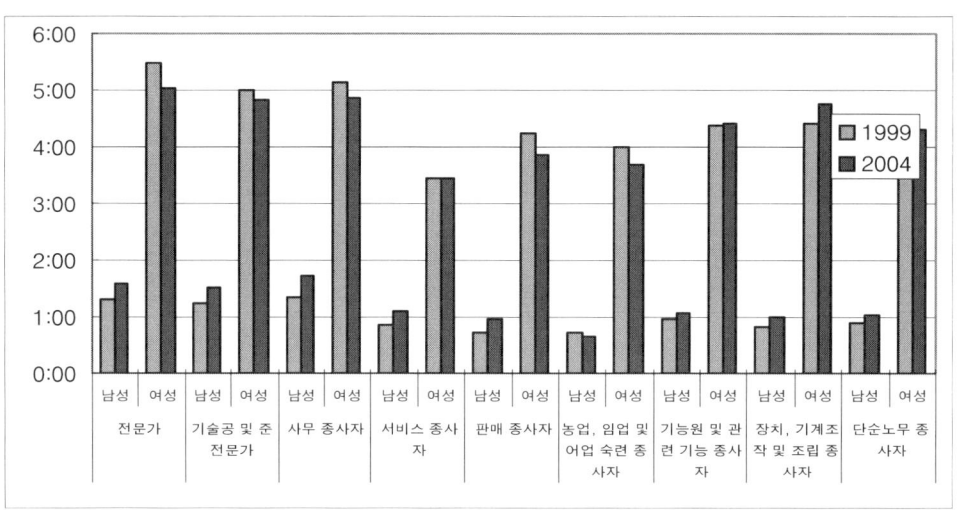

<그림 Ⅱ-21> 일요일 기혼취업자의 직업별 무급가사노동시간(단위: 시간:분)
자료 : 통계청. 1999. 2004 생활시간조사 원시자료

다. 종사상지위별 무급가사노동시간

1) 미혼취업자의 무급가사노동시간

먼저 미혼 취업자의 종사상지위별 무급가사노동시간을 살펴보자. 종사상 지위별 무급가사노동시간 차이가 남녀 모두의 경우 뚜렷하게 나타나고 있다. 남성의 경우 2004년 임금근로자와 고용주의 평일 무급가사노동시간은 각각 14분에서 16분이고 자영업자와 무급가족종사자의 경우 42분과 30분에 달한다. 여성의 경우도 이러한 경향이 관찰되어 임금근로자와 자영업자와 무급가족종사자는 58분과 1시간 38분이다. 여성의 경우 무급가족종사자의 무급가사노동시간(1시간 38분)이, 남성은 자영업자(42분)의 시간이 가장 길다. 토요일 남성 임금근로자와 고용주는 평일과 비교해 조금 증가하지만 자영업자와 무급가족종사자의 경우 평일과 유사한 수준이다. 여성의 경우 가장 두드러진 특징은 임금근로자와 자영업자의 토요일 가사노동이 크게 증가한다는 점이다. 일요일의 경우 남녀 임금근로자의 무급가사노동시간이 평일에 비해서 크게 증가한다. 자영업과 무급가족종사자 남성의 무급가사노동시간은 평일과 주말이 큰 차이가 없다.

<표 II-26> 평일 미혼취업자의 종사상 지위별 무급가사노동시간

(단위: 시간:분)

	임금근로자		고용주		자영업자		무급가족종사자	
	남성	여성	남성	여성	남성	여성	남성	여성
1999	0:16	0:37	0:29	1:01	0:33	0:57	0:33	2:05
2004	0:14	0:34	0:16	0:50	0:42	0:58	0:30	1:38

자료 : 통계청. 1999. 2004 생활시간조사 원시자료

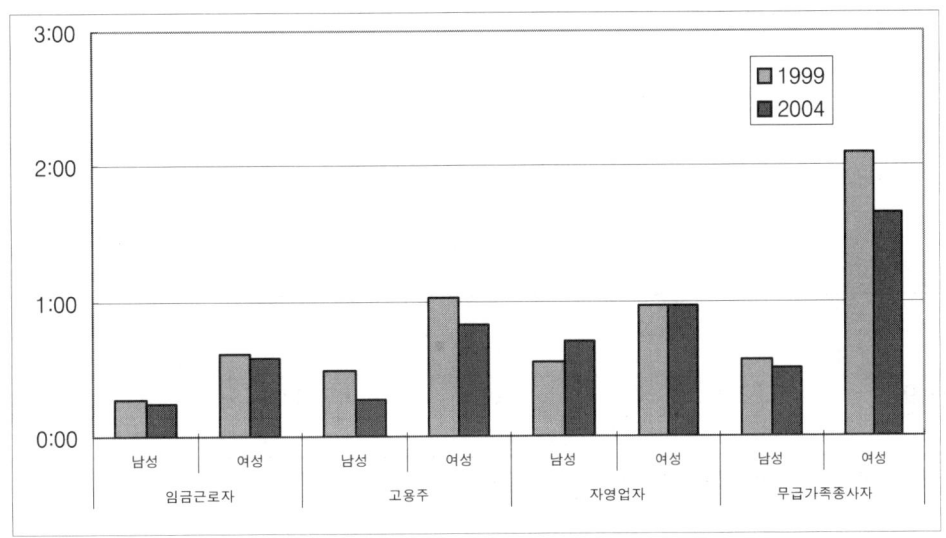

<그림 II-22> 평일 미혼취업자의 종사상 지위별 무급가사노동시간(단위: 시간:분)

자료 : 통계청. 1999. 2004 생활시간조사 원시자료

<표 II-27> 토요일 미혼취업자의 종사상 지위별 무급가사노동시간

(단위: 시간:분)

	임금근로자		고용주		자영업자		무급가족종사자	
	남성	여성	남성	여성	남성	여성	남성	여성
1999	0:20	0:54	0:51	1:35	0:20	0:58	0:35	1:54
2004	0:26	1:03	0:39	0:20	0:38	1:25	0:18	1:09

자료 : 통계청. 1999. 2004 생활시간조사 원시자료

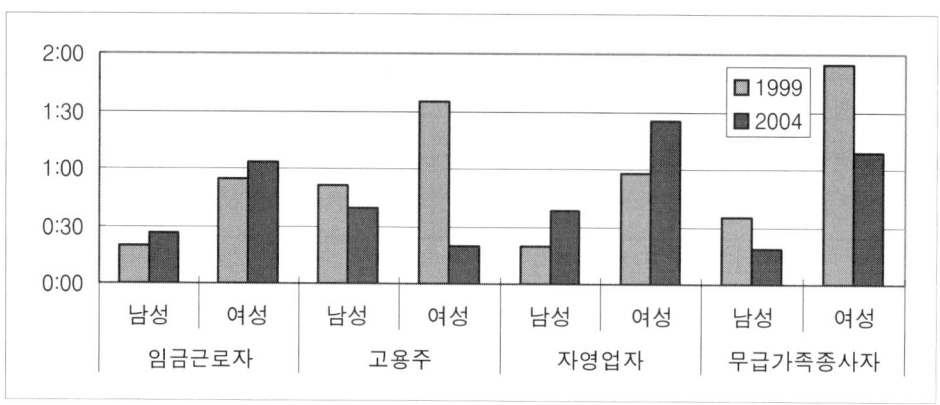

<그림 Ⅱ-23> 토요일 미혼취업자의 종사상 지위별 무급가사노동시간
(단위: 시간:분)

자료 : 통계청. 1999. 2004 생활시간조사 원시자료

<표 Ⅱ-28> 일요일 미혼취업자의 종사상 지위별 무급가사노동시간
(단위: 시간:분)

	임금근로자		고용주		자영업자		무급가족종사자	
	남성	여성	남성	여성	남성	여성	남성	여성
1999	0:32	1:31	0:07	1:55	0:30	1:09	0:32	1:41
2004	0:40	1:21	0:25	0:32	0:39	1:05	0:28	1:43

자료 : 통계청. 1999. 2004 생활시간조사 원시자료

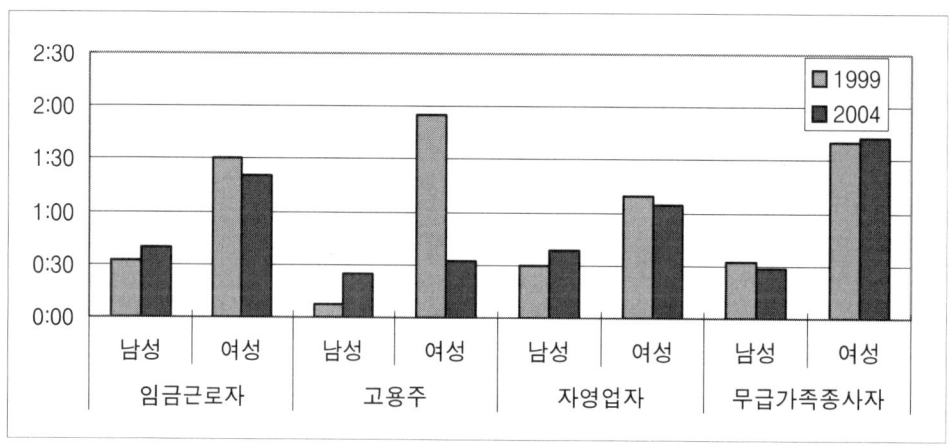

<그림 Ⅱ-24> 일요일 미혼취업자의 종사상 지위별 무급가사노동시간(단위: 시간:분)

자료 : 통계청. 1999. 2004 생활시간조사 원시자료

2) 기혼취업자의 무급가사노동시간

기혼 남성의 경우도 평일의 경우 자영업자와 무급가족종사자의 무급가사노동시간이 길고 여성의 경우에도 이러한 경향이 나타나 자영업자와 무급가족종사자의 무급가사노동시간이 길게 나타났다. 1999년과 2004년에 이르는 시기 평일 여성의 경우 모든 종사상 지위에서 무급가사노동시간이 감소하였다. 토요일의 경우 임금근로자의 무급가사노동시간은 증가하지만 자영업자와 무급가족종사자는 평일과 유사한 수준을 유지한다. 일요일의 경우 임금근로자와 고용주로 일하는 기혼남성의 무급가사노동시간은 크게 증가하고 자영업자와 무급가족종사자는 평일과 유사한 수준을 보이고 있다. 전체적으로 보면 고용주로 일하는 남성의 무급가사노동시간이 제일 적게 나타나고 있다. 여성의 경우 주요 특징은 임금근로자의 일요일 무급가사노동시간이 평일에 비해 1시간 14분 증가한다. 자영업자나 무급가족종사자의 경우 주말 노동시간이 평일과 유사한 수준을 보이고 있다.

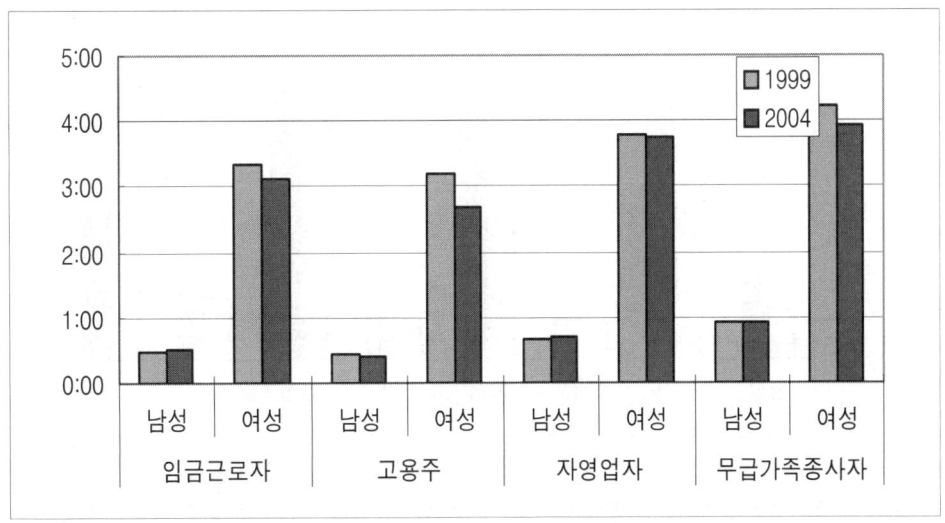

<그림 II-25> 평일 기혼취업자의 종사상 지위별 무급가사노동시간(단위: 시간:분)
자료 : 통계청. 1999. 2004 생활시간조사 원시자료

<표 II-29> 평일 기혼취업자의 종사상 지위에 따른 무급가사노동시간

(단위: 시간:분)

	임금근로자		고용주		자영업자		무급가족종사자	
	남성	여성	남성	여성	남성	여성	남성	여성
1999	0:28	3:21	0:26	3:11	0:39	3:47	0:56	4:13
2004	0:31	3:08	0:25	2:42	0:41	3:45	0:55	3:56

자료 : 통계청. 1999. 2004 생활시간조사 원시자료

<표 II-30> 토요일 기혼취업자의 종사상 지위에 따른 무급가사노동시간

(단위: 시간:분)

	임금근로자		고용주		자영업자		무급가족종사자	
	남성	여성	남성	여성	남성	여성	남성	여성
1999	0:41	3:42	0:30	2:48	0:38	3:41	0:50	4:10
2004	1:02	3:51	0:33	3:31	0:42	3:59	1:01	4:09

자료 : 통계청. 1999. 2004 생활시간조사 원시자료

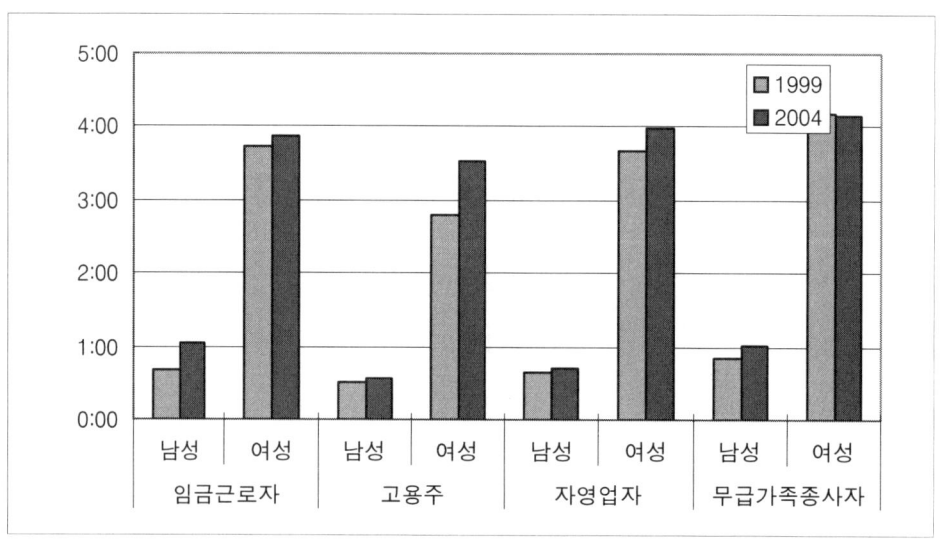

<그림 II-26> 토요일 기혼취업자의 종사상 지위에 따른 무급가사노동시간
(단위: 시간:분)

자료 : 통계청. 1999. 2004 생활시간조사 원시자료

<표 Ⅱ-31> 일요일 기혼취업자의 종사상 지위에 따른 무급가사노동시간

(단위: 시간:분)

	임금근로자		고용주		자영업자		무급가족종사자	
	남성	여성	남성	여성	남성	여성	남성	여성
1999	1:06	4:26	0:47	3:12	0:43	3:55	1:00	4:10
2004	1:24	4:22	0:57	2:59	0:45	3:59	0:58	3:44

자료 : 통계청. 1999. 2004 생활시간조사 원시자료

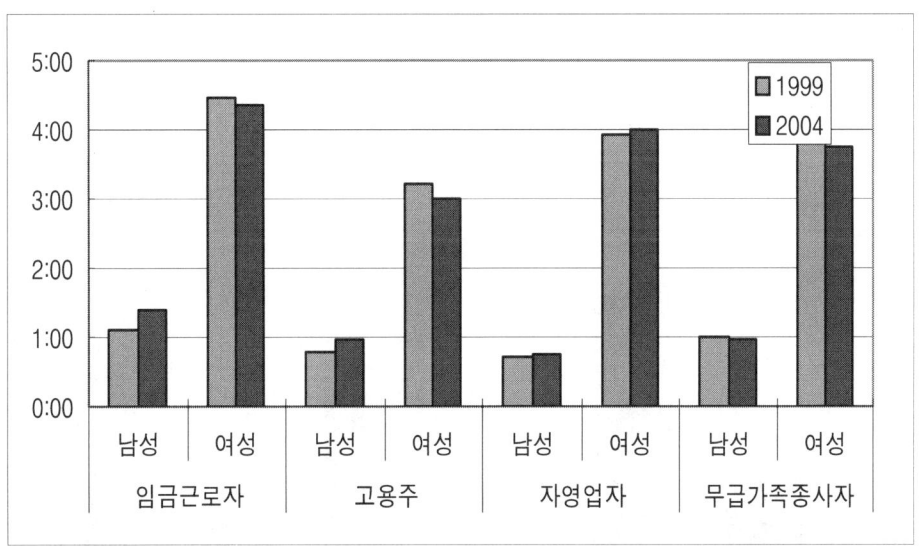

<그림 Ⅱ-27> 일요일 기혼취업자의 종사상 지위에 따른 무급가사노동시간
(단위: 시간:분)

자료 : 통계청. 1999. 2004 생활시간조사 원시자료

라. 소득수준별 성별 무급가사노동시간

1) 미혼 취업자

소득수준별 무급가사노동시간을 살펴보자. 미혼 취업 남성과 여성의 경우 무급가사노동시간이 소득수준별로 별 차이를 보이지 않는다. 미혼 남성의 경우 일요일 가사노동 시간이 토요일에 비해서 더 길다. 주말의 경우 200만원이상 소득자집단의 무급가사노동시간이 가장 길다.[2] 여성의 경우도 주말에 200만원이상

48

소득자의 무급가사노동시간이 가장 길게 나타났다. 미혼 취업자의 경우 상식적 믿음과는 달리 소득수준이 높은 집단에서 무급가사노동시간이 길게 나타났다.

<표 II-32> 평일 20세 이상 미혼취업자의 소득별 평균 무급가사노동시간

(단위: 시간 : 분)

	100만원미만		100이상 200미만		200이상 300미만	
	남성	여성	남성	여성	남성	여성
1999	0:18	0:38	0:18	0:37	0:14	0:40
2004	0:18	0:37	0:16	0:32	0:14	0:34

자료 : 통계청. 1999. 2004 생활시간조사 원시자료

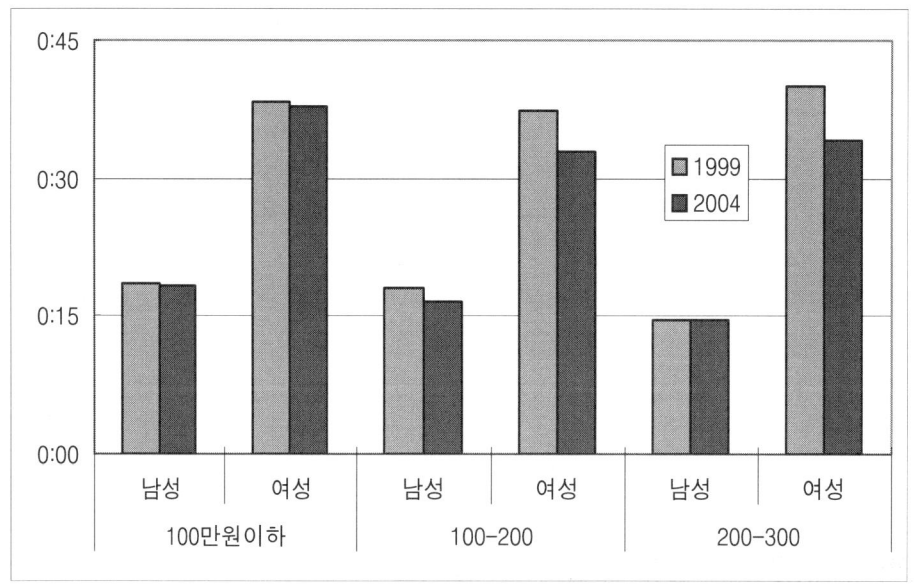

<그림 II-28> 평일 미혼취업자의 소득별 평균 무급가사노동시간(단위: 시간:분)
주1) 300이상 남녀의 샘플수가 적어 표시하지 않음
자료 : 통계청. 1999. 2004 생활시간조사 원시자료

---

2) 미혼여성과 남성 중 300만원이상 소득자 사례가 적어서 조사결과의 편차가 크다.

<표 II-33> 토요일 20세 이상 미혼취업자의 소득별 평균 무급가사노동시간

(단위 : 시간 : 분)

	100만원미만		100이상 200미만		200이상 300미만	
	남성	여성	남성	여성	남성	여성
1999	0:19	0:54	0:22	0:55	0:11	1:23
2004	0:27	1:01	0:26	1:03	0:36	1:35

자료 : 통계청. 1999. 2004 생활시간조사 원시자료

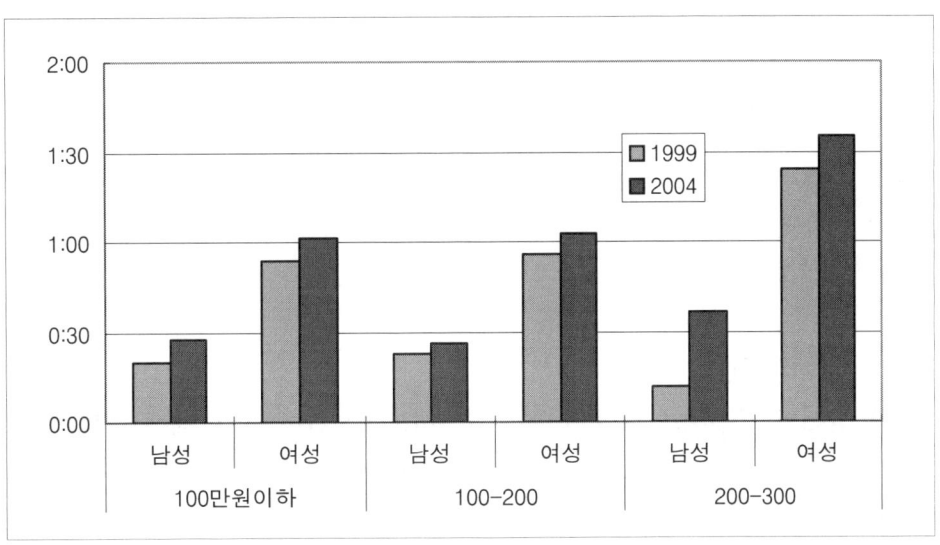

<그림 II-29> 토요일 미혼취업자의 소득별 평균 무급가사노동시간(단위: 시간:분)

주1) 300이상 남녀의 샘플수가 적어 표시하지 않음

자료 : 통계청. 1999. 2004 생활시간조사 원시자료

<표 II-34> 일요일 20세 이상 미혼취업자의 소득별 평균 무급가사노동시간

(단위 : 시간 : 분)

	100만원미만		100이상 200미만		200이상 300미만	
	남성	여성	남성	여성	남성	여성
1999	0:29	1:30	0:34	1:28	0:56	1:55
2004	0:32	1:18	0:42	1:18	0:47	1:32

자료 : 통계청. 1999. 2004 생활시간조사 원시자료

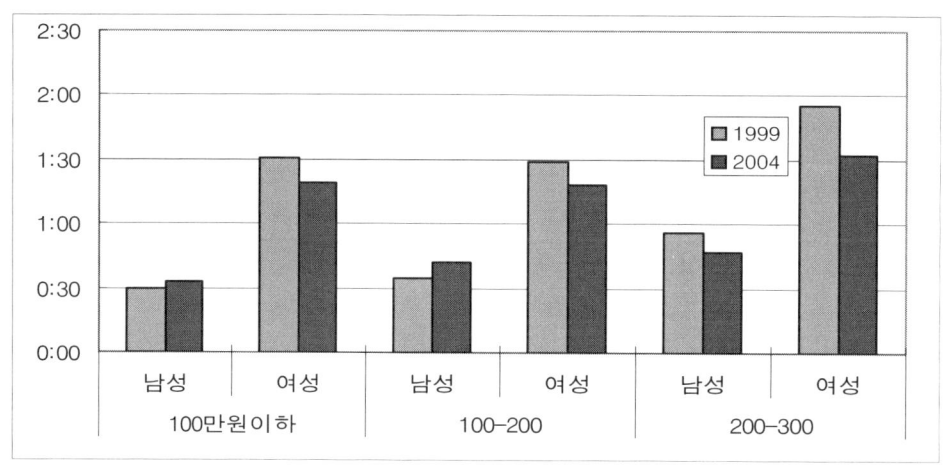

<그림 II-30> 일요일 미혼취업자의 소득별 평균 무급가사노동시간(단위: 시간:분)
주1) 300이상 남녀의 샘플수가 적어 표시하지 않음
자료 : 통계청. 1999. 2004 생활시간조사 원시자료

2) 기혼취업자

 기혼 남성의 경우 평일보다 주말 무급가사노동시간이 길다. 대체로 토요일보다 일요일 무급가사노동시간이 길게 나타난다. 평일의 경우 소득수준에 따라서 무급가사노동시간이 차이를 보인다. 100만원미만 소득자의 경우 2004년 평일 기혼 남성 무급가사노동시간은 48분이지만 100-200만원은 33분, 200-300만원은 29분 300만원이상은 24분이다. 200만원 이상 버는 기혼 남성의 경우 평일 무급가사노동시간이 짧다. 그러나 이러한 경향은 주말에 역전이 되어 주말에는 200만원 이상 소득자가 조금 더 가사노동에 참여하고 있다. 기혼 취업여성의 경우 일요일 무급가사노동시간이 가장 길고, 그 다음이 토요일, 평일 순이다. 기혼 여성의 경우 평일 소득수준이 높을수록 무급가사노동시간이 감소하고 있다. 2004년 토요일에는 100만원미만 소득자와 무급가사노동시간이 가장 길고 일요일에는 200만원이상 300만원 미만 소득자의 시간이 가장 길다.

<표 II-35> 평일 20세 이상 기혼취업자의 소득별 평균 무급가사노동시간

(단위: 시간:분)

	100만원미만		100이상 200미만		200이상 300미만		300만원이상	
	남성	여성	남성	여성	남성	여성	남성	여성
1999	0:40	3:36	0:30	3:00	0:25	3:09	0:26	2:44
2004	0:48	3:36	0:33	2:46	0:29	2:34	0:24	2:21

자료 : 통계청. 1999. 2004 생활시간조사 원시자료

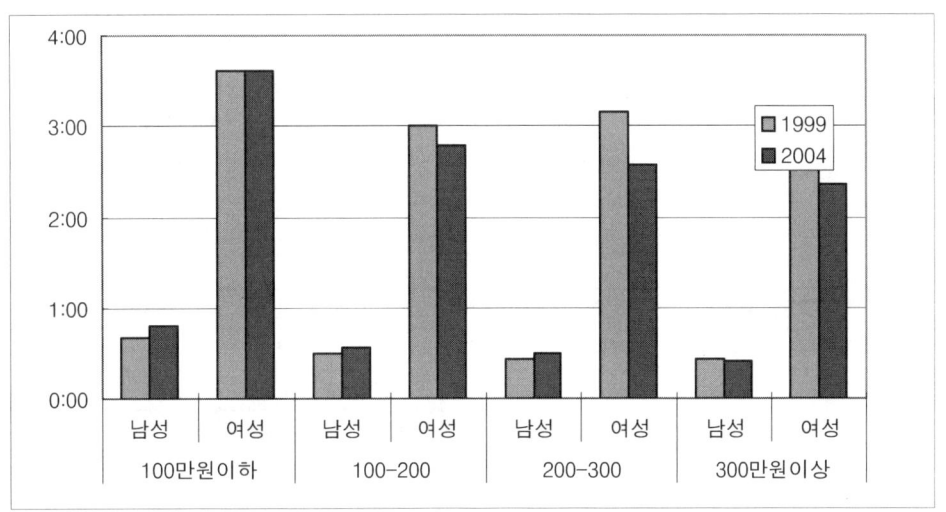

<그림 II-31> 평일 기혼취업자의 소득별 평균 무급가사노동시간(단위: 시간:분)

자료 : 통계청. 1999. 2004 생활시간조사 원시자료

<표 II-36> 토요일 20세 이상 기혼취업자의 소득별 평균 무급가사노동시간

(단위: 시간:분)

	100만원미만		100이상 200미만		200이상 300미만		300만원이상	
	남성	여성	남성	여성	남성	여성	남성	여성
1999	0:39	3:46	0:39	3:27	0:41	3:30	0:29	2:36
2004	0:44	4:01	0:45	3:28	1:04	3:50	1:00	3:54

자료 : 통계청. 1999. 2004 생활시간조사 원시자료

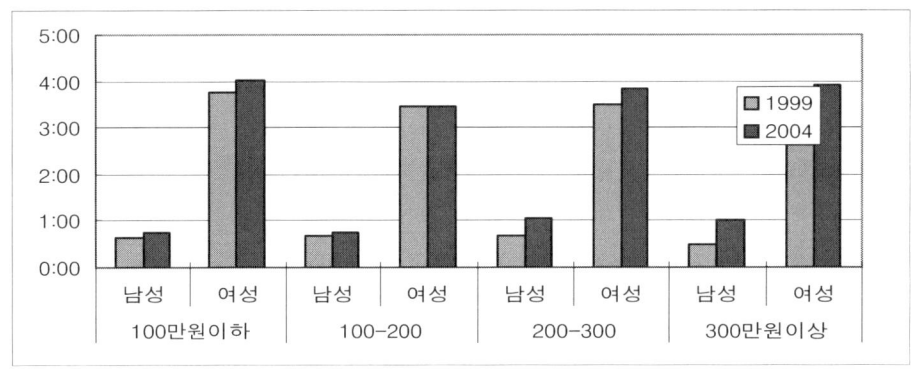

<그림 Ⅱ-32> 토요일 기혼취업자의 소득별 평균 무급가사노동시간
(단위: 시간:분)

자료 : 통계청. 1999. 2004 생활시간조사 원시자료

<표 Ⅱ-37> 일요일 기혼취업자의 소득별 평균 무급가사노동시간

(단위: 시간:분)

	100만원미만		100이상 200미만		200이상 300미만		300만원이상	
	남성	여성	남성	여성	남성	여성	남성	여성
1999	0:49	4:15	0:59	4:19	1:07	4:16	0:41	4:08
2004	0:53	4:16	1:02	4:04	1:25	4:31	1:17	4:05

자료 : 통계청. 1999. 2004 생활시간조사 원시자료

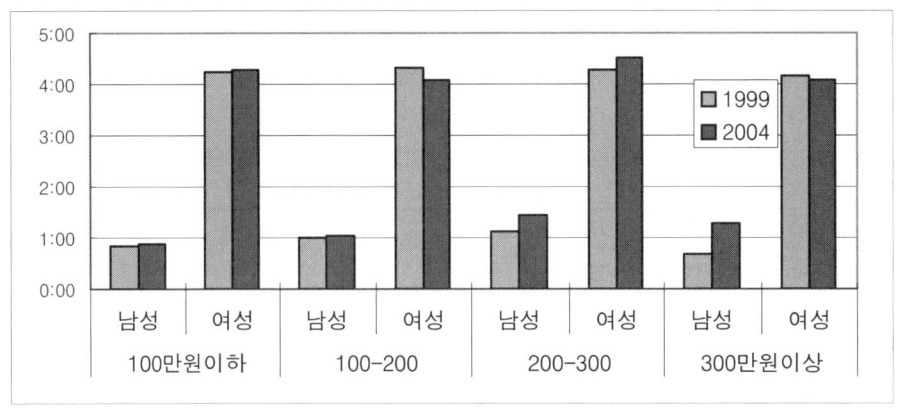

<그림 Ⅱ-33> 일요일 기혼취업자의 소득별 평균 무급가사노동시간
(단위: 시간:분)

자료 : 통계청. 1999. 2004 생활시간조사 원시자료

4. 여성의 취업과 가사노동부담

가. 미취학아동 유무에 따른 무급가사노동시간

<표 Ⅱ-38> 미취학자녀, 취업유무별 취업·무급가사노동시간

(단위: 시간:분)

	취업여성				미취업여성			
	취업노동		가사노동		취업노동		가사노동	
	아동유	아동무	아동유	아동무	아동유	아동무	아동유	아동무
평일	6:41	6:45	4:23	3:15	0:02	0:14	8:38	5:42
토요일	4:06	5:20	5:08	3:43	0:04	0:15	7:49	5:32
일요일	2:07	3:20	5:27	3:51	0:04	0:09	7:04	4:49

자료 : 통계청. 2004. 생활시간조사 원시자료

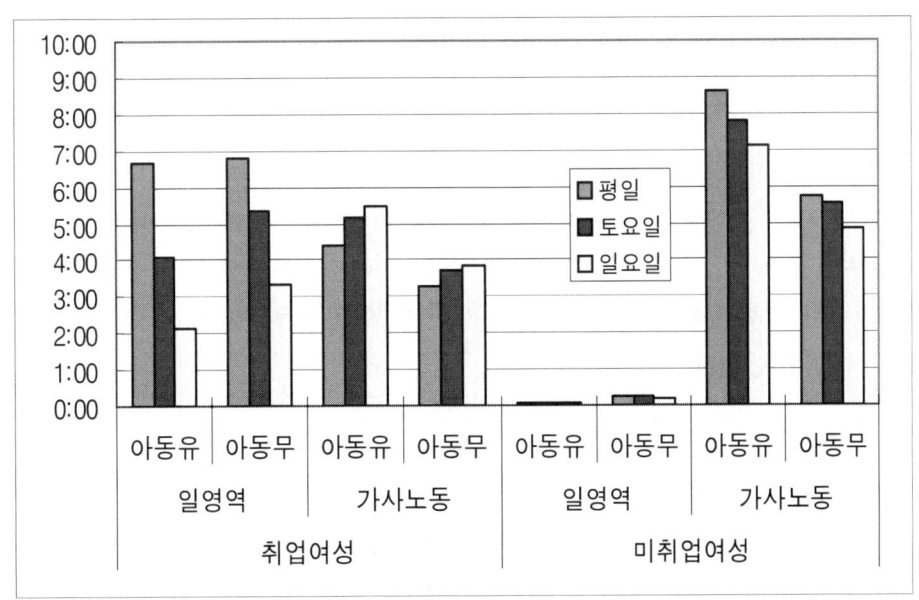

<그림 Ⅱ-34> 미취학자녀, 취업유무별 취업·무급무급가사노동시간

(단위: 시간:분)

자료 : 통계청. 2004. 생활시간조사 원시자료

미취학자녀 존재는 어머니의 가사노동 부담을 증가시키며 취업여성의 경우는 더욱 그러하다. 미취학아동의 유무가 어머니의 취업노동시간과 어떻게 관련이 있는지 살펴보자. 미취학아동이 있는 경우 취업노동시간이 짧은데, 평일의 경우는 크게 차이나지 않지만 주말에는 차이가 크다. 미취학아동이 없는 취업여성은 아동이 있는 경우보다 토요일 1시간14분, 일요일 1시간13분 더 일하고 있다. 미취학아동 유무별로 무급가사노동시간은 큰 차이를 보이고 있다. 아동이 있는 경우 평일, 토요일, 일요일 시간은 각각 4시간23분, 5시간8분, 5시간27분인 반면 아동이 없는 경우는 각각 3시간15분, 3시간43분, 3시간51분이었다. 미취학아동이 있는 경우 취업여성의 평일, 토요일, 일요일 무급가사노동시간은 1시간8분, 1시간25분, 1시간36분 더 길었다.

미취업여성의 경우도 미취학아동이 있는 경우 없는 경우에 비해 무급가사노동시간이 훨씬 더 길었다. 아동이 있는 경우 평일, 토요일, 일요일 무급가사노동시간은 각각 2시간56분, 2시간17분, 2시간15분 더 길다.

위의 4개의 기혼여성 집단의 평일 무급가사노동시간이 긴 순서대로 정리하면 미취업 미취학자녀가 있는 여성(8시간38분), 미취업 미취학자녀가 없는 여성(5시간42분), 취업 미취학자녀가 있는 여성(4시간23분), 취업 미취학자녀가 없는 여성(3시간15분)이다. 평일 유무급을 합한 총노동시간이 가장 긴 순서에 따르면 취업 미취학자녀가 있는 여성(11시간4분), 취업 미취학자녀가 없는 여성(10시간), 미취업 미취학자녀가 있는 여성(8시간40분), 미취업 미취학자녀가 없는 여성(5시간56분)이었다.

나. 직장 휴무일별 무급가사노동시간

<표 Ⅱ-39> 취업자의 휴일 유형별 무급가사노동시간

(단위: 시간:분)

	평일				토요일				일요일			
	2주1회	주1회	토요격주휴무	주2회	2주1회	주1회	토요격주휴무	주2회	2주1회	주1회	토요격주휴무	주2회
남성	0:24	0:24	0:27	0:29	0:37	1:16	1:30	0:35	1:12	1:36	1:22	0:51
여성	2:12	1:47	2:18	2:16	2:38	3:05	3:41	2:17	3:28	3:44	3:43	2:26

자료 : 통계청. 2004. 생활시간조사 원시자료.

휴무일에 따른 무급가사노동시간이 어떠한지 살펴보자. 평일에는 직장 휴무일의 빈도와 무급가사노동시간과 별 상관이 없는 듯하다. 휴일횟수가 많건 적건 평일보다는 토요일, 토요일보다는 일요일 무급가사노동시간이 더 길게 나타나는 것이 일반적이다. 주1회 휴일이 있는 여성 취업자의 평일 무급가사노동시간이 상대적으로 짧은 것이 특징이다. 토요일의 경우는 주2회 휴일자를 제외하고 휴일이 증가함에 따라 무급가사노동시간이 증가한다. 남성의 경우 2주1회, 주1회, 토요일 격주휴무의 무급가사노동시간은 각각 37분, 1시간16분, 1시간30분이고 여성은 각각 2시간38분, 3시간5분, 3시간41분이다. 주2회 휴일자의 토요일 무급가사노동시간은 여타 집단에 비해 짧고 일요일의 경우도 마찬가지이다. 이러한 현상은 휴일횟수와 관련이 있다기보다는 가사노동을 조금 하는 사람들이 주2회 휴일자인 경우가 많아서인 것으로 추측된다.

이번에는 휴일의 빈도와 미취학자녀 유무와 관련하여 성별 무급가사노동시간을 살펴보자. 미취학자녀가 있는 남성의 경우 평일 휴일횟수별 무급가사노동시간은 39분에서 42분 범위에 있는데 휴일빈도와 별 상관이 없다. 그러나 미취학자녀 유무는 무급가사노동시간에 영향을 미쳐서 미취학자녀가 있는 남성의 무급가사노동시간이 더 길게 나타나고 있는데, 모든 휴일횟수에 그러하다. 미취학자녀가 있는 남성은 평일뿐만 아니라 주말 무급가사노동시간도 미취학자녀가 없는 남성에 비해서 길게 나타난다.

그러나 주말이 되면 이들의 무급가사노동시간은 휴일빈도에 따라 차이를 보인다. 토요일의 경우 주2회 휴일자를 제외하고 휴일빈도가 증가함에 따라서 무급가사노동시간이 증가한다. 미취학자녀 유무에 상관없이 이러한 경향이 나타난다. 토요일 기혼 취업남성은 휴일횟수가 많을수록 가사노동을 많이 하는 것이다. 일요일의 경우는 주1회와 토요 격주 휴일자가 무급가사노동시간이 길게 나타난다.

평일 기혼 여성취업자의 경우도 휴일횟수별로 특별한 특징을 보이지 않는다. 다만 미취학자녀의 유무에 따라서 무급가사노동시간의 차이가 난다. 그런데 남성의 경우와 마찬가지로 토요일 주2회 휴일자를 제외하고 휴일 빈도가 증가할수록 무급가사노동시간이 증가한다. 미취학자녀가 있는 취업여성의 경우 토요일 무급가사노동시간은 2주1회, 주1회, 토요일 격주 휴무별로 각각 4시간30분, 5시간20분, 5시간28분이고 미취학자녀가 없는 경우는 각각 3시간8분, 4시간, 4시간53분이다. 일요일의 경우는 남성과 유사하게 주1회, 토요일 격주 휴일자의 무급가사노동시간이 가장 길게 나타났다.

<표 II-40> 기혼취업자의 미취학자녀 유무에 따른 무급가사노동시간

(단위 : 시간:분)

		남성		여성	
		유자녀	무자녀	유자녀	무자녀
평일	2주 한번	0:39	0:22	3:34	2:43
	일주 한번	0:41	0:16	3:39	2:29
	토요격주	0:40	0:24	3:40	3:04
	일주 2번	0:42	0:27	3:38	2:33
토요일	2주 한번	0:57	0:31	4:30	3:08
	일주 한번	2:06	1:12	5:20	4:00
	토요격주	2:18	1:20	5:28	4:53
	일주 2번	0:58	0:31	3:18	2:27
일요일	2주 한번	1:54	1:06	5:23	4:03
	일주 한번	2:17	1:32	6:12	5:04
	토요격주	2:15	1:07	6:00	4:55
	일주 2번	1:17	0:47	4:48	2:14

자료 : 통계청. 2004. 생활시간조사 원시자료

다. 피곤함을 느끼는 정도와 무급가사노동시간

노동시간의 과중함은 피곤을 유발한다. 이제 무급가사노동시간과 피곤함을 느끼는 정도의 관계를 살펴보자. 피곤함을 느끼는 정도에 따라 기혼자의 성별 무급가사노동시간과 취업노동시간을 살펴보자. 평일 남성의 경우 피곤함을 느끼는 정도가 증가하면 무급가사노동시간은 별 차이를 보이지 않지만 취업노동시간은 증가하고 있다. 토요일과 일요일에도 이러한 경향이 나타났다. 피곤함을 느끼는 정도 차이는 가사노동 시간과 별 차이를 보이고 있지 않지만 취업노동시간이 증가하면 피곤함을 느끼는 정도도 증가하였다. 여성의 경우도 총 노동시간이 증가하면서 피곤함을 느끼는 정도가 증가하였다. 모든 요일에 걸쳐서 취업노동시간이 증가하면 피곤함을 느끼는 정도가 더 강하게 나타났다. 여성의 경우 취업노동시간이 증가하면서 무급가사노동시간은 감소하지만 총 노동시간은 피곤함을 느끼는 정도에 비례하였다. 여성이나 남성 모두 총 노동시간의 증가는 피로감을 증가시키고 있었다.

<표 II-41> 취업여성의 피곤정도에 따른 가사노동·취업노동시간

(단위: 시간:분)

	평일				토요일				일요일			
	미혼		기혼		미혼		기혼		미혼		기혼	
	가사노동	취업노동	가사노동	취업노동	가사노동	취업노동	가사노동	취업노동	가사노동	취업노동	가사노동	취업노동
항상 피곤	0:33	8:44	3:05	7:37	1:02	5:43	3:38	6:03	1:10	3:07	3:55	3:52
가끔 피곤	0:36	8:11	3:30	6:28	1:08	4:51	3:58	4:43	1:27	2:16	4:15	2:39
피곤하지 않음	0:49	6:29	4:31	4:17	0:52	3:59	5:07	3:05	1:23	2:26	4:19	2:06

자료 : 통계청. 2004. 생활시간조사 원시자료.

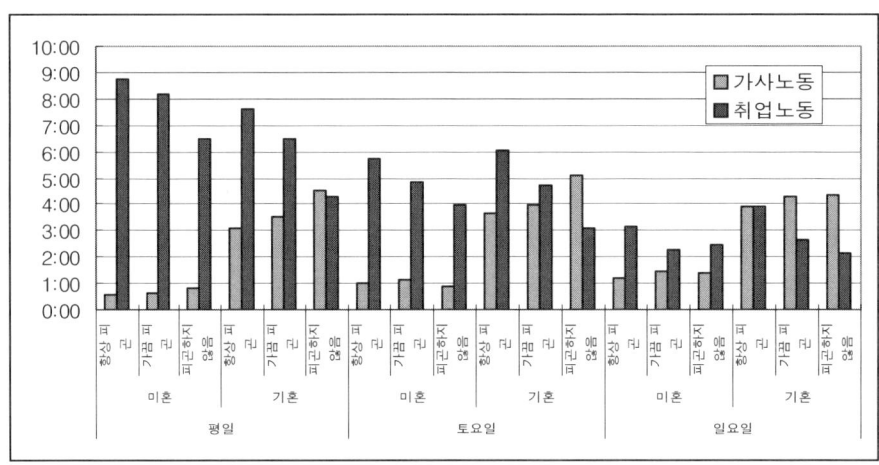

<그림 Ⅱ-35> 취업여성의 피곤정도에 따른 가사노동·취업노동시간
(단위: 시간:분)

자료 : 통계청. 2004. 생활시간조사 원시자료

피곤함을 느끼는 정도를 취업여성에 국한하여 논의해보자. 평일의 경우를 보면 취업노동시간이 증가함에 피곤하게 느끼는 정도가 증가한다. 반면 피곤하게 느끼는 정도는 무급가사노동시간 증가에 반비례한다. 이것은 가사노동이 덜 피곤하기 때문이기보다는 취업여성은 근로시간 때문에 가사노동 시간을 조절하고 취업시간과 근로시간을 합한 총 노동시간이 과중하기 때문이다. 미혼여성의 경우 항상 피곤한 집단, 가끔 피곤한 집단, 피곤하지 않은 집단의 총 노동시간은 각각 9시간17분, 8시간47분, 7시간18분이다. 토요일과 일요일의 경우도 미혼 취업여성이 피곤하게 느끼는 정도가 강할수록 가사노동과 취업노동을 합한 총 노동시간이 길었다.

기혼여성의 경우도 평일의 경우를 보면 피곤하게 느끼는 정도는 취업노동시간에 비례하고 무급가사노동시간에 반비례한다. 피곤하게 느끼는 정도는 총노동시간에 비례하여 평일 항상 피곤한 집단, 가끔 피곤한 집단, 피곤하지 않는 집단의 총노동시간은 각각 10시간42분, 9시간58분, 8시간48분이다. 미혼과 비교하여 유사한 수준의 피곤한 정도와 관련하여 기혼 취업여성이 감당해야 하는 노동시간은 훨씬 더 길었다.

<표 Ⅱ-42> 기혼취업여성의 미취학아동유무, 피곤정도에 따른 가사·취업노동시간

(단위 : 시간:분)

		평일		토요일		일요일	
		아동유	아동무	아동유	아동무	아동유	아동무
항상 피곤	가사노동	3:58	2:57	4:50	3:27	5:17	3:41
	취업노동	7:35	7:38	4:57	6:13	3:12	3:59
가끔 피곤	가사노동	4:22	3:19	5:02	3:44	5:34	3:59
	취업노동	6:34	6:27	3:49	4:56	1:24	2:54
피곤하지 않음	가사노동	5:31	4:15	6:36	4:49	5:30	4:01
	취업노동	4:34	4:13	2:39	3:10	1:21	2:18

자료 : 통계청. 2004. 생활시간조사 원시자료

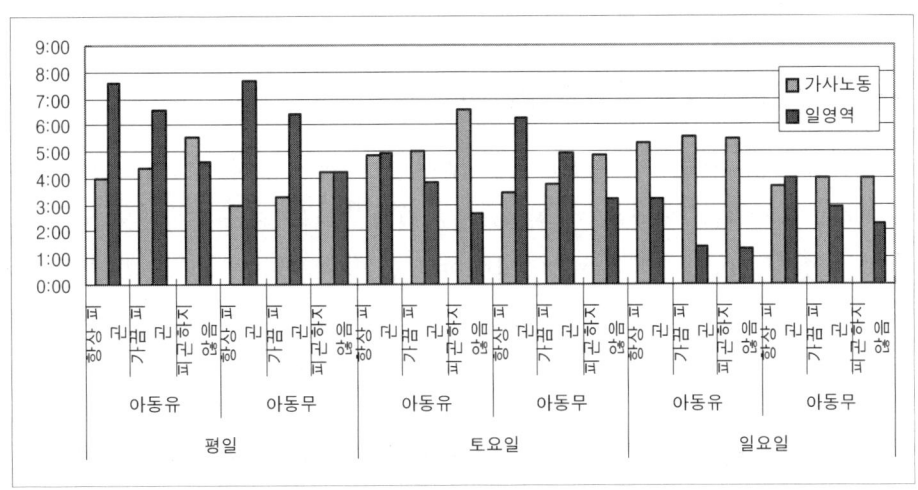

<그림 Ⅱ-36> 기혼취업여성의 미취학아동유무, 피곤정도에 따른
가사·취업노동시간(단위: 시간:분)

자료 : 통계청. 2004. 생활시간조사 원시자료

피곤하게 느끼는 정도를 미취학아동 유무에 따른 노동시간과 관련하여 검토해보자. 평일을 보면 미취학아동이 있음에도 일하는 여성의 노동시간은 미취학아동이 없으면서 일하는 여성의 경우와 비교해 별 차이가 없다. 주말의 경우는 미취학아동이 없는 여성의 노동시간이 길게 나타난다. 주요 취업노동시간이 평일임을 고려하면 미취학아동이 있는 취업여성의 가사노동 부담이 상당한 것을 짐작할 수 있다. 평일 미취학아동이 있는 여성의 총노동시간을 항상 피곤한 집단, 가끔 피곤한 집단, 피곤하지 않은 집단별로 살펴보면 각각 11시간33분, 10시간56분, 10시간5분이고 미취학아동이 없는 여성의 경우는 각각 10시간35분, 9시간46분, 8시간28분이다.

5. 취업노동시간에 따른 성별 무급가사노동시간

가. 취업노동시간과 무급가사노동시간

미혼취업여성, 기혼취업여성, 기혼취업여성 세집단의 취업노동시간에 따른 무급가사노동시간을 살펴보자. 취업노동시간과 무급가사노동시간은 밀접하게 관련되어 있어 취업노동시간이 긴 집단의 무급가사노동시간이 더 길었다. 36시간미만 일하는 기혼여성에 비해 36시간 이상 일하는 기혼여성의 무급가사노동시간이 더 길다.

<표 II-43> 기혼취업여성의 주당 노동시간에 따른 가정관리, 돌보기, 무급가사노동시간

(단위: 시간:분)

	평일		토요일		일요일	
	36시간미만	36시간이상	36시간미만	36시간이상	36시간미만	36시간이상
가정관리	3:42	2:30	3:58	3:01	3:46	3:27
돌보기	0:56	0:31	0:59	0:33	0:45	0:30
무급가사노동시간	4:38	3:01	4:57	3:34	4:31	3:57

자료 : 통계청. 2004. 생활시간조사 원시자료

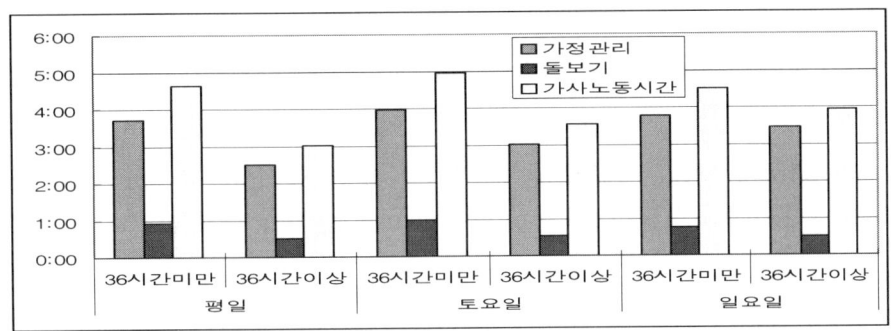

<그림 II-37> 기혼취업여성의 주당 노동시간에 따른 무급가사노동시간
(단위: 시간:분)

자료 : 통계청. 2004. 생활시간조사 원시자료

<표 II-44> 평일 주36시간미만 기혼취업자의 미취학아동유무별
가사·취업노동시간

(단위: 시간:분)

	가정관리		돌보기		취업노동	
	남성	여성	남성	여성	남성	여성
아동유	0:33	3:19	0:49	2:49	6:07	4:08
아동무	0:40	3:47	0:12	0:33	5:14	4:20

자료 : 통계청. 2004. 생활시간조사 원시자료

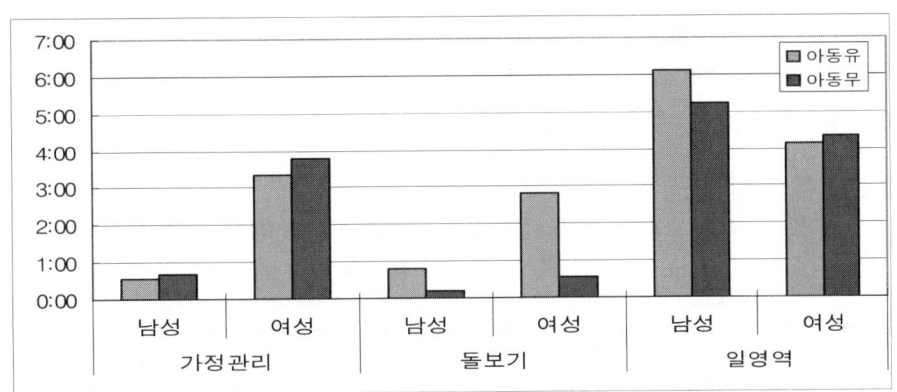

<그림 II-38> 평일 주36시간미만 기혼취업자의 미취학아동유무별
가사·취업노동시간(단위: 시간:분)

자료 : 통계청. 2004. 생활시간조사 원시자료

36시간미만 취업자의 평일 무급가사노동시간은 4시간38분으로 36시간이상 취업자의 3시간1분보다 길다. 이러한 시간 차이는 가정관리 시간과 가족보살피기 시간 모두에서 차이가 난다. 그런데 주말이 되면서 두 집단의 격차는 감소한다. 일요일 36시간미만 취업자의 무급가사노동시간은 4시간31분이고 36시간이상 취업자의 경우는 3시간57분으로 평일에 비해 격차가 크게 줄었다. 36시간이상 취업한 기혼여성들의 주말 무급가사노동시간이 평일보다 증가한 것이다.

이번에는 취업노동시간과 미취학자녀 유무별로 무급가사노동시간을 살펴보자. 평일을 보면 36시간미만 취업자는 미취학아동이 있는 경우 없는 경우에 비해 가정관리시간은 더 짧았고, 가족돌보기 시간은 길었다. 취업노동시간은 아동이 있는 경우 남성의 경우는 더 길었고 여성의 경우는 더 짧았다. 토요일이 되면 미취학아동이 있는 가구의 무급가사노동시간이 증가하여 남성은 평일 가정관리 33분에서 50분으로 여성 가족돌보기는 2시간49분에서 2시간51분으로 증가하였다. 토요일 취업노동시간은 미취학아동이 없는 여성과 남성의 경우에 더 길었다.

미취학 자녀가 있는 남성은 없는 남성에 비해서 33분에서 37분 정도 더 보살피기에 시간을 투입하고 있었다. 여성의 경우는 토요일 취업노동시간이 미취학자녀가 있는 경우 짧게 나타났다. 취업시간 별로 큰 차이를 보이는 것은 가정관리보다는 보살핌 노동이다. 미취학자녀가 있는 여성의 경우 36시간미만 집단에서 여성은 보살핌에 2시간13분에서 2시간51분의 시간을 투입하였지만 없는 경우는 25분에서 33분 수준이었다.

<표 II-45> 토요일 주36시간미만 기혼취업자의 미취학아동유무별 가사·취업노동시간

(단위: 시간:분)

	가정관리		돌보기		취업노동	
	남성	여성	남성	여성	남성	여성
아동유	0:50	3:39	0:49	2:51	3:49	2:20
아동무	0:39	4:02	0:16	0:32	4:16	3:17

자료 : 통계청. 2004. 생활시간조사 원시자료

주 취업시간이 36시간 이상인 경우를 보자. 주요특징은 가족돌보기 시간이 미취학아동이 있는 가구가 없는 가구보다 더 크게 나타났다. 평일 가족돌보기 시간을 보면 미취학아동이 있는 가구 남성과 여성이 각각 28분과 1시간38분이고 미취학아동이 없는 가구가 각각 7분과 18분이다. 토요일의 경우는 미취학아동이 있는 경우가 남성 45분 여성 1시간43분이고 미취학아동이 없는 경우는 각각 11분과 21분이고 일요일의 경우는 미취학 아동이 있는 경우 남성 가족돌보기 시간이 59분, 여성 1시간51분이고 없는 경우는 남성 14분, 여성 16분에 불과하였다. 주36시간 취업가구에서 미취학아동유무에 따른 가정관리 시간의 차이는 크게 나타나지 않는다.

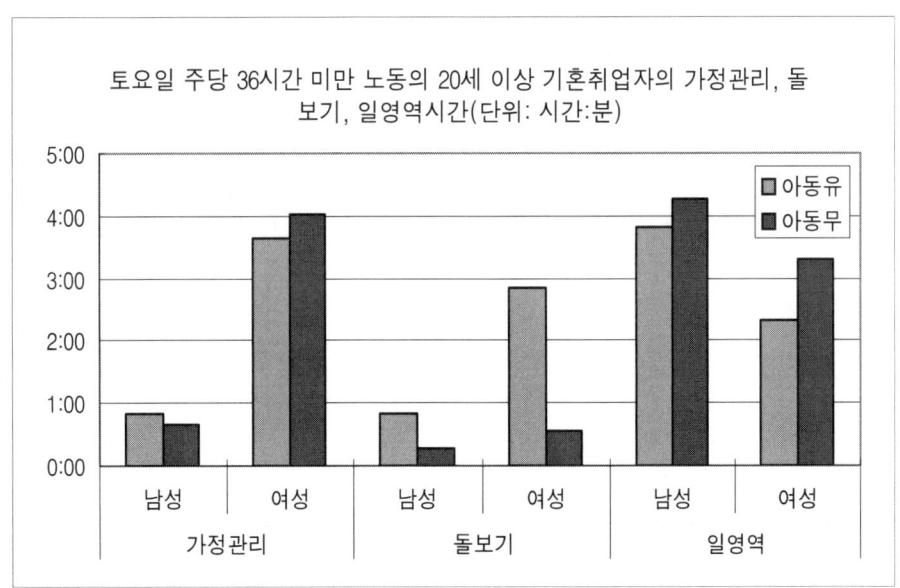

<그림 II-39> 토요일 주36시간미만 기혼취업자의 미취학아동유무별 가사·취업노동시간(단위: 시간:분)

자료 : 통계청. 2004. 생활시간조사 원시자료

<표 II-46> 일요일 주당 36시간 미만 노동 기혼취업자의 미취학아동유무별 가정관리, 돌보기, 취업노동시간

(단위: 시간:분)

	가정관리		돌보기		취업노동	
	남성	여성	남성	여성	남성	여성
아동유	0:40	3:45	0:49	2:13	2:23	1:24
아동무	0:36	3:46	0:12	0:25	2:52	2:23

자료 : 통계청. 2004. 생활시간조사 원시자료

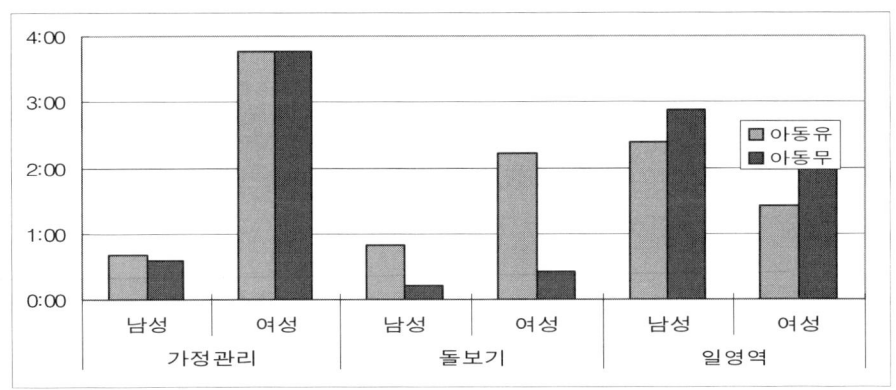

<그림 II-40> 일요일 주당 36시간 미만 노동의 기혼취업자의 미취학아동 유무별 가정관리, 돌보기, 일영역시간(단위: 시간:분)

자료 : 통계청. 2004. 생활시간조사 원시자료

<표 II-47> 평일 주당 36시간 이상 노동 기혼취업자의 미취학아동유무별 가정관리, 돌보기, 취업노동시간

(단위: 시간:분)

	가정관리		돌보기		취업노동	
	남성	여성	남성	여성	남성	여성
아동유	0:13	2:06	0:28	1:38	9:19	7:36
아동무	0:19	2:34	0:07	0:18	8:49	7:35

자료 : 통계청. 2004. 생활시간조사 원시자료

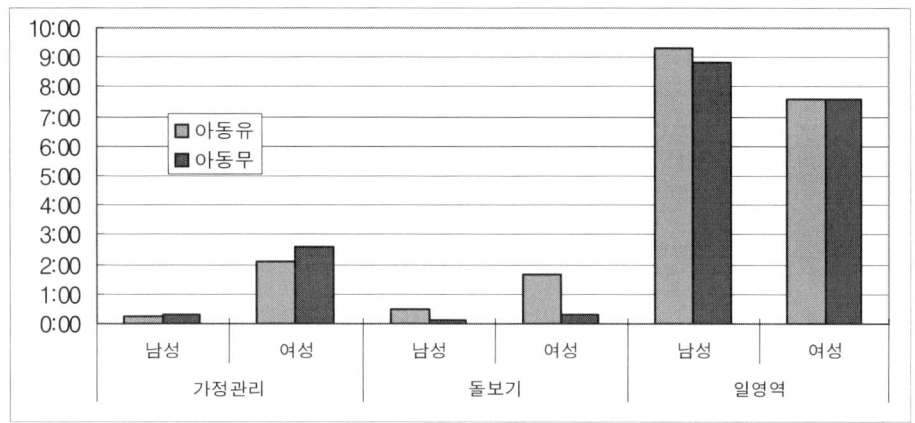

<그림 Ⅱ-41> 평일 주당 36시간 이상 노동 기혼취업자의 미취학아동유무별 가정관리, 돌보기, 취업노동시간(단위: 시간:분)

자료 : 통계청. 2004. 생활시간조사 원시자료

미취학아동유무에 따른 취업노동시간은 평일에는 크게 차이 나지 않는다. 여성은 아동유무별로 각각 평일 취업노동시간이 7시간36분과 7시간35분이다. 남성의 경우는 아동이 있는 경우가 더 길어 9시간19분이고 없는 경우는 8시간49분이었다. 취업노동시간의 차이는 토요일 여성의 경우 크게 벌어진다. 미취학아동이 있는 경우는 4시간55분이고 없는 경우는 6시간3분이다. 일요일 미취학아동이 있는 경우 가족보살피기 시간은 평일보다 크게 증가한다. 전반적으로 취업노동시간과 무급가사노동시간을 36시간미만 집단과 36시간이상 집단과 비교하여 보면 취업시간이 짧은 집단의 무급가사노동시간이 길게 나타나는데 가정관리 시간차이이기보다는 가족보살피기와 관련된 것이다. 반면 36시간 이상집단의 무급가사노동시간은 더 짧은 반면 취업노동시간은 길게 나타났다.

<표 II-48> 토요일 주당 36시간 이상 노동 기혼취업자의 미취학아동유무별 가정관리, 돌보기, 취업노동시간

(단위: 시간:분)

	가정관리		돌보기		취업노동	
	남성	여성	남성	여성	남성	여성
아동유	0:32	2:46	0:45	1:43	6:49	4:55
아동무	0:29	3:04	0:11	0:21	6:52	6:03

자료 : 통계청. 2004. 생활시간조사 원시자료

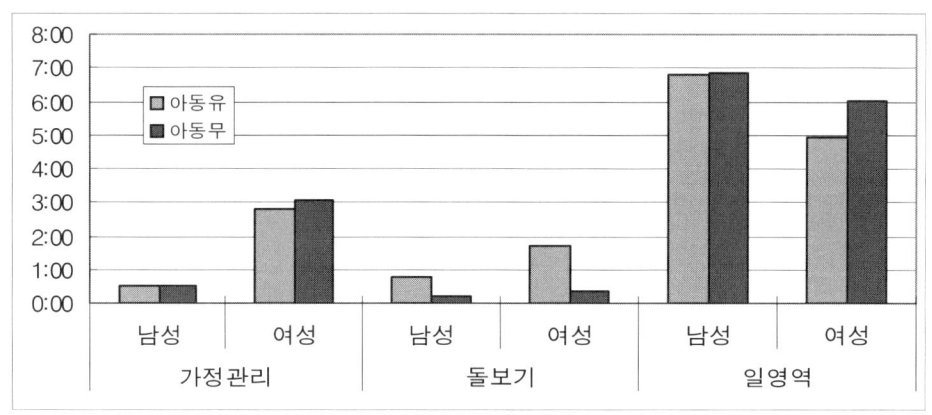

<그림 II-42> 토요일 주당 36시간 이상 노동 기혼취업자의 미취학아동유무별 가정관리, 돌보기, 취업노동시간(단위: 시간:분)

<표 II-49> 일요일 주당 36시간 이상 노동 기혼취업자의 미취학아동유무별 가정관리, 돌보기, 취업노동시간

(단위: 시간:분)

	가정관리		돌보기		취업노동	
	남성	여성	남성	여성	남성	여성
아동유	0:48	3:21	0:59	1:51	3:05	2:26
아동무	0:42	3:27	0:14	0:16	3:51	3:40

자료 : 통계청. 2004. 생활시간조사 원시자료

Ⅱ. 여성 무급가사노동의 현황   67

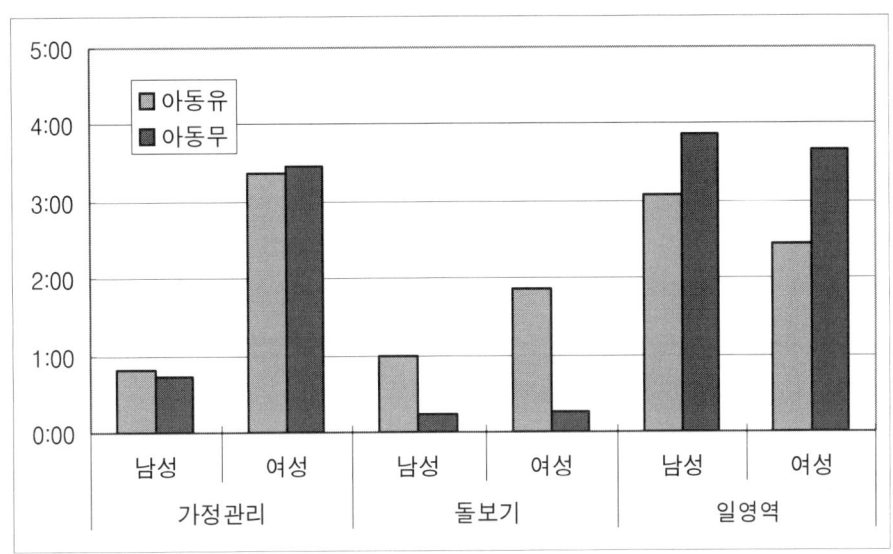

<그림 Ⅱ-43> 일요일 주당 36시간 이상 노동 기혼취업자의 미취학아동유무별 가정관리, 돌보기, 취업노동시간(단위: 시간:분)

자료 : 통계청. 2004. 생활시간조사 원시자료

6. 한국남성의 무급가사노동시간

앞에서 살펴본 바에 의하면 전반적으로 남성의 무급가사노동시간은 여성에 비해 아주 짧다. 여성은 혼인여부, 근로시간, 미취학아동 유무 등에 따라 무급가사노동시간이 변화를 보이지만 남성의 경우 이 정도가 약하다. 과거에 비해 전통적 성별분업에 대한 의식은 크게 양성평등의 방향으로 변화하였지만, 행동은 크게 변하지 않았다. 본 절에서는 한국 남성의 가사노동을 정리하면서 향후 남성이 적극적으로 가사노동에 참여하는 방안을 모색해보려고 한다. 남성의 절대 무급가사노동시간이 여성에 비하면 아주 짧지만 남성 집단 내에서 사회경제적 특성에 따라서 어떠한 차이가 있는지 살펴보자. 먼저 혼인상태별로 남성의 무급가사노동시간을 보자. 미혼남성의 평일 무급가사노동시간은 23분이다. 토요일에는 30분, 일요일에는 40분으로 증가한다. 유배우자의 경우는 미혼남성의 경우

보다 길다. 평일 41분, 토요일 58분, 일요일 1시간 10분이다. 전체적으로 평일보다는 토요일, 토요일보다는 일요일 무급가사노동시간이 길었다. 미혼보다는 유배우, 유배우보다는 이혼이나 사별상태에 있는 남성의 무급가사노동시간이 길었다.

<표 Ⅱ-50> 남성의 혼인상태별 무급가사노동시간

(단위 : 시간:분)

	평일	토요일	일요일
미혼	0:23	0:30	0:40
유배우	0:41	0:58	1:10
이혼사별	1:17	1:15	1:27

자료 : 통계청. 2004. 생활시간조사 원시자료

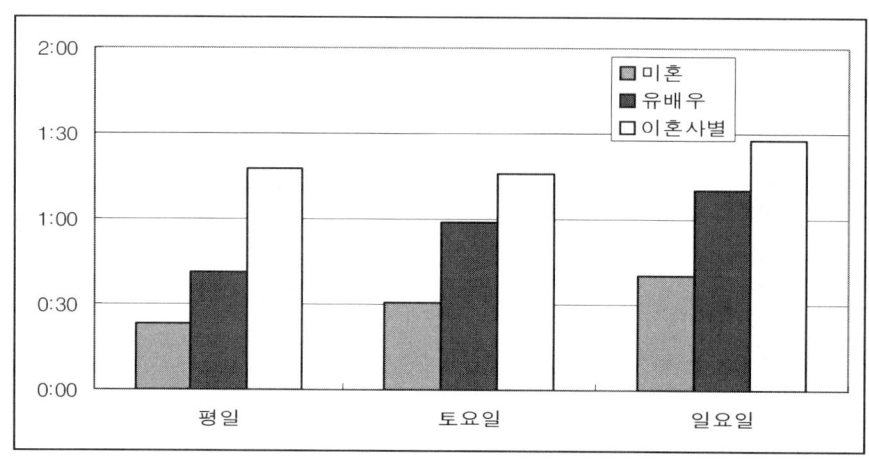

<그림 Ⅱ-44> 남성의 혼인상태별 무급가사노동시간(단위 : 시간:분)

자료 : 통계청. 2004. 생활시간조사 원시자료

이혼이나 사별 상태에 있는 사람들의 무급가사노동시간은 평일 1시간 17분, 토요일 1시간 15분, 일요일 1시간 27분에 달하였다. 여성과 비교하면 절대 무급가사노동시간량은 얼마 되지 않지만 남성도 상황에 따라서 무급가사노동시간이 변화하고 있다는 것을 보여준다. 평일보다는 토요일, 토요일보다는 일요일 무급가사노동시간이 길게 나타났다. 교육수준에 따른 차이는 중졸이하 집단과 고졸이상 집단이 확연하게 구분되고 있다. 평일의 경우는 중졸이하 집단의 무급가사노동시간이 길지만 토요일과 일요일에는 초대졸과 초대졸이상의 무급가사노동시간이 길게 나타난다. 중졸이하 집단의 특징은 요일별로 별 차이가 없지만 고졸과 그 이상의 경우는 무급가사노동시간이 길게 나타났다. 그런데 이러한 경향은 순수한 교육효과 때문이기보다는 교육변수가 종사상지위과 같이 가사노동에 중요한 영향을 미치는 여타 변수와 혼합되어 나타나는 것으로 생각된다.

<표 Ⅱ-51> 남성의 교육수준별 무급가사노동시간

(단위: 시간:분)

	평일	토요일	일요일
초졸이하	0:53	0:51	0:54
중졸이하	0:48	0:48	0:52
고졸이하	0:38	0:50	1:05
초대졸이하	0:33	0:55	1:12
대졸이하	0:36	1:06	1:22
대학원이상	0:34	1:11	1:15

자료 : 통계청. 2004. 생활시간조사 원시자료

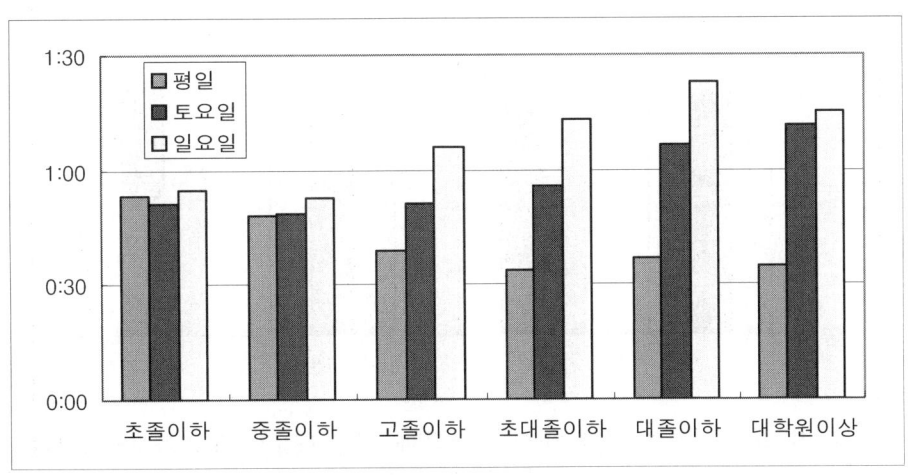

<그림 Ⅱ-45> 남성의 교육수준별 무급가사노동시간(단위: 시간:분)

자료 : 통계청. 2004. 생활시간조사 원시자료

'남성은 직장, 여성은 가정'이라는 전통적 성별분업에 매우 찬성하는 남성의 평일 무급가사노동시간은 47분인데 매우 반대하는 사람의 경우는 41분이다. 여성은 가정에 있어야 한다는 전통적 입장에 있는 사람의 무급가사노동시간이 더 긴데 예상과 다른 것이다. 반면 토요일의 경우는 각각 56분과 59분, 일요일은 각각 1시간 9분과 1시간 17분으로 전통적 입장에 있는 사람의 무급가사노동시간이 조금 짧게 나왔지만 큰 차이는 없다. 태도의 차이가 행동의 차이와 별 상관이 없게 나타났다.

<표 II-52> '남성은 직장, 여성은 가정'에 대한 태도와 무급가사노동시간

(단위: 시간:분)

	평일	토요일	일요일
매우 찬성	0:47	0:56	1:09
찬성하는 편	0:39	0:54	1:06
반대하는 편	0:37	0:51	1:02
매우 반대	0:41	0:59	1:17

자료 : 통계청. 2004. 생활시간조사 원시자료

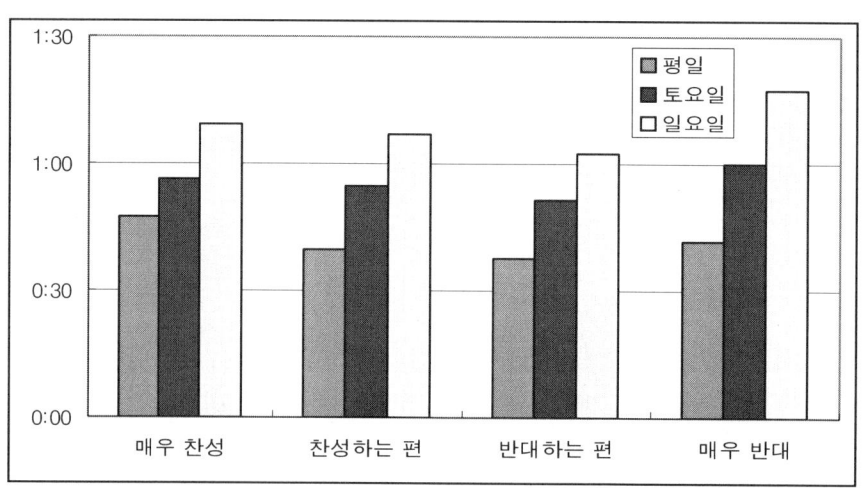

<그림 II-46> '남성은 직장, 여성은 가정'에 대한 태도와 무급가사노동시간
(단위: 시간:분)

자료 : 통계청. 2004. 생활시간조사 원시자료

Ⅱ. 여성 무급가사노동의 현황   71

<표 Ⅱ-53> 남성의 소득별 무급가사노동시간

(단위: 시간:분)

	평일	토요일	일요일
100만원미만	0:44	0:43	0:51
100-200미만	0:30	0:41	0:59
200-300미만	0:29	1:01	1:23
300만원이상	0:24	0:59	1:17

자료 : 통계청. 2004. 생활시간조사 원시자료

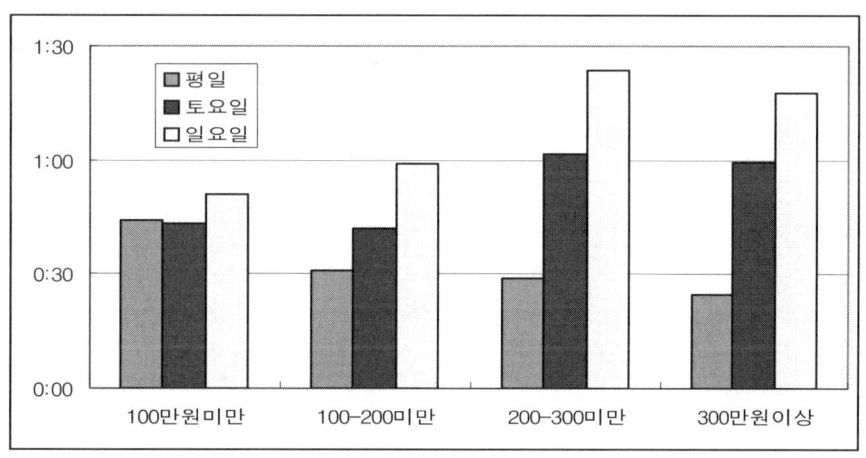

<그림 Ⅱ-47> 남성의 소득별 무급가사노동시간(단위: 시간:분)

자료 : 통계청. 2004. 생활시간조사 원시자료

　남성의 소득별 무급가사노동시간을 보면 평일보다는 토요일, 토요일보다는 일요일 무급가사노동시간이 길다. 평일의 경우는 소득수준과 무급가사노동시간은 반비례하지만 주말에는 소득수준이 높은 집단의 무급가사노동시간이 길게 나타난다. 특별히 200만원이상 소득집단에서 주말 무급가사노동시간 증가가 크게 나타났다.

　직업별 남성의 무급가사노동시간을 보자. 평일 직업별 남성의 무급가사노동시간은 19분에서 50분 범위에 있다. 평일 가사노동을 가장 많이 하는 남성은 농림어업에 종사하는 집단으로 50분이다. 농림어업을 제외하고 모든 직업군에서 무급가사노동시간은 평일보다는 토요일에, 토요일보다는 일요일에 더 길다. 토요일 무급가사노동시간이 긴 직업군은 전문가, 기술공 및 준전문가, 사무종사자이고 짧은 직업군은 판매종사자, 기능원 및 관련 종사자, 장치, 기계조작 및 조립 종사자이다. 일요일 무급가사노동시간이 긴 직업군은 전문가, 기술공 및 준전문가, 사무종사자이고 짧은 직업군은 서비스종사자, 판매종사자, 농림어업 종사자이다.

<표 II-54> 남성의 직업별 무급가사노동시간

(단위: 시간:분)

	평일	토요일	일요일
의회의원, 고위임직원 및 관리자	0:19	0:43	1:10
전문가	0:30	1:01	1:23
기술공 및 준전문가	0:27	0:59	1:21
사무 종사자	0:25	1:18	1:35
서비스 종사자	0:40	0:41	0:52
판매 종사자	0:32	0:33	0:53
농업, 임업 및 어업 숙련 종사자	0:50	0:47	0:41
기능원 및 관련 기능 종사자	0:27	0:39	0:59
장치, 기계조작 및 조립 종사자	0:30	0:40	0:57
단순노무 종사자	0:35	0:42	1:02

자료 : 통계청. 2004. 생활시간조사 원시자료

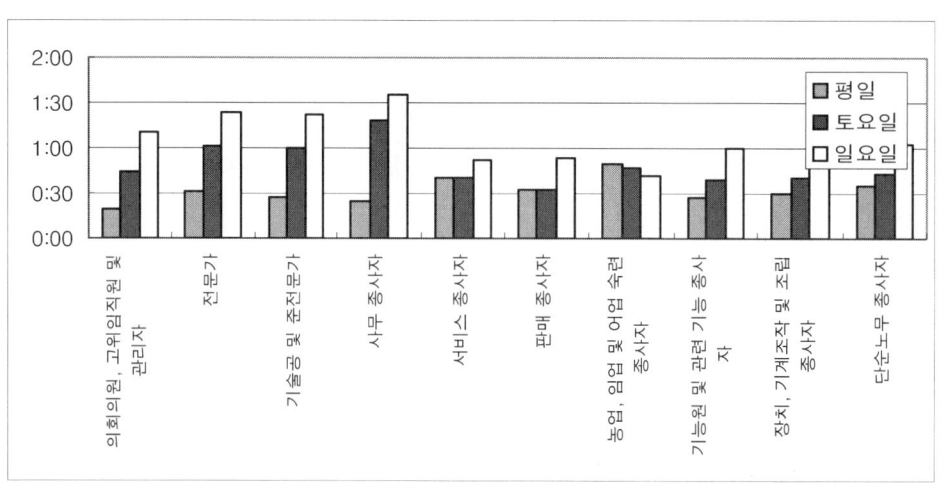

<그림 II-48> 남성의 직업별 무급가사노동시간 (단위 : 시간:분)

자료 : 통계청. 2004. 생활시간조사 원시자료

III. 여성 무급가사노동의 가치평가

1. 무급가사노동의 시간사용 특징 75
2. 무급가사노동의 가치평가 방법 84
3. 무급가사노동의 가치평가 92
4. 무급가사노동가치 평가치의 종합분석 121

현재 국내외에서 이루어진 여성의 무급노동가치 평가는 평가방법의 객관성은 상당히 진전되고 있으나, 정확도와 정밀도 및 현실적용 측면에서는 여전히 개선의 여지가 존재한다고 보고되고 있다. 본 연구는 김준영(2001), 권태희(2002)연구에서 이미 지적된 바 있는 (1) 추계과정에서의 노동유형(활동)별 또는 직종별 미시적인 임금자료의 사용과 (2) 연령별 임금수준의 차이를 반영한 점 (3) 연령별 실제 여성인구수 및 전업주부[3]의 인구수를 추계하여 각 연령별 여성 수 및 전업주부인구수를 가치평가과정에 투영한 점에 기초로 하고 있다. 이러한 점은 기존연구에서의 중분류 또는 단순한 평균임금의 사용으로 인한 평가치의 편기(bias) 및 연령별 임금수준의 차이가 반영되지 않음으로써 가치평가에 있어서 무급가사노동의 임금적합도가 상당히 낮았다는 점을 개선, 반영한 평가방법이다. 따라서 본 연구에서는 앞서 지적한 문제점들을 이미 반영한 바 있는 권태희(2001, 2002)연구에 근간 및 제고하여 무급가사노동가치 평가방법의 객관성과 과학적 정밀도 및 현실적용 여부를 동시에 높이고자 한다. 본 장에서는 여성의 무급가사노동가치에 대한 보다 신뢰할 수 있는 평가를 하는데 초점을 두며, 도출된 결과를 정책적인 차원으로 반영하는데 있어서 시사점을 모색해 보고자 한다.

첫째, 본 연구는 통계청의 「생활시간조사(2004)」 자료를 기반으로 여성의 무급가사활동 업무의 세분화된 가치측정과 지역봉사 및 자원봉사 활동에 대한 가치측정을 추가함으로써 개인의 생산 활동에 투입된 무급노동가치를 평가하고자 한다.

둘째, 여성의 무급가사노동가치의 측정방법 자체는 별다른 진전을 보이고 있지는 못한 실정이다. 하지만, 여성의 무급가사노동가치를 보다 정확히 반영하려는 노력의 일환으로 좀 더 다양한 응용방법들이 활용되고 있다. 동 분야에서는 전형적으로 무급가사노동가치의 측정방법으로 시장대체비용법Ⅰ(replacement cost method/replaced cost or specialist approach 또는 개별기능대체비용법),

---

[3] 전업주부는 만 20세 이상 비경제활동인구 중 가사·육아에 종사하는 (기혼) 유배우 여성으로 정의한다.

시장대체비용법Ⅱ(generalist approach 또는 종합대체비용법Ⅱ), 총기회비용법 (opportunity cost method)과 같은 3가지 방법으로 평가가 행해져왔다. 이들 각 평가모형의 평가방법에는 속성상 한계가 내재되어 있다. 본 연구에서는 한층 발전된 최근 평가모형(예를 들면, 호주통계청 평가모형(2000), 일본기획청의 평가모형(2004) 등)을 기초로 여성의 무급가사노동가치를 평가·측정하고, 이들 모형의 장점들을 반영한 Hybrid I 평가방법을 활용하고자 한다.

결과적으로 실질적이고 현실적인 여성의 무급가사노동가치를 산출하여 지금까지 쟁점이 되고 있는 노동시장에서의 성차별적 임금문제, 사회학적·여성학적 관점에서 상대적으로 빈곤한 여성의 사회적·경제적 지위를 개선시킬 수 있는 실효성 있는 정책을 발굴하는데 일조할 것이다.

1. 무급가사노동의 시간사용 특징

가. 기존연구와의 비교

<표 Ⅲ-1> 전업주부의 1인당 월 무급가사노동 가치평가 비교

(단위 : 원)

연구자 \ 평가방법	개별기능 대체비용법	종합대체 비용법Ⅱ	총기회 비용법	요구 임금법	주관적 평가법
개별조사 자료를 기초로 한 기존연구					
김선희(1990)	345,678	399,358	417,545	343,219	378,860
대륙연구소(1991)	-	385,863	441,988	445,841	530,116
김정희(1994)	640,800	422,400	638,100	535,000	646,200
문숙재·정영금(1991)	707,601	540,366	616,683	676,683	497,996
통계청「생활시간조사(1999)」자료를 기초로 한 연구					
김태홍(2001)	968,555	856,689	1,026,716	-	-
문숙재 외(2001)	2,002,511	1,529,236	1,745,213	1,915,013	1,409,329
김준영(2001)	1,056,808	944,327	1,117,006	-	-
통계청「생활시간조사(2004)」자료를 기초로 한 연구				Hybrid I 평가법	
본 연구(2005)	1,010,503	827,109	1,173,803	1,114,024	

대부분 기존의 국내 연구는 소 표본 위주의 개별조사 자료를 기초로 하여 주부들의 특성에 따른 가사노동의 가치를 측정하려는 시도로서 여성학계, 사회학계 및 가정 학계에서 주로 이루어져 왔다.

본 연구는 2004년 통계청에서 전국적으로 실시한「생활시간조사」자료를 사용하여 여성의 무급가사노동가치를 평가하기 때문에 기존의 이들 평가결과와 비교한다는 것은 적절하지 못하다. 이런 점에서 이 분야의 최근 연구결과로서「생활시간조사(1999)」자료를 이용한 김태홍(2001), 문숙재 외(2001), 김준영(2001)의 주부가사노동가치 평가액과 비교하는 것이 합당하다고 판단된다.

<표 Ⅲ-1>의 평가비교표에서 알 수 있듯이 기존 연구 대부분의 평가결과는 주부의 무급가사노동 가치의 평가금액이 과소평가된 것으로 나타났다. 본 연구가 평가한 주부의 무급노동 가치를 다른 연구들이 평가한 전통적인 가사노동가치와 비교하고 있지만, 주부의 참여 및 봉사활동 가치가 무급노동가치의 1% 내외에 해당되기 때문에 이를 감안한다고 하더라도 비교결과와 현격한 차이를 발견할 수는 없었다. 특히 기존의 평가결과가 과소평가된 것으로 나타난 이유는 전업주부의「생활시간조사」상 표본규모차이와 함께 본 연구에서는 연령별, 시간사용별, 활동별로 이에 상응하는 보다 미시적인 임금자료를 사용하였기 때문에 기존의 평가결과와는 차이가 있다고 보아야 할 것이다. 또한 기존의 연구 김준영(2001), 권태희(2002)에서 이미 제시한 바 있는 순기회비용법에 대한 평가방법의 활용과 평가방법의 정확도와 현실성을 보완한 Hybrid Ⅰ 평가방법에 대한 제안으로써 여성 및 전업주부의 무급가사노동 가치에 대한 평가모형을 제시하고 있다는 점에 의의를 둘 수 있다.

나. 무급가사노동의 시간사용패턴

가계에서의 가정관리, 가족 보살피기, 참여 및 봉사활동을 포함하는 생산적인 무급가사노동에 소요된 시간을 여성의 인적속성에 따라 주부의 취업여부, 전체여성과 전체남성의 무급노동시간패턴을 비교하면 <표 Ⅲ-2>과 같다. 전체 무급노동시간은 전업주부가 취업주부보다 약 1.7배정도 더 길었으며, 전체여성보다는 약 1.6배정도 더 긴 것으로 나타났다. 또한 무급노동시간의 성별비교는 전체남성이 평균적으로 전체여성보다 4.7배나 작았다. 이러한 편차의 폭은 과거 생활시간조사자료(1999)의 분석결과와 비교할 때, 전체남성의 무급가사노동에 대한 시간사용이 42분에서 47분으로 늘어났기 때문이며, 전체여성은 오히려 과거보다 37분 줄어든 3시간 41분이였다. 주목할 만한 시간사용의 특징은 전업주부의 경우 과거 6시간 52분에서 5시간 49분으로 무급가사노동시간 사용량이 약 15%정도로 현격히 감소하고 있다는 점이다(<부표 1> 참조).

<표 III-2> 성별에 의한 1일 평균무급노동시간

(단위: 시간. 분)

인적특성 활동별(중분류)	전체여성	전업주부	취업주부	전체남성
4 가정관리	2.47	4.00	2.41	0.29
41 음식준비 및 정리	1.37	2.17	1.39	0.07
42 의류관리	0.24	0.36	0.24	0.01
43 청소 및 정리	0.35	0.50	0.32	0.08
44 집 관리	0.04	0.06	0.03	0.05
45 가정관리 관련 물품구입	0.15	0.23	0.12	0.04
46 가정경영	0.02	0.02	0.02	0.01
49(84) 가정관리 관련 이동	0.12	0.19	0.10	0.05
5 가족 보살피기	0.51	1.44	0.38	0.15
51 미취학 아동 돌보기	0.28	1.04	0.16	0.07
52 초·중고등학생 보살피기	0.10	0.18	0.11	0.01
53(85)배우자 및 그 외 가족 살피기	0.13	0.22	0.10	0.07
무급가사노동(4+5)	3.38	5.45	3.19	0.45
6 참여 및 봉사활동	0.03	0.04	0.03	0.03
61 가사활동 돕기	0.02	0.02	0.02	0.01
63(86) 참여 및 자원봉사관련 이동	0.02	0.02	0.01	0.01
무급노동(4+5+6)	3.41	5.49	3.22	0.47

각 그룹별 무급노동시간의 편차크기는 가정관리, 가족보살피기, 참여 및 봉사활동의 순으로 나타났으며 세부 활동별로 우선 전업주부의 경우에는 음식준비(TUS코드 41), 미취학아이 보살피기(TUS코드 51), 청소 및 정리(TUS코드 43), 의류관리(TUS코드 42)로 전통적인 주요무급가사활동에 투입하는 시간비중이 높았다. 반면, 취업주부의 무급노동시간 참여는 음식준비, 청소 및 정리, 의류관리, 미취학아이 보살피기 순으로 전업주부의 무급노동시간의 배분과 순서가 거의 유사하였지만, 상대적으로 미취학아이 보살피기 활동에 매우 적은 무급노동시간이 사용된 것으로 나타났다. 그 이유는 취업으로 인하여 대부분 제2차적인 위탁시설에 보육을 맡기기 때문에 상대적으로 가계 내에서의 미취학아이 보살피기에 소요된 시간은 줄어든 것으로 보인다.

전업주부와 취업주부를 포함한 만 20세 이상 전체여성들의 무급노동시간은 음식준비, 청소 및 정리, 미취학아이 보살피기, 의류관리 순으로 여전히 전통적인 여성의 무급가사노동업무에 상당히 많은 시간을 할애하는 것으로 분석된다 (<그림 Ⅲ-1> 참조). 또한 전체남성의 무급노동시간의 참여는 전체여성의 평균 무급노동시간보다 4.7배 낮았지만, 그 가운데 상대적으로 청소 및 정리, 미취학아이 보살피기, 음식준비 및 정리[4] 대한 참여시간이 높았으며, 편차는 작지만 의류관리, 가정경영활동에는 거의 참여하지 않는 것으로 나타났다. 과거 시간사용내역과 비교할 때, 음식준비 및 정리와 청소 및 정리에 대한 상대적 참여시간의 증가가 눈에 띤다.

---

4) 전체남성의 경우 1999년 무급가사노동 시간사용과 비교해 보면, 청소 및 정리 미취학아동 돌보기 다음으로 집 관리 순 이였으나, 음식준비 및 정리 순으로 대체되었다. 이는 남성들의 전통적인 여성중심의 가사업무에 대한 참여인식변화를 반영하는 것으로 보인다.

Ⅲ. 여성 무급가사노동의 가치평가   79

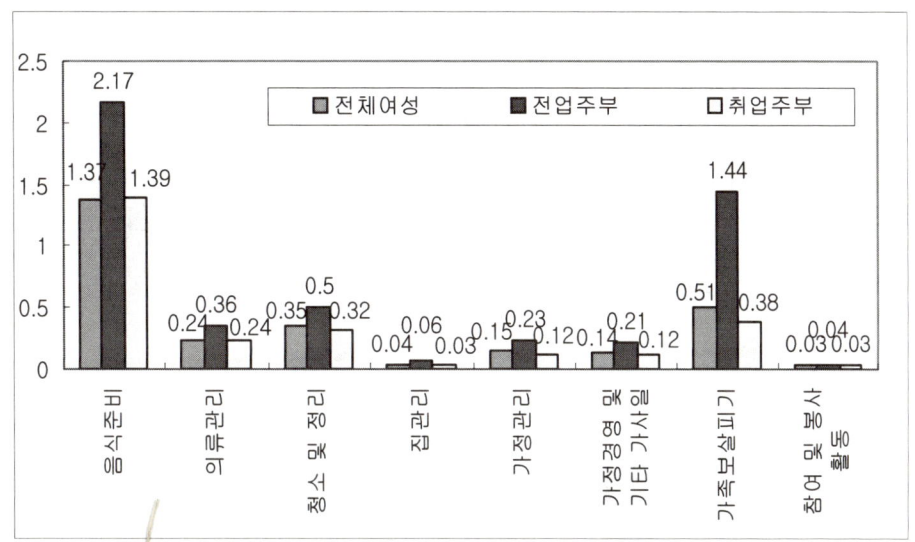

<그림 Ⅲ-1> 활동유형별·여성특성별 무급노동시간 비교(단위: 시간. 분)

전체그룹의 공통점은 무급노동활동 중 참여 및 봉사활동이 평균적으로 0.3분으로 무급노동활동참여가 가장 미미했다는 것이다. 그 이유는 선진국에 비해 참여 및 봉사활동에 대한 사회적인 인지도가 과거와 마찬가지로 여전히 취약하기 때문이다. 특히 전체남성의 무급가사노동시간 참여가 낮은 것은 가계내의 다른 구성원인 여성에 의해서 대부분 대체되기 때문인 것으로 판단된다. 한편 사회적 성별인식에 대한 변화 및 여성의 시장노동참여의 확대로 말미암아 전통적 가사업무인 음식준비 및 청소업무에 남성의 참여시간 향상이 점차적으로 이루어지고 있는 점은 이러한 실태를 부분 반영하고 있다고 본다.

무엇보다도 근간이 되는 주원인은 우리나라의 전통적인 사회·문화적인 인습에 의해 남성의 역할과 여성의 역할이 이원적으로 분리되어 남성은 사회적인 시장노동 활동에, 여성은 가계내의 무급가사노동 활동에 전담하는 것이라는 고정관념의 틀이 여전히 지속되는 점에 기인되는 것으로 본다. 하지만 경제가 발전되고 사회문화가 성숙, 선진화될수록 점차적으로 가계생산도구의 현대화와 편리성 및 효율성으로 가계 내에서 이루어지는 무급가사노동 활동을 수행하는 시간이 절약되고, 남성과 여성의 사회적인 불평등도가 제도적으로 낮아지므로 자연히 여성의 사회·경제적 참여기회가 늘어나기 때문에 남성의 가계 내에서의 무급노동활동에 참여하는 시간도 현재보다 빠른 속도로 늘어나리라고 예측된다. 또한 성역할 분담에 대한 사회적 인식의 전반적인 변화가 사회·문화적인 패러다임의 구조적 변화로 피드백 되면, 무급노동시간배분의 유형별 구조변화에도 반영될 수 있겠다.

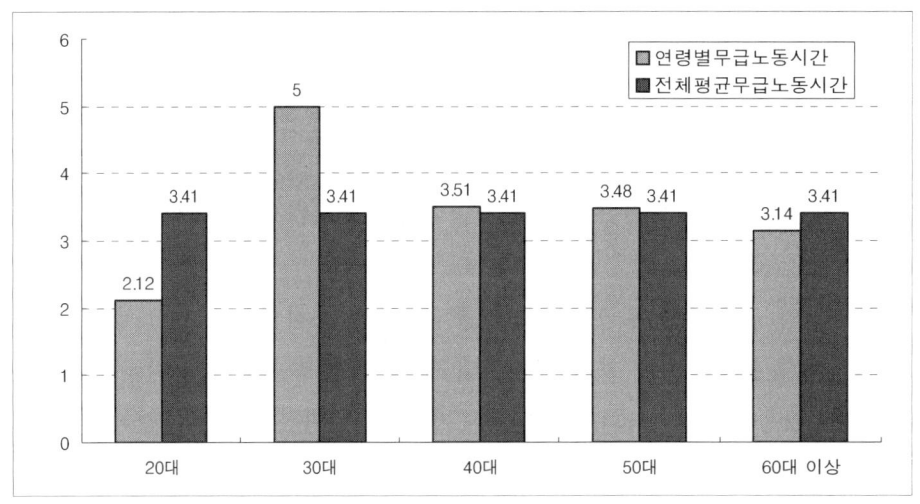

<그림 Ⅲ-2> 전체여성의 연령계층별 무급노동시간 비교(단위: 시간. 분)

전체여성의 연령계층별 무급노동시간의 특성을 살펴보면, <그림 Ⅲ-2>에서처럼 전체여성의 연령별 무급노동시간은 전체 평균무급노동시간과 비교해 볼 때 30대가 전체평균 3시간 41분 보다 1시간 19분 긴 5시간으로 전 연령계층 중에서 가장 길었으며, 다음으로 40대는 3시간 51분 50대는 3시간 48분으로 유사한 무급노동시간 참여를 나타냈으며 두 연령계층에서는 평균보다 7분-10분 정도로 다소 높았다. 반면, 60대 이상과 20대 여성들은 평균 무급노동시간보다도 27분, 1시간 29분씩 짧은 3시간 14분, 2시간 12분으로 무급노동에 대한 시간 참여가 급격히 감소하는 것으로 나타났다.

세부 활동별로는 <표 Ⅲ-3>에서처럼 음식준비에 50대, 40대순으로 가장 높았으며, 다음으로 60대, 20대로 가장 낮았는데 20대와 50대의 시간사용편차는 4배 이상이나 차이가 났다. 나머지 가정관리에 속하는 활동들은 연령별 편차의 크기가 상대적으로 작게 나타났으나, 20대가 다른 연령계층에 비해 차이가 두드러지게 나타나고 있다. 특히 의류관리활동은 20대가 가장 낮았는데 가장 높은 4,50대 연령계층에 비해 약 3배 정도의 차이가 났다. 다음으로 가족 보살피기 활동에 참여하는 시간은 30대가 1시간 55분으로 가장 높았고 다음으로 20대는 50분 동안 참여하였으며 20대를 분기점으로 하여 50대에 들어서면 가족보살피기 활동에 참여하는 시간이 28분으로 약 50%정도로 급격히 감소하고 있다. 그 중에서도 30대는 미취학아이 보살피기와 초·중고등학생 보살피기 활동에 주로 사용시간의 비중이 높았고, 20대의 사용시간은 상대적으로 미취학아이 보살피기에 집중되었다. 나머지 연령계층인 40대는 초·중고등학생 보살피기와 기타 가족 보살피기에 비중이 상대적으로 조금 높았고, 50대, 60대는 40대의 가족 보살피기 활동에 사용하는 시간적 특성과는 다르게 오히려 미취학아이 보살피기와 기타 가족 보살피기에 조금 더 많은 시간이 사용되었다. 이러한 결과로 예측할 수 있는 것은 50대 이후 전체여성들이 평균적으로 출가한 취업자녀의 아이들을 자녀의 직접노동을 대체해서 간접적으로 대체하고 있기 때문인 것으로 추측된다. 반면, 참여 및 봉사활동은 60대, 4,50대순으로 다른 연령계층보다 약간 높았고, 20대는 참여시간이 가장 낮았다.

　과거 전체여성의 시간활용 결과와 비교하면, 전반적으로 연령별 무급무급가사노동시간 사용량이 줄어들었으나, 활동별 사용패턴은 유사한 경향을 띠고 있다. 특히 과거에 비해 20대의 무급무급가사노동시간 참여의 급격한 감소가 주목할 만하다(<부표 2> 참조). 그 밖에 전체여성의 약 1/3을 구성하고 있는 전업주부의 연령별 시간사용패턴은 전체평균무급노동시간 5시간 49분 보다 가장 참여시간이 긴 연령계층은 30대로 6시간 56분, 다음으로 20대는 6시간 53분, 40대 5시간 31분순으로 높았다(<부표 3> 참조). 이러한 결과는 과거와 비교할 때 평균무급무급가사노동시간이 1시간 3분 감소한 수치로 연령계층별로는 20대와 30대의 순위 뒤바꿈이 시사적인 현상으로 나타나고 있다. 이러한 현상은 취업주부의 경우도 유사하였다.

　이러한 결과로 미루어 볼 때, 전체여성의 인적특성에 관계없이 가계구성원의 사회적 재생산활동을 창출하기 위한 기초적이고도 주요한 무급가사노동시간에 대한 참여는 시간양의 절대적인 크기의 차이는 있었지만, 상대적인 비중의 크기는 여전히 유사한 추이를 나타냄으로써 가계 내에서의 여성으로서 뿐만 아니라 시장 유급노동에 참여하는 취업주부로서도 사회·경제적 역할부담이 크고도 중요하다는 것을 판단할 수 있다.

　반면, 전체남성의 활동유형별·연령별 무급노동시간 참여는 전체사용시간이 전체여성에 비하여 약 5배정도 낮아 극히 미미한 수준이었으나(<부표 5> 참조), 전체 무급노동시간에 대한 참여도로 볼 때 연령 평균 47분에 비해 가장 높은 연령대는 과거와 마찬가지로 60대 이상 연령이었다. 2004년 분석결과에 의하면 남성 30대 연령계층이 52분으로 과거 50대 연령대 44분 보다 크게 나타나고 있다. 가장 무급노동시간에 대한 참여가 낮은 연령계층은 과거와 동일하게 20대로 나타났다. 그 이유는 우리나라 노동시장의 구조적인 특성에서 그 원인을 찾을 수 있다. 즉 20대에 취업준비로 선진국에 비해 상대적으로 늦게 노동시장에 참여하게 됨으로써 무급노동시간에 대한 참여가 낮을 수 있는 요인이 될 수 있으며, 60대 이상, 50대 연령계층의 무급노동에 대한 참여시간이 높은 것은 IMF 이후 가속화되고 있는 노동시장의 구조조정으로 인한 조기퇴직 등으로 인한 실업인구의 증가로 기인 된 것으로 본다. 2004년 생활시간조사결과로 보면 30대도 이러한 이유에 포함되는 새로운 연령계층으로 편입되고 있다.

　이러한 사실로 볼 때, 전체여성들의 경우는 30대의 무급노동시간이 가장 길었으며, 전업주부 및 취업주부도 30대가 해당되었다. 전체남성은 연령별 편차는 작았지만 60대 이상의 무급노동시간이 가장 길었다. 무급노동시간 참여가 현격히 낮은 연령층은 전체여성, 전체남성, 취업주부 중에서는 20대가 해당되었다. 전체 그룹별·연령별 특성에 따른 무급노동에 대한 시간양의 차이는 시장노동과 비시장노동의 대표적 형태인 무급노동과의 긴밀한 대체관계에서 기인하기 때문이다.

아울러 전업주부에 대한 고정관념이 반드시 '기혼인 유배우 여성'이라고 사전정의 되는 한 여성의 가계 내에서의 무급노동참여에 대한 주도적 역할은 피할 수 없는 미제이며, 반대급부로 시장노동에서의 성차별적 고용·임금차별문제 및 기혼여성에 대한 역차별 해고 등도 해결하기 어려운 문제가 아닐 수 없다. 하지만, 무급가사노동의 경제적 가치창출에 대한 사회·경제적 중요성의 인지가 사람들 사이에서 보편화되고, 제도적·정책적인 반영으로 직결될 수 있다면, 시장노동에서 파생되는 다양한 노동정책적인 문제는 해결의 실마리를 찾을 수 있을 것으로 보인다.

<표 III-3> 전체여성의 활동유형별·연령별 무급노동시간

(단위: 시간. 분)

중분류	소분류	전체	20대	30대	40대	50대	60대
4 가정관리		2.47	1.21	3.02	3.13	3.16	2.49
41 음식준비 및 정리	411, 412	1.24	0.35	1.32	1.37	1.40	1.26
	413	0.13	0.03	0.10	0.14	0.18	0.19
42 의류관리	421	0.16	0.07	0.17	0.19	0.19	0.17
	422	0.05	0.03	0.06	0.06	0.06	0.06
	423, 424	0.02	0.01	0.03	0.04	0.03	0.02
	425	0.01	0.01	0.01	0.01	0.01	0.01
43 청소 및 정리	431	0.06	0.05	0.08	0.06	0.05	0.06
	432, 433	0.29	0.16	0.33	0.33	0.33	0.30
44 집 관리	441	0.01	0.00	0.01	0.01	0.01	0.01
	442, 443	0.03	0.02	0.03	0.04	0.04	0.05
45 가정관리 관련 물품구입	451, 452	0.14	0.10	0.18	0.17	0.15	0.09
	453, 454	0.01	0.01	0.01	0.01	0.00	0.00
46 가정경영	461	0.01	0.01	0.01	0.01	0.01	0.00
	462	0.00	0.00	0.00	0.00	0.00	0.00
	463	0.01	0.01	0.02	0.02	0.02	0.00

(계속)

중분류	소분류	전체	20대	30대	40대	50대	60대
49 기타 84 가정관리 관련 이동	499, 841	0.12	0.09	0.15	0.14	0.14	0.09
5 가족 보살피기		0.51	0.50	1.55	0.34	0.28	0.21
51 미취학 아동 돌보기	511, 512, 513, 519	0.28	0.40	1.09	0.06	0.14	0.10
52 초·중고등학생 보살피기	521, 522, 523, 524, 529	0.10	0.01	0.28	0.14	0.01	0.02
53 배우자보살피기 54 부모 및 조부모 보살피기 55 그 외 가족보살피기 85 가족 보살피기 관련 이동	531, 539, 541, 549, 551, 559, 851	0.13	0.08	0.18	0.14	0.12	0.09
무급가사노동(4+5)		3.38	2.11	4.57	3.47	3.44	3.09
6 참여 및 봉사활동		0.03	0.01	0.03	0.04	0.04	0.05
61 이웃 및 친분 있는 사람 돕기	611, 612, 619	0.02	0.00	0.01	0.02	0.02	0.04
63 자원봉사 86 참여 및 봉사활동 관련 이동	631	0.00	0.00	0.00	0.00	0.00	0.00
	632	0.00	0.00	0.00	0.00	0.00	0.00
	633	0.01	0.00	0.00	0.01	0.01	0.00
	634, 639, 861	0.01	0.00	0.01	0.01	0.01	0.01
무급노동(4+5+6)		3.41	2.12	4.60	3.51	3.48	3.14

2. 무급가사노동의 가치평가방법

먼저 가사노동의 경제적 가치를 평가하는 방법에 대해 살펴본 후 이 방법들과 관련한 이슈들을 살펴보고자 한다. 지금까지 가사노동의 경제적 가치를 화폐액으로 측정하기 위한 여러 방법들이 시도되어 왔는데 이들 방법들은 크게 두 가지로 구분할 수 있다. 무급가사노동시간 사용에 관한 자료를 가지고 시간을 가계생산의 투입요소로 보아 그 비용을 측정하는 투입/비용 접근(input-based approach)과 가계생산을 통해 생산된 실제 생산물의 시장가격을 통해 가계생산의 가치를 측정하는 생산물 접근법(output-based approach)이 있다.

가. 가사노동 가치평가 방법

1) 투입/비용 접근법

투입/비용 접근법은 가계생산을 위해 투입한 요소들의 시장비용을 통해 가계생산의 가치를 측정하는 방법으로 시장비용 접근법(market cost approach)이라고도 한다. 이 방법은 주부의 가사노동을 시장노동으로 대체할 경우 지불해야 하는 비용을 가사노동의 경제적 가치로 간주하는 방법이다. 시장비용 접근법은 크게 세 가지 방법이 있는데, 이는 종합대체 또는 주부대체비용법(market alternative house-keeper approach), 개별기능 또는 전문가 대체비용법(market alternative individual approach), 기회비용법(opportunity cost approach)이다.

종합대체비용법은 가사노동을 대신 수행해 줄 수 있는 한 가지 직업(보통 가정부 또는 파출부)에 해당하는 임금을 통해 가사노동의 경제적 가치를 평가하는 방법이다. 이 방법은 간편하고 손쉽게 가계생산의 가치를 측정할 수 있는 장점이 있어 가계생산 위성계정 개발 등 거시적 지표를 사용해야 하는 연구에서 가장 많이 사용되어 왔다(김태홍, 2001). 덴마크, 노르웨이, 스웨덴 등의 국가에서 가계생산 위성계정을 측정하는 방법에서, UNESCO나 OECD 등이 주관하여 세계 각국의 가계생산을 비교하고자 하는 경우 사용의 편리함으로 인해 이 방법이 가장 많이 사용되어 왔다(문숙재, 정순희, 허경옥, 2000). 그러나 이 방법은 가사노동의 가치를 과소평가 한다는 지적이 있다. 또한, 가정부나 파출부가 가정에서 이루어지는 가사노동을 모두 대신할 수 있는가에 대한 의문이 제기되고 있다.

개별기능 또는 전문가 대체비용법은 가사노동을 세부 활동별로 구분하여 각각의 세부 활동에 해당하는 노동을 대체해 주는 직종의 평균임금을 적용하는 방법이다. 예를 들면, 요리의 경우 요리사, 물건 구입의 경우 물건 구입 대행사, 세탁의 경우 세탁소나 빨래 방 근로자, 다림질의 경우 세탁소 근로자, 어린 자녀 교육의 경우 유아원 교사 등 무급가사노동활동을 대체해 줄 수 있는 매칭직종의 직업을 선정하여 이 직업에 종사하는 노동자의 임금을 통해 무급가사노동의 가치를 평가한다. 따라서 무급가사노동활동 분류에 따른 시간사용 자료와 매칭되는 대체직종의 평균임금에 대한 자료가 필요하다. 개별기능 또는 전문가 대체 비용법에 의해 가사노동의 가치를 평가할 경우 총합적 대체 비용법에 의해 가사노동의 가치를 평가할 경우의 문제점인 가사노동 과소평가 문제를 완화시켜 준다는 점에서 유용한 방법이라고 할 수 있으나 매우 다양한 가사노동 활동에 매우 적합한 시장대체직업을 합리적으로 선정하여 그에 대한 임금을 적용한다는 것이 현실적으로 한계가 있다(Fitzgerald, Swenson & Wicks, 1996).

기회비용법이란 일정한 목적을 달성하기 위해 어떤 일은 선택하고 다른 어떤 일은 포기하게 되는데, 이때 포기한 일의 비용을 선택한 일의 기회비용으로 간주하는 개념이다. 기회비용의 개념을 가사노동의 가치평가에 응용하면 가사노동 수행의 기회비용은 가사노동을 하지 않고 시장노동을 수행했을 경우 얻을 수 있는 이익이라고 볼 수 있다. 기회비용법은 주부가 가사노동에 전념하지 않고 시장노동에 참가할 경우 얻을 수 있는 잠재적 소득, 즉 가사노동의 기회비용을 가사노동의 가치측정에 활용하는 방법이다. 구체적으로 기회비용법을 이용하여 주부들의 가사노동가치를 산정하는 경우 주부들의 연령, 교육수준 등을 파악하여 이에 해당하는 여성 근로자들의 시간당 평균임금을 적용한다. 예를 들어, 대졸 30세 전업주부의 한 달 평균 가사노동의 가치는 대졸자이면서 30세인 취업여성의 월 평균 임금으로 산정 된다.

기회비용법은 가사노동의 가치를 평가하는 방법으로 많이 사용되고 있으나 몇 가지 문제점이 제기되고 있다. 첫째, 기회비용법에 따르면 교육수준과 연령이 높은 주부가 수행하는 가사노동의 가치는 교육수준이 낮은 주부나 연령이 낮은 주부가 수행한 것보다 높게 평가되나 이는 비현실적이다. 주부의 교육수준이 높다고 해서 교육수준이 낮은 주부보다 가사노동을 효율적으로 수행한다고 보기 어렵기 때문이다. 둘째, 기회비용법은 주부의 가사노동가치를 과소평가 할 가능성이 높다(문숙재, 1990). 신 가계경제학파들의 시간배분이론에 따르면, 사람들은 가계생산의 한계가치와 시장노동의 한계가치를 비교하여 보다 우위에 있는 것에 시간을 할애한다고 전제하고 있다. 따라서 이 이론에 따르면, 어떤 주부가 가사노동에 전념하고 있다면, 이 주부는 가사노동을 통한 가계생산의 한계가치가 시장노동의 한계가치보다 큰 경우이므로 노동시장에 노동력을 공급하지 않고 전업주부를 선택한 것으로 볼 수 있다. 따라서 기회비용법에 근거하여 가사노동의 가치를 시장노동의 가치와 같은 것으로 측정한다는 것은 이들의 논리와 맞지 않다. 이 같은 문제를 해결하기 위해, 즉 비취업주부의 가사노동의 가치를 정확하게 평가하기 위해 요구임금(reservation wage)의 개념이 도입되었다. 요구임금이란 비취업주부가 노동시장에 진입하도록 하는 최소한의 임금, 그리고 취업주부가 계속 노동시장에 남아있게 하는 최소한의 임금으로 정의된다(Zick, Bryant, 1983). 요구임금의 개념은 경제학자인 Heckman(1976)에 의해 더욱 구체화되어 비 취업여성의 가사노동의 가치, 가사노동의 기회비용을 나타내는 중요한 개념으로 사용하게 되었다. 요구임금의 개념을 도입하여 가사노동의 경제적 가치를 평가할 경우 단순히 가사노동의 기회비용개념인 시장임금으로 측정하는 것보다 자료의 불충분 및 적용방법 등으로 인한 어려움으로 인하여 현실적으로 용이하게 적용되지 못하는 한계점이 노출되고 있다.

이렇듯 투입/비용 접근법을 이용할 경우의 쟁점은 가사노동에 대한 시장 임금을 어떻게 적용할 것인가와 관련하여 일관된 원칙이 없이 다양한 방법이 사용되고 있고 그로 인해 가계생산에 대한 가치평가가 달라진 점이다.

지금까지 살펴본 투입/비용 접근법은 공통적으로 몇 가지의 단점을 가지고 있는데, 첫째, 보통 가사노동의 경우 한 가지 일을 하면서 동시에 다른 부차적인 가사노동을 하는 것이 보통인데 부차적인 가사노동에 대한 가치는 평가하지 못하는 것이 보통이다. 둘째, 가계생산을 위한 투입이 같다 해도 생산자와 가정에 따라 생산물의 질이나 양에는 차이가 있다. 그러나 투입접근법은 생산을 위한 투입 양 만을 고려하므로 생산물의 양과 질의 차이를 반영하지 못하는 문제가 있다. 셋째, 비용/투입 접근법은 가계생산물을 생산하기 위해 이와 유사한 것을 시장에서 생산할 경우의 비용을 통해 가계생산의 가치를 측정하는데 현실적으로 가정에서 생산된 것과 시장에서 보수를 받고 생산한 것과는 양과 질에서 차이가 있을 수 있으나 이를 정확히 반영하지 못한다.

2) 생산물 접근법(Output-Related Approach)

투입/비용 접근법이 가사노동을 수행하는데 들어간 비용을 중심으로 측정한 투입(input) 측면에서의 평가방법이라면, 생산물 접근법은 가정 내에서 생산된 가계생산물의 양을 측정하여 이 생산물을 시장에서 구매할 경우 지불해야 하는 시장가격으로 가계생산의 가치를 측정하는 방법이다(Goldschmidt-Clermont, 1983). 이 두 방법에서 생산을 위한 투입에 초점을 두던, 최종 생산된 생산물에 초점을 두던지 간에 투입물과 생산물의 시장에서의 대체 가격을 사용한다는 점에서는 큰 차이가 없다.

생산물 접근법은 가정에서 생산된 가계생산물을 시장에서 구입한다고 할 경우 지불해야 하는 값을 통해 가사노동의 경제적 가치를 평가하는 것이다. 다시 말해, 가정에서 생산된 생산물의 가치를 시장대응물과 비교하여 가사노동의 경제적 가치를 평가하는 방법이다. 예를 들어, 가정에서 주부가 한 단위의 된장국을 만들었다면 이 한 단위의 된장국을 시장에서 구입할 경우 지불해야 하는 값을 통해 이 주부가 된장국을 만들기 위해 수행한 가사 노동의 가치를 평가하는 방법이다.[5] 결국, 가사노동을 통해 생산된 가계생산물의 양이나 단위를 조사한 자료가 필요하다. 예를 들면, Fitzgerald 와 Wicks(1990)는 청소와 관련한 가사노동의 경우, 쓰레기를 버린 노동의 가치를 몇 개의 쓰레기 덩어리를 버렸는가를 조사하여 한 덩어리의 쓰레기를 버리는데 드는 시장대체가격으로 평가하며, 청소의 경우 몇 개의 방을 청소하였는가를 조사하여 방 하나를 청소하는데 드는 대체비용, 잔디를 깎은 경우 깎은 잔디의 크기를 조사하여 각 크기 당 시장

---

[5] 이때, 한 단위의 된장국을 만들기 위해 쓰인 각종 재료값, 예를 들면 된장국 재료값, 가스, 전기 등의 비용은 공제한 후 된장국 만들기의 가사노동가치를 평가한다.

가격을 반영하는 방법을 사용하여 각 활동별 가사노동의 가치를 평가하고 있다.

Ironmonger(2003)는 가계생산물의 양을 측정하는 방법이 쉬운 것이 아니라고 주장하면서 시간사용 자료를 수집할 경우 어떤 행동의 시작과 끝을 적도록 하는 에피소드 자료(episode data)형태로 만든다면 생산물 접근법을 사용하여 가계생산의 가치를 평가할 수 있다고 주장하였다. 숙박의 경우 생산물의 측정은 침대의 개수, 식사물의 경우 아침, 점심, 저녁 횟수로, 세탁의 생산물은 세탁된 셔츠나 드레스 등의 개수, 양육의 경우 자녀양육 시간, 교통의 경우 다른 지역에 여행 간 횟수를 통해 측정할 수 있다고 하였다. 한편, 이들 생산물의 시장가격은 가구가 설비된 숙박의 가격(날짜 별로), 아침, 점심, 저녁의 가격, 셔츠, 드레스 등의 가격, 자녀양육 시간의 가격, 다른 장소에 택시를 사용할 경우의 여행비용 등으로 측정할 수 있다고 주장하였다.

생산물 접근법은 몇 가지 측면에서 장점이 있어 유럽 통계위원회(Euro-stat)에서는 이 방법의 사용을 권유하고 있다. 첫째, 국민총생산이나 국내총생산 등 생산과 관련한 국민계정의 일반적인 논리와 부합한다. 생산의 의미 그 자체가 투입을 통해 측정하는 것보다는 생산된 결과물로 측정하는 것이 원리에 적절하다는 것이다. 둘째, 가계생산에 투입되는 노동 가치를 평가할 필요가 없다. 따라서 시간사용조사나 가계산업에 투입된 노동에 대한 시장에서의 적절한 임금을 찾을 필요가 없다. 셋째, 현실적으로 가정에서 주부 또는 가사노동 수행자가 한 가지 가사노동을 하면서 또 다른 부차적인 가사노동을 수행하는 것이 보통인데 총 가계생산물의 양으로 측정하므로 이 같은 부차적인 가사노동의 문제를 고려할 필요가 없다. 투입접근법을 사용할 경우 편의상 일차적 활동만을 고려하는 것이 보통이어서 가사노동에 대한 평가절하의 단점이 지적될 수 있다. 넷째, 생산된 총생산물의 가치만을 통해 측정하므로 가계생산을 위한 가사노동의 양과 질에 대해 고려할 필요 없다.

그러나 가장 심각한 문제점은 가사노동으로 생산된 가계생산물의 양에 대한 정확한 정보나 자료수집이 어렵다는 것이다(Goldschmidt-Clermont, Pagnossin-aligisakis, 1999). 이 같은 이유로 아직까지 대부분의 국가 및 학자들은 투입접근법을 사용하고 있으며 최근 영국 통계국(2002)만이 생산물 접근법을 사용하여 위성계정을 개발한 바 있다. 또한, 가정에서 생산된 생산물에 해당하는 적절한 시장에서의 서비스나 생산물을 찾기 어려운 경우도 있다는 점이다. 다시 말해, 생산된 가계생산물에 해당하는 시장가격을 산정하기가 쉽지 않다는 것이다.

나. 관련된 이슈들

지금까지 논의한 바와 같이 가사노동의 가치평가는 여러 측면에서 중요하고 필수적인 작업임에 틀림없다. 그럼에도 불구하고 가사노동의 경제적 가치를 평가한다는 것은 그리 쉬운 작업이 아니다. 경제적 가치평가를 위한 통일된 개념정의나 측정방법이 없으며, 적절한 자료가 부족하다. 이에 대해 구체적으로 살펴보면 다음과 같다.

첫째, 존재하는 여러 가지 다양한 가사노동의 가치평가 방법 중 어느 방법을 사용할 것인가에 따라 그 결과가 차이가 있을 뿐만 아니라 각기 장점과 단점이 있다. 따라서 각 방법이 갖고 있는 단점을 보완하는 반면, 장점을 부각시키는 방법, 두 방법을 모두 사용하여 측정함으로서 상호 비교하는 방법 등이 가능하다. 다만, 가사노동의 경제적 가치를 국가 간에 비교·분석하기 위해서는 보다 객관적이고 널리 사용할 수 있는 방법이나 지침을 선정 또는 개발하여야 하는 과제를 안고 있다. 한편, Fitzgerald 와 Wicks(1990)는 다양한 가사노동 가치평가의 방법을 적용하여 그 결과를 비교하였는데, 시장가격접근법을 통해 가사노동의 가치를 평가한 결과 기회비용법 및 시장대체비용접근법등 비용에 초점을 두는 평가방법에 의한 결과보다 약 44%정도 높게 산정됨을 밝혔다.

둘째, 가사노동 또는 가계 생산의 개념에 대해 통일된 지침이 필요하다. 가계생산은 다양한 가사노동 활동에 의해 수행된다. 식사준비라는 가사노동을 통해 음식물이 생산되며, 청소를 통해 깨끗함이 생산된다. 그런데, 쇼핑, 자동차 등 교통 관련 시간, 가계생산과 관련한 계획이나 관리 시간 등의 경우는 가계생산을 위한 활동이 될 수도 있으며 때에 따라서는 생산의 활동이 아닌 여가나 개인적 생리적 시간이 될 수도 있다. 예를 들어, 자동차운전 시간의 경우 가계생산과 직접적인 관련이 있는 경우(예: 식품 구입, 자녀 픽업 등)도 있으나, 여가와 관련한 시간이 될 수도 있다. 결국, 어떤 종류의 활동을 위한 교통 시간인지를 구체적으로 파악하여 생산과 연관된 시간만을 가계생산에 포함시켜야 한다.

또 다른 예로 자녀양육의 경우 크게 네 가지로 구분할 수 있는데 이는 육체적/일차적 양육 활동(예: 기저귀 갈기, 목욕시키기), 이차적 양육활동, 시간 같이 보내는 활동, 수동적 양육활동(예: 잠자는 아이 지키기)이다. 이 네 가지 활동을 모두 가계생산 활동으로 간주할 것인지 아니면 특정 활동만을 포함할 것인지의 이슈가 제기된다. 보통, 투입 접근법에서는 일차적 양육활동의 경우만을 가사노동/생산 활동으로 간주하고 있다. 그러나 이차적 양육활동이나 다른 수동적 양육활동이 일차적 활동에 비해 그 가치가 적다고 평가하기 어렵다. 게다가 현실적으로 가정에서 자녀양육 활동은 수동적 또는 시간 같이 보내기 등의 활동에 의해 가장 많이 수행되고 있다는 주장도 제기되고 있어 양육활동의 세부적인 내용에 따라 어떻게 구분할 것인지를 심각하게 고려해야 한다.

생산의 개념은 문화, 가치관, 생활양식에 따라 차이가 있으므로 가계생산과 관련한 가사노동 활동을 분류함에 있어서도 각국의 상황에 따라 다소 차이가 있다. 예로 Varjonen(2003)은 다양한 가사노동 활동 중 가계생산의 기본적 활동(principal functions) 또는 주요 생산 활동(main output) 항목은 주거 관련 활동, 식사준비, 의류 및 세탁 관련 활동, 양육이나 보살핌 활동, 교통 서비스 제공 활동이라고 밝힌 바 있으나, 세계 각국의 상황은 이와 다를 수 있다. 따라서 가사노동의 경제적 가치를 평가함에 있어 가계생산 활동에 대한 명확한 정의가 필요하며, 국가 간의 비교에 있어서는 통일된 기준이나 지침이 있어야 한다.

셋째, 가사노동의 경제적 가치를 정확하게 측정하기 위해서는 시간사용에 관한 전국 규모의 자료수집이 요구된다. 그러나 전국 규모의 자료를 수집한다는 것이 비용 측면에서 쉽지 않은 작업이다. 또한, 매우 다양한 가사노동활동을 어떻게 구분할 것인가, 구분된 무수히 많은 가사노동활동에 대응하는 시간을 어떻게 객관적으로 측정할 것인가는 쉬운 문제가 아니다. 예를 들면, 활동별로 시간사용을 조사할 것인지, 아니면 시간 단위별로 활동내용을 조사할 것인지 그 방법에 따라 조사결과가 차이가 날 수 있다.

마지막으로 위성계정개발을 위하여 필수적인 가계소득소비자료, 내구재 보유자료 등이 시간사용조사와 적절하게 이용 가능하여야 한다. 한국의 경우 1999년 통계청에서 처음으로 대표성 있는 생활시간조사를 실시하였으나 내구재 보유현황, 소비지출 내용 등 가사노동과 관련한 포괄적이고, 정확하며 세밀한 정보를 제공하는 자료와 함께 사용하기 어려워 이용에 한계가 있다. 따라서 국민계정에 가계생산의 가치를 포함시키는 작업은 가사노동의 국민경제기여에 대한 인식부족, 자료수집의 어려움, 가사노동의 경제적 가치 평가방법의 선택 등의 측면에서 아직도 많은 과제를 안고 있다.

3. 무급가사노동의 가치평가

가. 가치평가에 이용되는 모형의 개관

본 연구에서는 자료부족으로 인한 연구방법상의 한계로 인하여 투입물 접근법에 기초하여 전체여성 무급노동 가치를 평가하고자 한다. 무엇보다도 생활시간자료를 활용한 투입물 접근법에 의한 평가방법의 가장 중요한 요소는 무급노동의 범주에 대한 정의, 무급노동에 참여한 시간량, 대응되는 직종의 적합한 임금률이다. 무급노동의 정의는 제3자 기준원칙에 의해서 생산적인 노동에 속하는 통계청의 활동분류표상에서 주요 가사활동('가정관리', '가족보살피기')을 무급가사노동(unpaid household work)이라 정의하고, 이에 '참여 및 봉사활동'을 포함하여 무급노동[6] 또는 가계생산이라고 정의한다. 또한 대체되는 직종의 임금은 통계청의 「한국표준직업분류(2001)」에 의해 가장 근접하는 대체직종을 선정하여 노동부의 「임금구조기본통계조사(2004)」에 의한 원시자료를 기반으로

---

[6] 무급가사노동과 무급노동에 대한 정의는 Ironmonger(2000)의 정의를 재인용하였으며, 무급노동의 개념에는 무급노동활동을 하기위해 이동하는 시간을 포함시켰다. 또한 이후 무급가사노동가치 평가액에는 참여 및 봉사활동의 가치를 포함한다.

각 평가방법에 해당하는 추정된 평균임금을 산출하게된다. 구체적인 각 평가방법별 내용과 평가방정식을 설명하고자 한다.

1) 시장대체비용법

시장대체비용법(market replacement cost method)은 여성의 무급노동을 시장의 유급노동자 또는 제3자에게 위임될 수 있다는 기본전제 하에서 시장재화와 서비스를 구입하거나 어떤 사람을 고용하여 필요로 하는 가계내의 가사 일을 수행시키는 대신, 여성 스스로 가사 일을 수행함으로써 비용을 절약한다는 가정에 기반을 둔 평가방법이다. 이 평가방법에는 대표적으로 다음과 같은 두 가지 방법이 있다. 첫째, 가계에서 수행된 여성의 생산적인 활동을 세부적인 활동별·기능별로 구분하여 그 구체적인 활동에 적합한 시장의 대체직종임금으로 여성의 무급노동가치를 평가하는 「개별기능대체비용법」과 둘째, 앞선 방법과는 다르게 여성의 무급 활동과 유사한 기능을 하는 단일 대응직종의 임금으로 여성의 무급노동가치를 평가하는 「종합대체비용법」이다.

(1) 개별기능대체비용법

① 개관

개별기능대체비용법은 여성의 무급노동을 각 활동유형별로 분류하고 각 무급활동에 사용된 시간을 측정한 후 대체직종의 시장임금율을 적용시켜 가치를 산출하는 방법이다. 이 방법에서 가장 중요한 문제점은 무급노동을 각각의 활동유형별로 분류하는 것과 동시에 그 활동에 해당하는 가장 적합한 전문직업인(Specialist 또는 개별기능별 전문인)을 선택하는 것이다. 아울러 무급노동을 세분화하여 각 활동에 소요되는 시간을 평가해야 하며, 이러한 작업을 수행하는 전문직업인의 임금율도 산출해야 한다.

또한 무급노동의 가치를 업무수행자의 특성과는 상관없이 단지 무급노동량에 해당하는 시장대체자의 서비스의 가치와 같다고 보기 때문에 여성(전업주부)의 무급노동을 수행하는 업무능력이 전문가만큼 효율적이지 못할 수 있다는 것을 반영하지 못함으로써 무급노동가치가 과대평가 될 수 있다는 문제점이 있다 (Hefferan, 1982). 아울러, 전문직업인 임금율 적용에 있어서도 전체근로자의 임금, 여성근로자 임금간의 차이뿐만 아니라, 동일대상 집단이라고 하더라도 경력에 따라, 근속연수에 따라, 학력에 따라서 실제로 상당한 차이가 있기 때문에 작업영역분류 및 대체직업과 적용임금율 선택에 있어서 신중을 기할 필요가 있다.

하지만 이러한 과대평가 될 가능성을 충분히 검토하여 대비한다면, 다른 평가방법들에 의해 평가된 무급노동가치의 상·하 편의(upward·downward bias)를 줄일 수 있으며(Hawrylyshyn, 1976) 여성들이 직면한 현실적인 문제해결에 보다 적극적인 도움을 줄 수 있는 방법으로 평가되고 있다.

② 평가방정식

개별기능대체비용법(individual function replacement cost method: IFR)[7]은 무급노동범주에 속하는 각각의 활동을 기능별로 분류한 후, 각 기능에 해당되는 임금을 연령별로 적용하여 평가 하는 방법으로 요구되는 데이터는 개별기능별로 소요되는 시간, 이에 상응하는 노동시장의 임금, 연령별 무급노동에 참여한 여성 수이다. 이를 방정식으로 표현하면 다음과 같이 정의된다.

$$UWK_{IFR} = \sum_{j=1}^{N} \sum_{i=1}^{M} H_{ij} PK_j W_{ij}$$

단, UWK_{IFR} : 한국무급노동(unpaid work in Korea)에 대한 개별대체비용추정치

H_{ij} : i 기능의 j 여성(연령별 데모그래픽)의 무급노동시간

PK_j : 연령별로 무급노동에 참여한 여성의 수(집단 전체 금액을 산출하는 경우에만 적용됨)

W_{ij} : i 기능의 j 여성(연령별)에 대해 적용할 수 있는 평균임금

---

[7] 다른 표현으로는 전문가 대체비용법(replacement cost method specialist approach)이라고도 한다.

특히 본 평가방법은 여성의 무급노동을 활동·기능별로 분류하는 것을 전제로 하므로『한국표준직업분류(통계청, 2001)』[8]와 노동부에서 발표한『임금구조기본통계조사보고서(2004)』의 원시자료를 직종별, 연령별 임금자료로 우선 분류하여 개별기능대체비용법에 의하여 여성의 무급노동가치를 평가하였다.

(2) 종합대체비용법

① 개관

종합대체비용법은 여성이 행하는 무급노동을 하나의 직업으로 간주하여 이에 상응하는 직업인을 가계 내에서 고용한다는 전제 하에서 그 직업인의 보수를 기준으로 평가하는 방법이다. 이 방법은 계산의 편이성으로 인해 많이 이용되어 왔으나(Adler & Hawrylyshyn, 1978 ; Eisner, 1978 ; Goldschmidt-Clermont, 1982 등), 가장 기본적인 문제는 개별기능대체비용법의 경우와 마찬가지로 대체 직업의 선정에 있다.

기존연구에서는 주로 선택되는 대체직업이 시장 조사된 가정부나 파출부의 시간당 평균임금, 또는 종합관리자 직종(KSCO코드 030)의 시간당 평균임금이었다. 이 경우 피할 수 없는 문제점은 가정부나 파출부의 임금을 이용할 경우 여성의 무급노동의 가치가 과소평가 되는 경향이 있으며, 반면 총괄관리자를 대체직종으로 선정할 때에는 직종자체의 임금수준이 다른 직종에 비해 상대적으로 높기 때문에 과대평가 될 가능성이 크다. 이와 같은 양방향의 한계점을 개선하기 위해 Trewin(2000)은 1997년 호주 생활시간자료를 활용하여 해당되는 직종의 남성과 여성의 평균임금을 사용하기도 하였으며, Tatau(2001)는 1999년 뉴질랜드 생활시간자료를 가지고 성별·연령별 구분 없이 해당되는 직종의 전체 중위수 임금(median wage)을 활용하였다. 우리나라에서는 무급노동의 기능별 분류에 따라서 가정부와 총괄관리자 2인을 동시에 대체직종으로 선정하는 방법도 이용되고 있으며, 성별의 격차로 인한 임금격차를 해소하기 위한 방법으로 해당되는 직종의 남성임금을 대용하기도 한다.

---

8)『표준직업분류』는 2000년 신규개정기준에 준하고 있다.

특히, 현실적으로 가계 내에서 모든 일을 총괄해서 일을 하는 사람이 노동시장에 존재하지 않는다는 점이 본질적인 문제점으로 지적될 수 있다(Schettkat, 1985). 또한 복합적이고 다양한 기능이 요구되는 여성의 가계 내에서의 전업주부로서의 역할수행에 있어서 자질을 갖추지 못한 한 사람의 전업주부가 모든 무급노동을 온전히 수행할 수 있다는 것도 가능성이 희박할 뿐만 아니라, 무급노동활동유형에 따라 특수한 전문적인 기술을 요구하는 활동도 포함하고 있기 때문에 모든 가계에서 동일하게 무급가사노동이 수행되지도 않는다는 점에서 방법상의 한계점을 안고 있기도 하다(Chadeau, 1992).

② 평가방정식

종합대체비용법(generalist replacement cost method: GRC)[9]은 여성의 가사노동을 하나의 가정 관리직으로 간주하여 여성에게 적용될 수 있는 산업전체평균임금을 기반으로 하여 여성의 무급노동가치를 평가한다. 본 연구에서는 통계청의 활동분류기준표에서 생산적인 무급노동에 해당되는 대체비용을 가정관리활동, 가족 보살피기 활동, 참여 및 자원봉사활동을 대상으로 각 활동에 상응하는 연령별 대체임금을 가중 평균한 임금(W_{Hj})을 활용하여 여성의 무급노동가치를 평가한다. 평가방정식은 다음과 같다.

$$UWK_{GRC} = \sum_{j=1}^{N} H_j PK_j W_{Hj}$$

단, UWK_{GRC} : 무급노동에 대한 여성 대체비용추정치

H_j : j 여성(연령별)의 무급노동시간, 즉, $H_j = \sum_{i=1}^{M} H_{ij}$

PK_j : j 여성(연령별)의 무급노동에 참여한 수(집단 전체 금액을 산출할 경우에만 적용함)

W_{Hj} : j 여성(연령별)에게 적용할 수 있는 평균임금

---

9) 다른 표현으로는 주부대체비용법(housewife replacement cost method)이라고도 한다.

종합대체비용법은 여성의 연령별 무급가사노동시간(H_j), 연령별 무급노동참여 여성수(PK_j) 및 연령별 여성에게 적용할 수 있는 시간당 평균임금(WH_j)을 사용하여 무급노동가치를 산출한다. 이 평가방법에서 기본변수인 연령별 여성 대체임금(WH_j)은 다음과 같은 두 가지 방법으로 접근하였다. 첫째, 여성대체임금을 여성의 무급노동인 가정관리활동, 가족 보살피기활동 그리고 참여 및 봉사활동의 평균임금을 전체여성의 총무급노동시간 대 각 유형별 무급노동시간 비율을 가중치로써 가중 평균하여 사용하였다(여성 무급노동 평균임금법에 의한 종합대체비용법Ⅰ). 이 방법을 활용하면, 단순히 전체직종의 평균임금을 적용할 때보다 시간의 투입량의 차이를 시간배분에 반영하게 됨으로써 시간당 생산성을 일정부분 커버할 수 있다는 장점을 지니게 된다. 둘째, 기존연구와 같이 가사근로자를 대체직종의 근로자로 전제하고, 한국표준직업분류(2001)기준 한국표준직업분류코드 911(KSCO 신 코드9111), 즉 '가사 및 관련 여성근로자'에 대한 임금을 전체여성의 종합대체임금으로 사용하였다(무급평균임금법에 의한 종합대체비용법Ⅱ). 이 방법은 기존의 방법과 동일하게 평가함으로써 단지 분석대상이 다른 표본으로 측정하였을 경우의 결과에 대한 정보를 제공하게 되며, 첫째 방법에 의한 평가결과와 비교할 수 있다는 이점이 있다.

2) 기회비용법

기회비용법은 가계 내에서 여성이 무급노동에 종사함으로써 노동시장에서 일할 기회를 상실하게 되었다는 가정 하에서 포기된 소득으로 평가하는 방법이다. 이 방법도 다음과 같이 두 가지로 구분된다. 첫째, 가계 내 여성의 개별적인 특성에 상관없이 취업한 여성의 소득이 여성이 전업주부로서 기능을 수행할 때 상실된 평균소득이라는 전제 하에서 무급노동가치를 평가하는 총기회비용법과 둘째, 앞선 방법과 동일하지만, 상실된 소득에서 노동관련비용과 같은 세금을 공제한 후의 소득이라는 순소득의 개념을 활용하여 평가하는 순기회비용법이 있다.

(1) 총기회비용법

① 개관

기회비용법은 무급노동에 종사하는 여성이 취업할 경우에 벌어들일 수 있는 잠재소득(implicit income)을 무급노동의 가치로 산출하는 방법으로써 합리적인 사람이 가계생산 또는 무급노동에 시간을 배분할 때, 시간당 가계생산의 한계가치가 시장에서 얻을 수 있는 임금율과 같은 점에서 결정된다는 이론을 바탕으로 하고 있다. 예컨대, 여성의 시장임금율이 가계생산의 한계가치를 정확히 반영한다면, 시장임금율에 무급노동시간을 곱해 주면 가계생산의 총가치 뿐만 아니라 무급노동의 잠재적인 가치를 용이하게 얻을 수 있게 된다. 따라서 가계 내에서의 여성의 1일 노동 가치는 시장에서의 1일 노동 가치와 같다는 것이다 (Hefferan, 1982).

이 방법은 이론적으로 가장 정교한 분석 틀을 가지고 있지만, 동일한 가정 환경적 조건과 동일한 무급노동시간의 조건 하에서도 학력수준, 기술수준 등과 같은 개인의 인적특성에 따른 임금의 차이로 인해 그 가치가 달라질 수 있다는 문제점이 있다. 예컨대 전업주부가 "집에 있는 것(be home)"의 가치가 잠재적인 시장소득의 가치와 동일하다고 간주할 경우에 이때 집에 있는 것의 가치는 단순히 가사서비스만의 개념이 아니라 여성의 총가치를 말하는 것이 된다. 따라서 종합대체비용법과 비교하게 되면 기회비용법으로 추정한 여성의 무급노동가치는 상대적으로 과대평가 되는 경향이 존재하게 된다(Hawrylyshyn, 1976).

또한 생산시간으로서 투입된 여성의 무급노동시간에 있어서도 동시적인 가사활동시간 및 작업의 중복성으로(synchronization problems) 인한 효율성의 차이를 반영하지 못함으로써 실제보다 더 많은 시간을 고려할 수도 있으므로 추정된 무급노동가치가 과대평가 되는 경향도 있다(Graham, 1982).

② 평가방정식

총기회비용법(gross opportunity cost method: GOC)은 여성이 무급가사노동을 수행하기 위하여 유급노동을 포기하는데 따른 기회비용이 한계임금률과 같다는 것을 전제로 하고, 평가방정식은 다음과 같이 정의된다.

$$UWK_{GOC} = \sum_{j=1}^{N} H_j PK_j W_{GOCj}$$

단, UWK_{GOC} : 무급노동에 대한 총기회비용 추정치

H_j : j 여성(연령별)의 무급노동시간

PK_j : j 여성(연령별)의 무급노동에 참여한 수(집단 전체 금액을 산출할 경우에만 적용함)

W_{GOCj} : j 여성(연령별 데모그래픽)의 전체 평균기회비용

하지만, 대부분 기존연구에 있어서 실제로 총기회비용은 무급노동에 대한 총시간소비를 연령별 전체평균 시장임금율에 곱해서 구하고 있다. 이런 점에서 총기회비용법은 노동시장구조, 고용지위(employment status), 심리적 소득(psychic income), 개별노동자에 대한 시장임금율의 적합성에 따른 상이한 가치를 반영하는 데는 한계점이 있다는 것을 피할 수가 없다.

(2) 순기회비용법

① 개관

Nordhaus & Tobin(1972)은 가계에서 생산된 서비스 가치를 기회비용법으로 평가하는 연구를 발전시켜 보다 개선된 복지개념인 "MEW(Measure of Economic Welfare)"를 도입했다. 또한 적용하는 임금에 세금공제 특히 노동관련비용(교통비, 의복비 등)을 공제한 순(net)개념을 도입하여 보다 정확한 기회비용법의 접근을 시도하였다(Murphy, 1982). 그러나 이 방법의 문제점으로서 비자발적 실업자나, 임금에 포함되지 않는 비금전적 급부문제 등이 지적되고 있지만(Murphy, 1982; Zick and Bryant, 1983), 이 방법은 무급노동자의 개인적 특성의 차이를 어느 정도 반영할 수 있다는 점에서 무급노동가치를 평가하는데

이점이 있기도 하다. 호주의 Trewin(2000)은 총임금율을 활용하여 구한 시간당 임금률에 가족수당(family allowances), 의료보험공제액 등을 감산하여 순기회비용에 해당하는 임금률을 처음으로 추정한 결과 총기회비용임금률에 비해 여성의 경우 21.9% 낮았다.

② 평가방정식

순기회비용법(net opportunity cost method: NOC)은 여성이 유급노동에 참여한다고 가정할 때 얻을 수 있는 잠재적인 순기회비용으로 무급노동의 가치를 평가한다. 순기회비용은 총기회비용에서 세금과 노동관련비용을 공제한 후의 순임금소득에 해당되며, 평가방정식은 다음과 같이 정의된다.

$$UWK_{NOC} = \sum_{j=1}^{N} H_j PK_j W_{NOCj}$$

단, UWK_{NOC} : 무급노동에 대한 순기회비용추정치

H_j : j 여성(연령별)의 무급노동시간

PK_j : j 여성(연령별)의 무급노동에 참여한 수(집단 전체 금액을 산출할 경우에만 적용됨)

W_{NOCj} : j 여성(연령별 데모그래픽)의 평균 순기회비용

그러나 순기회비용의 평가시 기본 자료인 세금과 노동관련비용의 정확한 데이터 수집의 한계로 인하여 순기회비용법에 의한 여성의 무급노동가치 평가가 복잡하다는 단점이 있다. 이에 대한 대안으로 본 연구에서는 통계청의 1999년 기준 『도시가계연보』 원시자료를 이용하여 연령별 여성근로자들의 평균소득세를 평가한 후, 이를 총기회비용에서 제외시켜 순기회비용으로서 활용하였다[10].

---

10) 후속연수에서 『도시가계연보(2004)』 자료를 활용하여 평균소득세를 파악할 필요가 있다.

3) Hybrid 평가모형의 의의 및 평가방정식

Hybrid 평가모형은 무급가사노동가치가 각 개별방법별로 평가될 경우 평가치의 과대평가 또는 과소평가 될 가능성을 줄이기 위해 방법별 임금가중치를 활용한 Hybrid Ⅰ(개별기능대체비용법, 종합대체비용법Ⅰ, 총기회비용법, 순기회비용법)과 Hybrid Ⅱ(개별기능대체비용법, 종합대체비용법Ⅱ, 총기회비용법, 순기회비용법)로 구분하여 추정하는 방법이다. 즉, 개별기능대체비용법, 종합대체비용법Ⅰ, 종합대체비용법Ⅱ, 총기회비용법, 순기회비용법으로 평가 할 경우 특히, 개별기능대체비용법은 다른 어떤 평가방법 보다 직종별로 세부적인 임금자료가 평가치에 반영된다는 점에서 장점이 있지만 개별 활동별·기능별로 대응되는 매칭직종의 임금이 존재하지 않아서 정확히 반영되지 않을 경우 개별기능대체비용법으로 평가한 가치가 실제치 보다 평가절상 될 가능성이 존재한다. 반면, 종합대체비용법Ⅰ은 활동별·기능별로 분류한 시간량에 전체 무급노동에 사용하는 시간량의 비중을 반영함으로서 단순히 종합대체비용법Ⅱ(전통적 종합대체비용법과 동일)처럼 가사 및 여성근로자의 평균임금을 적용함으로써 발생될 수 있는 여성 무급노동의 가치에 대한 평가절하의 가능성을 부분적으로 보완한 방법이다. 종합대체비용법Ⅱ는 대응되는 단일직종의 임금만을 적용하기 때문에 평가방법의 간편성, 편리성은 있지만, 역시 여성 무급노동의 가치를 객관적이고 보다 정확하게 반영하는 평가방법으로서는 일정한 한계가 있다고 판단한다.

또한 총기회비용법은 현재 무급노동자로서의 여성들이 앞으로 사회진출을 하여 유급노동자로 전환될 경우의 가치를 전 직종 여성근로자의 평균임금으로 평가하고 있다는 점에서 이론적 합리성이란 이점은 있으나, 이 평가방법도 역시 여성 개개인의 특성과 능력을 반영하는 데는 부분적 한계가 존재하며, 여성 인적특성의 차별성을 어느 정도 보완한 순기회비용법은 조세관련 데이터 수집의 통계적인 한계로 현실적으로 적극 활용하는 데는 문제가 되고 있다.

이러한 기존의 각 평가방법상의 장·단점을 보완 및 개선한 HybridⅠ,Ⅱ 평가모형을 본 연구에서 활용하고자 한다. 우선 HybridⅠ 평가모형은 위의 4 가지

평가방법(개별기능대체비용법, 종합대체비용법Ⅰ, 총기회비용법, 순기회비용법)에 의하여 평가 된 무급노동가치가 과대평가 또는 과소평가로 인한 편차를 줄이기 위하여 각 평가방법에 사용된 무급가사노동 활동별 시간사용량의 비중을 반영한 평균임금이 전체임금에서 차지하는 비중을 가중치로 사용하여 평가하는 방법이다. HybridⅡ 평가모형은 HybridⅠ 평가모형과 동일한 분석방법 틀을 적용하되 기존의 평가방법과 유사한 평가방법(개별기능대체비용법, 종합대체비용법Ⅱ, 총기회비용법, 순기회비용법)을 적용하게 되며, HybridⅠ 평가모형의 결과와 대비할 수 있는 비교대상 척도로서 평가의 의미가 있다.

HybridⅠ 평가법	개별기능대체비용법, 종합대체비용법Ⅰ, 총기회비용법, 순기회비용법의 가중평균임금법
HybridⅡ 평가법	개별기능대체비용법, 종합대체비용법Ⅱ, 총기회비용법, 순기회비용법의 가중평균임금법

구체적인 방법을 다음과 같은 평가방정식으로 정의할 수 있다.

$$UWK_I = \sum_{k=1}^{n} \omega_k \cdot UW_k$$

단, ω_k 는 전체 추정방법별 임금가중치($\omega_1 + \omega_2 + \omega_3 + \omega_4 = 1$),

　　k : 평가방법(k>0), n : 평가방법의 최대가짓수(n>2)

나. 무급가사노동가치의 평가결과

1) 시장대체비용법

(1) 개별기능대체비용법 평가결과

통계청의 「2004 생활시간조사보고서」분류상의 무급노동활동과 유사한 기능을 수행하는 직업을 『한국표준직업분류(통계청, 2001)』에서 찾아 대응직업을 매치(match)하고 그 대응직종의 평균임금을 추정하면 <표 Ⅲ-4>과 같다. 즉 여성의 무급노동을 24개 유사활동유형별로 분류하여 이에 상응하는 대응직종 소분류 임금을 적용하였다.11) 그러나 <표 Ⅲ-4>의 직종 소분류에 의하면, 적용직종이 적합하지 않음에도 불구하고 시간당 임금이 같은 활동유형이 있다(예를 들면, 가사 관련 종사자(시간사용코드 411-412, 421, 422, 423-424, 431). 또한 무급노동활동유형의 성격이 다름에도 불구하고 이에 대응하는 정확한 대응직종이 존재하지 않아 한국표준직업분류상 직종이 동일하게 나타나게 되는(시간사용코드 611- 639, 861) 한계점 및 이로 인한 추정임금의 편차로 인해 평가치의 정확도 및 신뢰도가 떨어지는 점도 향후 더 논의되어야 될 여지가 있다. 따라서 개별기능대체비용법에 의한 무급노동가치평가의 정밀도를 향상시키기 위해서는 생활시간조사의 무급노동활동에 상응하는 소분류 임금조사가 수반되어야 한다는 과제를 안고 있다12).

---

11) 『KSCO(한국표준직업분류, 2001)』직종코드 세 자리에 해당하는 임금을 노동부『임금구조기본통계조사보고서(2004)』원시자료에서 추출하여 평가하였다.
12) 현재 노동부에서 소분류 임금조사가 이루어지고 있으나, 자료입수에 상당한 제약이 많은 실정으로 인해 본 연구에 직접 활용하는 데는 무리가 있었음을 밝혀둔다. 또한 과거 대응직종분류기준(김태홍, 2001)과 일관된 결과를 산출하기 위해 가급적 데이터 활용가능범위 내에서 근사시켰다. 추후 제고의 필요성이 요구된다.

<표 III-4> 여성의 활동별 대응직종 및 시간당 평균임금

(단위: 원)

무급노동 활동	시간사용 코드	직업분류 코드	직업분류코드 내용	전체여성 (W/hr)
가정관리				6,224
식사준비 및 설거지	411, 412	911	가사 관련보조원	4,864
간식 및 저장식품 만들기	413	751	식품가공 및 관련기능종사자	4,690
세탁 및 세탁물 널기	421	911	가사 관련보조원	4,864
옷 정리	422	911	가사 관련보조원	4,864
다림질 및 의류수선	423, 424	911	가사 관련보조원	4,864
재봉, 뜨개질	425	753	섬유, 의복제조 및 관련기능	4,356
방, 물품정리	431	911	가사 관련보조원	4,864
집안청소 및 기타	432, 433	912	건물관리	4,844
가재도구, 집수리서비스 받기	441	752	목재처리, 가구제조 및 관련기능	5,308
세차 및 집 관리	442, 443	912	건물관리	4,844
시장보기 및 쇼핑하기	451, 452	915	기타서비스관련	5,579
내구재 구매 관련행동	453, 454	314	판매준전문가	10,149
가계부 정리	461	311	계수사무종사자	11,833
가정계획	462	317	관리준전문가	9,071
은행 및 관공서 일보기	463	315	계수사무종사자	9,734
기타 가사일	499, 841	911	가사 관련보조원	4,864
가족 보살피기				
미취학 아이 보살피기	511, 512, 513, 519	322	개인보호 및 관련종사자	9,016
초·중·고등학생 돌보기	521, 522, 523, 524, 529	323	사회서비스 준전문가	12,443
배우자 및 부모 보살피기	531, 539, 541, 549, 551, 559, 851	323	사회서비스 준전문가	12,443
참여, 봉사활동				
이웃 및 친분이 있는 사람 돕기	611, 612, 619	915	기타서비스관련	5,579
국가 및 지역행사 지원	631	915	기타서비스관련	5,579
자녀교육 관련봉사	632	323	사회서비스 준전문가	12,443
아동, 노인, 장애인관련	633	323	사회서비스 준전문가	12,443
재해지역, 기타자원봉사 및 이동	634, 639, 861	915	기타서비스관련	5,579

자료: 『한국표준직업분류』, 통계청, 1993, 『임금구조기본통계조사보고서』, 노동부, 2004년 원시자료.
주: 활동유형별 대응직업 분류기준은 김태홍(2000)의 연구를 참조함.

<표 III-5> 여성의 활동유형별·연령별 시간당 평균임금   (단위: 원)

무급 활동분류	시간사용 코드	전체	20대	30대	40대	50대	60대
4 가정관리		6,224	5,850	6,874	7,096	6,517	4,785
41 음식준비 및 정리	411, 412	4,864	5,327	5,426	5,048	4,704	3,813
	413	4,690	5,816	4,654	4,654	4,564	3,764
42 의류관리	421	4,864	5,327	5,426	5,048	4,704	3,813
	422	4,864	5,327	5,426	5,048	4,704	3,813
	423, 424	4,864	5,327	5,426	5,048	4,704	3,813
	425	4,356	4,456	5,039	4,533	4,110	3,640
43 청소 및 정리	431	4,864	5,327	5,426	5,048	4,704	3,813
	432, 433	4,844	4,675	5,418	5,320	4,725	4,083
44 집관리	441	5,308	6,126	5,082	5,163	5,063	5,105
	442, 443	4,844	4,675	5,418	5,320	4,725	4,083
45 가정관리 관련 물품구입	451, 452	5,579	3,900	4,259	5,878	9,209	4,649
	453, 454	10,149	8,548	13,337	12,580	10,359	5,920
46 가정경영	461	11,833	8,444	13,044	16,203	13,886	7,588
	462	9,071	7,402	10,253	12,030	9,771	5,901
	463	9,734	7,597	10,924	11,572	9,633	8,944
49 기타 84 가정관리 관련 이동	499, 841	4,864	5,327	5,426	5,048	4,704	3,813
5 가족 보살피기		11,301	7,515	10,778	13,428	11,008	13,774
51 미취학 아동 돌보기	511, 512, 513, 519	9,016	6,471	9,384	12,169	12,261	4,795
52 초·중고등학생 보살피기	521, 522, 523, 524, 529	12,443	8,037	11,475	14,058	10,382	18,264
53 배우자보살피기 54 부모 및 조부모 보살피기 55 그 외 가족보살피기 85 가족 보살피기 관련 이동	531, 539, 541, 549, 551, 559, 851	12,443	8,037	11,475	14,058	10,382	18,264
무급가사노동		8,763	6,683	8,826	10,262	8,763	9,280
6 참여 및 봉사활동		8,325	5,555	7,145	9,150	9,678	10,095
61 이웃 및 친분 있는 사람 돕기	611, 612, 619	5,579	3,900	4,259	5,878	9,209	4,649
63 자원봉사 86 참여 및 봉사활동 관련 이동	631	5,579	3,900	4,259	5,878	9,209	4,649
	632	12,443	8,037	11,475	14,058	10,382	18,264
	633	12,443	8,037	11,475	14,058	10,382	18,264
	634, 639, 861	5,579	3,900	4,259	5,878	9,209	4,649
무급노동		8,617	6,307	8,266	9,892	9,068	9,551

자료: 『임금구조기본통계조사보고서』, 노동부, 2004년 원시자료.

이러한 제약에도 불구하고 전체여성의 개별기능대체비용법에 의한 총 가치평가에 앞서 전체여성 무급노동의 활동유형별·연령별 시간당 평균임금의 특징을 살펴보면, <표 Ⅲ-5>와 같이 전체 가정관리활동에 대한 평균임금은 40대 7,096원, 30대 6,874원, 50대 6,517원, 20대 5,850원, 60대 이상 4,785원 순으로 기초 무급가사노동에 대한 평균임금이 대체로 낮았으며, 이외 내구재 구매 관련 행동, 가정계획, 가계부 정리 같은 부차적인 무급노동에 대한 평균임금이 상대적으로 높게 나타났다. 마찬가지로 가족보살피기 활동에 대한 연령별 평균임금은 60대 이상이 13,774원, 40대 13,428원이, 참여 및 봉사활동은 60대 이상이 10,095원, 50대가 9,678원으로 수위를 차지하였다. 모든 무급활동 영역에서 20대의 평균임금이 가장 낮은 분포를 나타내고 있다.

전체 규모를 측정하기 위하여 부가적으로 필요한 데이터는 전체여성의 개별기능대체비용법에 있어서 기본변수로 연령별 무급노동참여 수는 통계청 「경제활동인구연보(2004)」에서 만20세 이상 경제활동인구와 가사·육아에 종사하는 비경제활동인구를 연령별로 합하여 실제 여성인구수를 적용하였다. 이중 비경제활동인구의 통학, 연로, 기타 항목은 비생산적인 노동활동으로 보고 본 연구 분석대상인 전체여성인구수에서 제외시켰다. 전체여성인구를 연령별로 분류하면 <표 Ⅲ-6>과 같이 전체 16,096천 명 중 30대 인구가 4,087천명으로 전체대비 약 25.4%로 가장 높은 비중을 차지하고 있으며, 다음으로 40대 24.3%, 20대 19%, 60대 이상 16.5%, 50대는 2,385천명으로 전체대비 14.8% 순으로 비중이 가장 낮았다.

<표 Ⅲ-6> 전체여성의 연령별 무급노동 참여 수

(단위: 천명)

	20대	30대	40대	50대	60대 이상	계
전체여성 수(천명)	3,052	4,087	3,916	2,385	2,656	16,096
비율(%)	18.96	25.39	24.33	14.82	16.50	100.0

자료: 『경제활동인구연보』, 통계청, 2005. 10. p. 482.

이러한 연령별 인구를 기초로 전체여성의 무급노동 가치를 추계한 결과는 <표 Ⅲ-7>과 같다. 연령별 무급노동의 평가액은 1인당 평가액의 년간 전체평균은 747.9만원, 월 1인당 평가액 전체평균은 623,249원이었으며 전체 여성수를 적용하여 볼 경우 연간 총 추계금액은 약 122.7조원으로 나타났다.

전업주부[13]의 무급노동의 평가액은 년 간 1인당 전체평균 1,213만원, 월 1인당 평가액은 101만원 이었다. 연령별 평가액의 분포도 30대가 월 1인당 143만원으로 가장 높았으며, 다음으로 40대, 20대, 50대, 60대 이상 순이었다.

<표 Ⅲ-7> 전체여성의 개별기능대체비용법의 평가액

	20대	30대	40대	50대	60대 이상	전체
총 추계액 (10억 원)	11,734.04	49173.90	35758.81	17897.59	8085.84	122650.17
년간 1인당 평가액(원)	3844705.79	12031783.26	9131462.18	7504230.48	4882752.53	7478986.85
월 1인당 평가액(원)	320,392.15	1002648.61	760955.18	625352.54	406896.04	623248.90

(2) 종합대체비용법의 평가결과

우선 종합대체비용법Ⅰ에 의해 여성무급노동의 가치를 평가하기 위하여 연령별 여성무급노동 대체비용은 <표 Ⅲ-8>과 같다. 추정된 평균 임금법에 의한 종합대체비용Ⅰ의 전체평균비용은 7,224원으로 40대 전체여성의 시간당 임금이

---

13) 전업주부의 연령별 무급노동 참여 수에 대한 추계치는 다음과 같다.

	20대	30대	40대	50대	60대 이상	계
전업주부 수(천명)	1,093	1,463	1,402	854	593	5,404*
비율(%)**	20.22	27.07	25.94	15.80	10.97	100.0

자료: 『경제활동인구연보』, 한국통계청, 2005. 10. p. 483.
주: * 전체 전업주부 수는 『경제활동인구연보(2004)』에서 비경제활동인구 중 가사·육아에 종사하는 유배우 여성을 기준으로 추정함.
** 연령별 전업주부의 인구수는 『생활시간조사보고서(2004)』의 원시자료를 활용하여 연령별 전업주부 인구수의 비중을 추정하여 추계된 수치임.

8,767원으로 가장 높고, 다음으로 50대, 30대, 20대, 60대 이상 5,586원 순으로 최고금액과 약 3,200원의 편차가 존재한다.

<표 Ⅲ-8> 전체여성의 연령별 시간당 종합대체비용 Ⅰ

(단위: 원)

	20대	30대	40대	50대	60대 이상	전체대체비용
대체비용(WHj)	5789.41	7813.41	8766.97	8042.46	5585.57	7224.34

주: 전체대체비용은 연령별 대체비용을 연령별 실제 여성인구의 비중을 가중치로 하여 가중평균한 비용임.

추계된 시간당 임금을 기초로 한 무급노동가치의 평가액은 <표 Ⅲ-9>과 같이 월평균 67만원이며 연간 1인당 평가액은 813만원으로 개별기능대체비용법에 의한 평가금액보다 약 65만 원 정도 높은 것으로 나타났다.

<표 Ⅲ-9> 전체여성의 종합대체비용법 Ⅰ의 평가액

	20대	30대	40대	50대	60대 이상	전체
총추계액(10억 원)	11,252.51	48115.89	39949.90	22374.12	9265.79	130958.22
1인당 평가액(원)	3686929.64	11772910.97	10201712.00	9381184.45	5595286.62	8127604.74
월별 1인당 평가액(원)	307244.14	981075.91	850142.67	781765.37	466273.89	677300.39

이를 전업주부의 경우와 비교하면 마찬가지로 30, 40대의 평가액이 큰 규모이다(<부표 8> 참조). 좀 더 세부적으로 살펴보면 전업주부의 경우 종합대체비용법Ⅰ을 적용하여 무급노동가치를 평가하면 연간 1인당 평가가치는 평균 1,277만원으로 추정되었다. 연간 1인당 평가가치를 보면, 30대의 1인당 평가가치가 1,669만원으로 가장 높게 추정되었다. 40대는 1,489만원, 60대 이상 743만원으로 추정되었다. 월1인당 가치평가액은 30대 140만원, 40대 124만원, 50대 105만원,

20대 102만원으로 나타났으나, 60대 이상 연령계층에서는 30대의 절반 금액에도 못 미치는 62만원이었다. 즉 무급가사노동 가치 평가금액에 있어서도 3,40대 연령계층과 60대 이상 연령계층의 상대적 소득양극화 현상의 일면을 보이고 있다.

(3) 종합대체비용법Ⅱ의 평가결과

가사 및 관련 여성근로자 직종의 임금을 여성의 종합대체임금으로 사용하는 가사평균임금법에 의해 종합대체비용법Ⅱ의 무급노동가치를 구하기 위한 연령별 시간당 임금은 <표 Ⅲ-10> 같이 평가되었다. 시간당 임금은 30대가 5,353원으로 다른 연령계층에 비해 상대적으로 높은 임금을 받는 것으로 나타났으며, 60세 이상의 연령계층이 가장 낮은 임금을 받는 것으로 평가되었다. 그 격차는 전체평균임금의 약 20%에 해당하는 약 700원 수준으로 '가사 및 관련 여성근로자' 직종의 전체임금수준은 타 직종에 비해 상당히 낮은 수준이었다.

<표 Ⅲ-10> 전체여성의 연령별 시간당 종합대체비용Ⅱ

(단위: 원)

	20대	30대	40대	50대	60대 이상	전체대체비용
대체비용(911직종)	5120.1	5353.0	5061.2	4737.4	3815.9	4553.3

이러한 시간당 임금가치를 기초로 무급노동에 참여한 시간량을 활용하여 무급가사노동가치를 평가한 결과는 <표 Ⅲ-8>과 같다. 1인당 년 간 평가액은 615만원, 월별 1인당 평가액 규모는 513천원 이었다. 특히, 연령별 총평가 액 비중은 30대, 40대가 가장 높은 것으로 나타났다.

<표 III-11> 전체여성의 종합대체비용법II의 평가액

	20대	30대	40대	50대	60대 이상	전체
총추계액 (10억 원)	10601.68	36417.55	27963.58	14505.65	8541.15	98029.61
연간 1인당 평가액(원)	3473684.15	8910581.44	7140852.38	6082034.43	5157699.91	6152970.46
월별 1인당 평가액(원)	289473.68	742548.45	595071.03	506836.20	429808.33	512747.54

전업주부의 경우에 적용하면(<부표 8> 참조)과 같이 여성 무급노동 평균임금을 사용한 경우보다 낮았다. 연평균 992만원, 월평균 83만원 수준으로 나타났다.

2) 기회비용법

(1) 총기회비용법의 평가결과

기회비용법은 여성들의 연령별 무급가사노동시간(H_j), 연령별 총기회비용을 적용하여 무급노동가치를 평가한다. 연령별 총기회비용은 여성이 사회 진출하여 얻을 수 있는 임금에 해당되므로 여성의 전 직종 연령별 평균임금(『2004 임금구조기본통계조사보고서』 노동부 원시자료 이용)을 사용하였다. 연령별 시간당 총기회비용은 <표 III-12>에서와 같이 30대가 10,739원으로 가장 높았고, 그 다음이 40대 7,843원, 20대 7,611원, 50대 6,714원, 60대 이상은 5,661원으로 가장 낮게 나타났다. 전 연령계층에서 시간당 총기회비용이 가사근로자(911직종)의 평균임금을 사용한 종합대체비용II 보다 높았다.

<표 III-12> 전체여성의 연령별 시간당 기회비용

(단위: 원)

	20대	30대	40대	50대	60대 이상
총기회비용	7,610.71	10,738.59	7,843.35	6,713.58	5,661.38
소득세	10.60	19.50	25.90	8.10	12.10
순기회비용	7,600.11	10,719.09	7,817.45	6,705.48	5,649.28

주: 소득세 = 연령별 평균소득세 ÷ 365 ÷ 연령별 1일 근무시간.
　　소득세 추정규모는 1999년 자료를 재활용함.

이를 활용하여 전체여성의 총기회비용법에 의한 무급노동가치를 평가한 결과는 다음 <표 III-13>과 같다. 1인당 년 간 평가액은 873만원, 월별 1인당 평가액은 727천원 이었다. 연령별로 무급노동가치는 30대가 가장 높았고 60대가 가장 낮은 것으로 나타났다. 이러한 결과이면에는 시장에서의 경제활동참여나 가계 내에서의 무급노동에 대한 참여 어느 측면에서도 30대 여성인구의 참여율이 상대적 우위를 차지하기 때문인 것으로 보인다. 반면 40대 이후 연령대에서는 무급노동의 가치가 급격히 감소한 것으로 나타나고 있다.

<표 III-13> 전체여성의 총기회비용법의 평가액

	20대	30대	40대	50대	60대 이상	전체
총추계액 (10억 원)	14792.45	66129.45	35741.09	18677.18	9391.55	144731.72
1인당 평가액(원)	4846805.73	16180437.48	9126938.33	7831103.99	5671224.44	8731301.99
월별 1인당 평가액(원)	403900.48	1348369.79	760578.19	652592.00	472602.04	727608.50

또한 총기회비용법으로 평가한 전업주부의 무급가사노동 평가액은(<부표 8> 참조) 1인당 년 간 평가가치는 1,409만원으로 평가되었다. 1인당 평가가치는 30대가 가장 높은 2,294만원으로 평가되었고 60세 이상의 전업주부 평가액이 가장 낮았다. 그 이유는 총기회비용법에 의한 전업주부의 무급가사노동의 가치는 노

동시장에서의 여성참여율과 밀접한 관계가 있는데 50대 이후로는 여성노동참여율이 급격히 감소하기 때문인 것으로 설명될 수 있다.

(2) 순기회비용법의 평가결과

순기회비용법은 총기회비용법과 기본적으로 동일하나, 총기회비용 대신에 순기회비용을 사용하게 된다. 연령별 총기회비용에서 통계청의 도시가계연보 원시자료를 기초로 하여 평가한 연령별 평균소득세를 감산한 순기회비용으로서 앞에서 살펴 본 <표 Ⅲ-12>와 같다. 시간당 순기회비용 역시 30대가 제일 높았고, 그 다음 40대, 50대, 60대 이상, 20대 순으로 나타났다.

이러한 순기회비용을 활용한 여성의 무급노동가치의 평가액은 <표 Ⅲ-14>과 같다. 1인당 년 간 평가액은 871만원, 1인당 월평가액은 726천원 이었다. 총기회비용법으로 추계한 총평가액 보다는 약 0.04% 낮았으며, 연령별로도 30대의 총평가액이 가장 높았고 40대 이후부터는 급격히 감소하기 시작하였다. 이러한 추이는 총기회비용법과 유사한 패턴을 보이고 있다.

<표 Ⅲ-14> 전체여성의 순기회비용법의 평가액

	20대	30대	40대	50대	60대 이상	전체
총추계액 (10억 원)	14771.85	66009.36	35623.07	18654.65	9371.48	144430.41
1인당 평가액(원)	4840055.22	16151055.73	9096799.71	7821655.69	5659103.40	8713733.95
월1인당 평가액(원)	403337.94	1345921.31	758066.64	651804.64	471591.95	726144.50

순기회비용법을 활용한 전업주부 무급노동의 가치평가액(<부표 8> 참조)은 1인당 1,406만원으로 나타났다. 순기회비용법 역시 1인당 평가가치는 30대 2,289만원, 20대 1,610만원, 40대 1,327만원 순으로 역시 20대가 40대 전업주부의 1인당 평가가치보다는 높게 추정되었다.

3) Hybrid 평가방법

(1) Hybrid 평가방법의 평가결과

Hybrid 평가방법은 앞에서 평가한 무급가사노동의 가치를 가중 평균하여 평가하되 각 평가방법에서 사용한 무급가사노동의 활동별 평균임금율의 상대적 비중을 가중치로 사용하였다. 임금가중치 I은 종합대체비용을 여성의 무급노동 가중평균임금법(종합대체비용법 I)에 의하여 평가된 시간당 평균임금을, 임금가중치 II는 종합대체비용을 시간당 가사노동 가중 평균임금법(종합대체비용법 II)을 기반으로 하여 <표 III-15>와 같이 추정되었다.

<표 III-15> 전체여성의 임금가중치 I, II

	개별기능대체비용	종합대체비용	총기회비용	순기회비용
임금가중치 I	0.2516	0.2383	0.2553	0.2548
임금가중치 II	0.2732	0.1731	0.2771	0.2766

각 방법에 따른 임금가중치는 총기회비용에 의한 가중치가 비교적 높았으며, 가중치 편차는 0.01~0.02로 상대적으로 근소하게 작았다.

여성 무급노동의 평균임금법을 이용한 Hybrid I 평가방법에 의하면 <표 III-16>와 같이 전체여성의 무급노동의 1인당 년 간 평가액은 827만원으로 평가되었다.

<표 III-16> 전체여성의 Hybrid 평가법 I 의 평가액

	20대	30대	40대	50대	60대 이상	전체
총추계액 (10억 원)	13174.00	57539.38	36718.30	19356.09	9027.85	135815.62
1인당 평가액(원)	4316513.42	14078635.09	9376482.11	8115762.17	5451597.76	8267798.11
월별 1인당 평가액(원)	359709.45	1173219.59	781373.51	676313.51	454299.81	688983.18

전업주부의 경우 무급가사노동의 평가액은(<부표 8> 참조) 1인당 년 간 평가액은 1,337만원으로 평가되었다. 1인당 평가가치는 30대가 167만원으로 수위를 차지하고 있다. 다음으로 20대가 120만원, 40대가 116만원, 50대 93만원, 60대 이상이 61만원 순이었다.

(2) Hybrid 평가방법 II 의 평가결과

여성의 '가사 및 관련여성근로자'의 평균임금법을 이용한(종합대체비용법 II) Hybrid II 에 의한 평가액은 <표 III-17>과 같이 Hybrid I 과 마찬가지로 30대의 무급노동가치가 가장 높아 1인당 년 간 평가액은 1,428만원으로 나타났다. 40대의 경우 1인당 년 간 평가액 930만원으로 편차가 벌어지면서 50대, 20대, 60대 이상 연령계층에서는 편차가 줄어들고 있다.

평가결과 무급노동 가중평균임금법에 의한 Hybrid I 과 '가사 및 관련여성근로자'의 평균임금법에 의한 Hybrid II 에 의한 평가가치는 0.05% 과소평가된 것으로 나타났다.

Ⅲ. 여성 무급가사노동의 가치평가

<표 Ⅲ-17> 전체여성의 Hybrid 평가법Ⅱ의 평가액

	20대	30대	40대	50대	60대 이상	전체
총추계액 (10억 원)	13338.44	58345.84	36441.74	19097.81	9007.48	136231.32
1인당 평가액(원)	4370393.19	14275958.90	9305858.96	8007467.37	5439300.87	8279795.86
월별 1인당 평가액(원)	364199.43	1189663.24	775488.25	667288.95	453275.07	689982.99

전업주부의 경우를 살펴보면, 무급노동의 평가액은(<부표 8> 참조) 30대의 경우 1인당 년 간 평가액은 2,034만원으로 가장 높았으며 30대, 20대, 40대, 50대 순이었으며, 60대 이상의 전업주부들의 무급가사노동가치가 가장 낮게 평가되는 것으로 나타났다.

이와 같은 전체적인 평가결과를 연령별로 HybridⅠ과 HybridⅡ로 대비하여 막대그래프로 나타내면 <그림 Ⅲ-3>과 같다. 우선 전체여성의 연령별 총 평가액에서는 20, 30대 연령대를 제외한 전 연령계층에서 HybridⅠ의 총 평가액이 높았으며 그 중에서도 30대 연령계층이 절대적으로 두 평가방법에서 높게 나타났다. 총 평가액의 편차가 가장 큰 연령계층은 20대와 60대 이상으로 30대와의 양극화적인 구조를 드러내고 있다. 이러한 추이는 <그림 Ⅲ-4>의 여성의 연령별 1인당 년 간 평가액, <그림 Ⅲ-5>의 여성의 연령별 1인당 월 평가액에서도 그대로 반영되고 있는 것으로 나타나고 있다.

그 밖에 무급가사노동가치 평가방법별로 <부표 12>~<부표 38>에서는 여성의 연령별, 학력별·미취학아동 유·무별, 가구주 여부별로 구분하여 각각 평가방법의 결과들을 종합표로 나타내고 있다. 여성들의 인적특성을 세분화할수록 <부표 39>에 나타난 표본 빈도수 분포에서 알 수 있듯이 지나치게 샘플사이즈가 작아져 무급가사노동평가치의 신뢰도에 영향을 미칠 수 있음을 염두 해 둘 필요가 있다.

전업주부의 경우 학력이 높을수록 무급가사노동가치의 평가치가 높았으며,

연령별 기여도도 30대 비중이 가장 높았으며, 미취학아동의 유무로 구분하여 볼 때에도 아이가 있는 30대 연령대의 평가치 비중이 높게 나타났다. 하지만 주부의 학력과 미취학 아이가 있는 여성의 무급가사노동가치의 상대적 크기와는 일관된 상관관계는 없는 것으로 추정되었다. 취업주부는 학력이 높다고 해서 반드시 무급가사노동가치가 높게 나타나지는 않았다. 오히려 대졸 30대 취업주부의 무급가사노동가치가 가장 높게 나타난 반면 중졸과 고졸 취업주부의 가사노동 평가치의 격차가 상대적으로 크게 나타났다. 이러한 결과는 시장노동의 성별, 학력별 임금격차를 그대로 반영하는 것으로 보인다. 전업주부의 경우와 유사하게 30대 연령대이면서 취업주부로서 아이가 있는 여성들의 무급가사노동가치 평가가 높게 평가되었다.

여성가구주 특성에 따르면 전업주부이면서 여성가구주인 경우 30대 연령계층이 가장 높게 평가되었으며, 다음으로 취업주부인 여성가구주, 여성가구주 순으로 분포되어 있다.

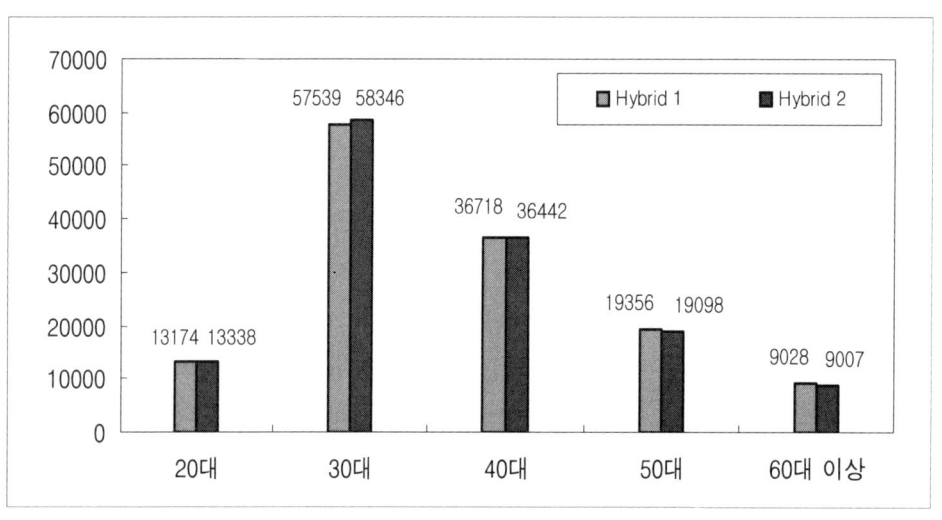

<그림 III-3> 전체여성의 연령별 총 추계액(단위: 10억 원)

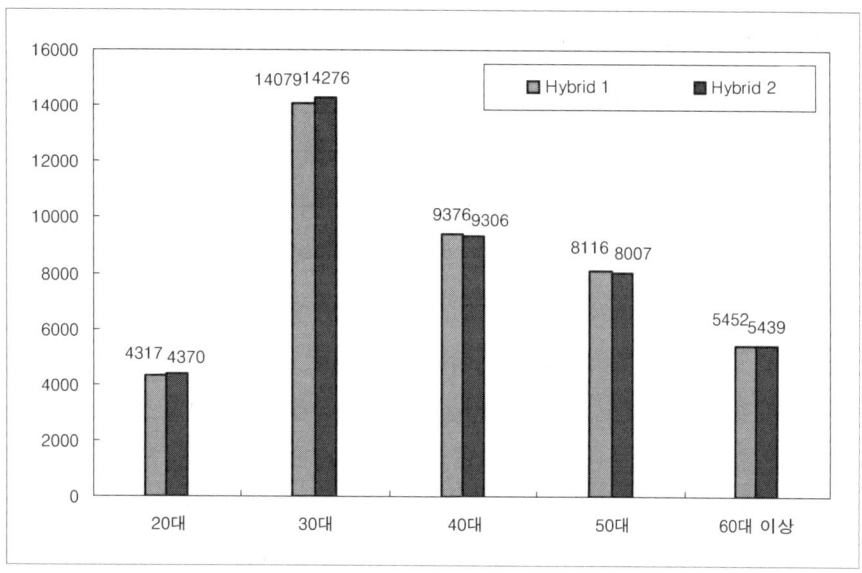

<그림 III-4> 전체여성의 연령별 1인당 연간 평가액(단위: 천원)

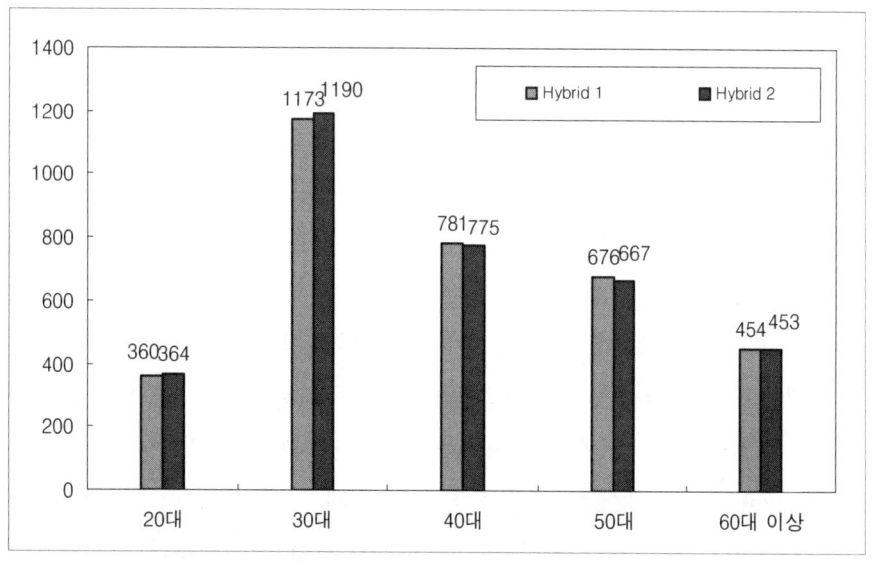

<그림 III-5> 전체여성의 연령별 1인당 월 평가액(단위: 천원)

다. 무급가사노동가치 평가방법의 비교 및 한계

앞에서 살펴본 평가방법의 가장 중요한 문제는 다음과 같이 두 가지로 집약되는데 첫째, 어느 직종의 누구의 임금이 시간의 대응가치로 사용되어야만 하는가? 둘째, 순 임금, 총 임금 중 어느 임금을 사용하는 것이 바람직한가? 라는 문제가 내재되어 있다. 즉, 어떤 임금을 사용하는 것이 무급노동의 객관적인 가치를 반영하는가에 관한 문제이다. 우선, 각각의 방법을 적용하기에 앞서 "어떤 임금"을 선택할 것인가의 문제를 해결하는 방법의 하나는 기회비용법을 들 수 있는데 앞서 살펴 본대로 무급노동(unpaid work)에 대한 시간소비는 유급노동(paid work)에 대한 시간 소비를 감소시킨다는 가정에 기반을 두고 무급노동에 대한 시간소비는 얼마의 비용의 가치가 있는지에 초점을 두고 있다. 한편, 시장대체비용법은 시장재화와 서비스를 구매하거나 어떤 사람을 고용하여 요구하는 일을 수행시키는 대신에 가계 스스로 가사 일을 함으로써 비용을 절약한다는 가정에 기반을 두고 있다.

기회비용법은 무급노동시간의 가치가 그 사람의 시장임금율과 동일하다는 것으로서 시간에 대한 기회비용의 개념이다. 또한 평균임금은 기회비용을 가치화하는데 적합한 임금으로 사용되고 있다는 장점이 있지만, 이 평가방법의 가장 명백한 문제는 업무를 수행하는 사람에 따라 비슷한 활동에 대해 서로 다른 가치를 창출하는 문제점은 있지만, 평균임금의 대안적인 사용은 보편적인 방법으로 받아들여지고 있는 실정이다.

시장대체비용법을 사용할 경우에는 다음과 같은 세 가지 문제점이 잠재되어 있다. 첫째, 시장기업(market enterprises)에서 특화된 노동자의 임금을 사용하는 것이다. 유사한 활동을 수행하는 어떤 특정한 직업에 종사하는 특화된 노동자는 가계(household) 내에서의 주부가 하는 일과 같다 예컨대, 레스토랑에서의 요리 같은 것이다. 여기서의 문제는 가계와 시장기업 사이의 노동조건이 다르다는 것이다. 즉 자본투자는 높고, 생산은 다르게 조직화되어 있다(예를 들면, 업무와 기술의 특화). 이러한 환경은 生産性에 영향을 미친다. 따라서 무급노동의 경우는 몇 가지 업무를 동시적으로 수행할 수 있는 반면, 기업에서의 업무는 라인(line)생산과 유사하기 때문이다. 한편 가사는 레저 활동과 결합될 수도 있기 때문에, 그 결과로 덜 집중적인 근로를 초래한다는 문제점을 안고 있다.

둘째, 가계 내에서 특화된 노동자의 임금을 사용하는 것이다. 어떤 사람은 특화된 노동자의 서비스를 구매할 수도 있다. 예컨대, 가계로 일하러 오는 청소부(cleaner) 또는 간호사(nurse) 같은 경우이다. 이러한 노동자들은 그들 자신들의 기구와 재료들을 사용하거나, 가계 내에서도 유용하다. 이들 특화된 노동자들은 자신들의 업무를 시간에 초점을 둔다. 특화된 노동자들의 이러한 유형들은 일반적으로 가계에서 수행되는 몇 가지 제한된 활동에 국한된다는 한계점이 존재한다.

셋째, 종합대체근로자(generalist workers)의 임금을 사용하는 것이다. 이 방법은 여러 측면에서 대안으로 사용되고 있는 가장 보편화된 방법이다. 어떤 사람이 가계에서 요구되어지고 통상적으로 운영되는 모든 일을 가계에서 사람을 고용함으로써 일을 할 수 있다. 어느 나라에서는 업무의 대부분을 하는 조직화된 가계 대체물이 가계관리에 의해 요구되어지고 있다. 대부분 그들은 종종 노인을 방문하거나 주부가 아플 때, 도움을 주며 책임을 지는 것이다. 그러나 가사피고용인(domestic employees)은 특히, 경영과 연관되어서는 일반적으로 모든 가계업무를 수행하지는 않는다. 자원봉사(volunteer)나 지역 활동(community work)도 동일한 경우에 해당된다.

따라서, 전문적 근로자(specialist workers)의 시장대체비용법은 아주 복잡하다. 그 이유는 몇 가지 임금과 임금수준은 서로 다른 업무에 대한 임금의 적절한 결합을 찾기 위해 검토되어야만 하기 때문이다. 몇 가지 활동에 대해서는 특화된 시장대체물을 발견할 수가 없는 경우도 존재한다.

따라서 종합대체 또는 주부대체비용에 해당하는 임금이 가계노동을 가치화하는 가장 적절한 방법으로 다음과 같은 이점으로 인해 여러 나라에서 활용되고 있다. 첫째, 근로조건은 활동의 동시성, 자본재의 량, 중간재 소비의 량 등을 포함하는 가사노동과 유사하다. 둘째, 근로의 내용은 오히려 가사의 내용과 유사하다. 셋째, 가치화 방법은 단순하고 직접적이다.

하지만, 이러한 추정방법상의 이점에도 불구하고, 추정된 무급노동의 가치평가가 실제 여성의 무급노동 가치를 과소평가한다는 지적을 받아왔다. 따라서 본 연구는 시장대체비용법과 기회비용법의 장·단점을 반영하여 가중치를 활용한 Hybrid 평가방법을 평가방법의 새로운 대안으로 제시하게 된 것이다.

평가방법상의 두 번째 문제에 해당하는 총임금(gross wage) 또는 순 임금(net wage)의 선택문제에 관한 것이다. 총 임금은 소득세와 고용주의 사회보장 기여(employer's social security contributions)를 포함하는데, 가계생산의 가치를 결정하는 목적에서는 총임금 또는 순임금의 선택은 중요한 함의를 갖는다. 예컨대, 국가에 따라서는 조세와 사회보장 기여가 그 국가의 후생시스템에 의존하는 임금의 절반에 다다르는 량일 수도 있기 때문이다.

따라서 총임금 또는 순임금 중 어떤 임금을 무급노동의 대용임금의 기준으로 삼을 것인지는 다음의 선택 이면에 놓여 있다. 예컨대, 가계가 시장에서 서비스를 구매한다면, 그들은 총임금을 지불하게 되는 것이다. 다른 한편 이것을 가계 스스로 자신의 서비스 생산에 의해 화폐(money)를 벌어들이는 것으로 생각한다면, 그 때는 순임금 개념이 명백히 보다 더 적절할 것이다. 왜냐하면, 가계는 그들 스스로 조세나 사회보장에 대한 기여를 지불하지는 않기 때문이다.

그러나 다음과 같은 주요한 이유로 가치화의 목적으로서 총임금이 사용되고 있다. 첫째, 일반정부의 비시장서비스나 가계에 제공되는 비 이윤기관에 사용되는 방법과 일치하기 때문이며 둘째, 가계가 시장에다 자신들의 서비스를 판매한다면 또는 서비스를 시장에서 구매한다면 가격은 사회보장비용을 포함한 모든 생산비용을 커버할 수 있게 되기 때문이며 셋째, 임금통계량은 일반적으로 총임금에 기반을 두기 때문에 순임금에 대한 비교 할 만 한 수치는 일반적으로 유용하지 않다는 것을 들 수 있다.

위와 같은 유용성을 반영하여 본 연구에서도 총임금을 활용하여 여성의 무급노동가치를 평가하였으며, 아울러 총임금에서 개인평균소득세를 감산한 순기회비용법도 추가적으로 평가하였다. 무엇보다도 시장대체비용법 중에서는 종합대체비용법이 평가하기가 간편하다는 이점으로, 기회비용법 중에서 총기회비용법은 경제 이론적으로 무급노동의 가치를 평가하는 적합한 방법으로 인식되어 활용되어 왔지만, 아직까지 여성의 무급노동가치를 평가하는 국내적·국제적 가이드라인이 없는 상태에서는 이러한 방법론상의 한계를 검토하고 본 연구에서 기존가치평가방법을 보완하여 제시한 Hybrid 평가방법이 평가상의 정밀성과 복잡성으로 인해 추가적인 비용이 들 우려가 있지만 기존방법을 모태로 평가치의 과학적 정확성과 객관성은 한층 개선되었다는 것을 장점으로 들 수 있겠다.

4. 무급가사노동가치 평가치의 종합분석

가. 국내연구

앞에서 평가된 각각의 무급가사노동평가방법별 평가치를 전체여성을 축으로 하여 전업주부 측면에서 종합비교 해보고 기존의 국내연구와는 어떠한 차이가 있는지를 분석하고자 한다.

전체여성 무급가사노동의 총 추계치 결과에 의하면 시장대체비용법 중에서 개별기능대체비용법은 122.7조원, 종합대체비용법 I 은 131조원, 종합대체비용법 II는 98조원이었으며, 기회비용법 중에서 총기회비용법은 144.7조원으로 추계되었고, 순기회비용법은 144.4조원이었다. 이들 네 가지 방법에 의한 추계가치를 가중평균한 Hybrid I 은 135.8조원, Hybrid II는 136.2조원으로 전체여성의 무급노동가치가 추계되었다. 전체여성 1인당 년 간 무급가사노동가치는 평가방법에 따라 615만원에서 873만원으로 평가되었고, Hybrid I, II에 의하여 가중 평균한 결과는 각각 827만원, 828만원으로 평가되었다. 또한 전체여성 무급노동의 1인당 월평가액은 51만원에서 73만원으로 평가되었고, Hybrid I, II에 의하여 가중평균한 월평가액은 각각 69만원, 70만원으로 나타났다.

다음으로 전업주부의 무급노동 총 평가치를 종합하면, 시장대체비용법 중에서 개별기능대체비용법은 71조원, 종합대체비용법 I 은 74조원, 종합대체비용법 II는 57조원이었으며 기회비용법 중에서 총기회비용법은 83.3조원, 순기회비용법은 83.1조원으로 추계되었고, HybridⅠ은 77.9조원, HybridⅡ는 78.3조원으로 전업주부의 무급가사노동 총가치가 추계되었다. 전업주부 1인당 무급가사노동 가치는 평가방법에 따라 993만원에서 1,409만원으로 평가되었고, HybridⅠ, Ⅱ에 따르면 각각 1,337만원, 1,339만원으로 평가되었다. 또한 전업주부 무급노동의 1인당 월별 평가액은 83만원에서 117만원으로 평가되었고, HybridⅠ, Ⅱ에 의한 월별평가액은 각각 111만원으로 나타났다(<부표 8> 참조).

이하에서 각 방법별 평가결과를 기존연구와 본 연구의 1999년 평가결과(권태희(2001))와 비교해 보면 다음과 같다. 우선 본 연구의 비교대상은 개별적인 소표본에 의해 연구되어 온 기존연구는 배제하고, 1999년 통계청에서 전국적으로 실시한 「생활시간조사」 원시자료를 활용한 연구만을 비교대상으로 국한하면(<부표 9>~<부표 11> 참조)이 분야의 최근 연구로서 김태홍(2001)이 평가한 전체여성, 전체남성 및 전업주부의 무급가사노동 평가액과 비교하는 것이 타당성이 있다고 판단된다.

김태홍(2001)[14]은 전통적인 무급노동평가방법인 기회비용법과 시장대체비용법 중에서는 개별기능대체비용법(전문가대체비용법)과 종합대체비용법을 활용하여 10세 이상 전체여성과 전체남성을 주요 분석대상으로 평가하였으며, 아울러 20세 이상 미취업 유배우 여성인 전업주부를 추가적으로 평가하였다. 이 연구의 두드러진 특징은 기회비용법에서는 연령계층별, 연령 및 학력별, 여성무급노동에 전체남성임금을 적용한 다양한 평가방식을 시도하고 있다는 점이다. 마지막 방식에서는 여성 무급노동에 전체여성 임금을 적용하게 될 경우 시장노동에서의 성별 임금격차가 그대로 무급노동 평가에 반영되어 여성 무급노동의 평가치가 과소평가되는 것을 조정하기 위해서 시도하고 있다.

그러나 기회비용법의 이론적 배경은 여성이 가계 내에서의 무급노동에 종사함으로써 상실된 소득의 개념으로 평가하는 방법이기 때문에 시장노동에서 전체여성 근로자들의 평균임금을 적용하는 것이 보다 타당하다고 판단된다. 또한

---

14) 김태홍(2001)연구에서는 무급노동의 범주에 무급노동을 위해 소요되는 이동시간을 포함시키지 않았다.

연령 및 학력별 구분도 이미 기회비용법 기본정의에 전 학력, 전 연령계층을 대상으로 한 전체여성의 평균임금을 적용하므로 문제가 없으나, 기회비용법의 한계로 지적되는 여성개인별 특성이 반영되지 못한다는 점을 개선시켜나가는 차원에서 연령계층별 또는 연령 및 학력별로 구분하여 전체여성의 무급노동을 평가 할 필요성도 있겠다. 여기서는 동일한 임금을 적용한 경우만을 비교하면, <표 Ⅲ-18>처럼 기회비용법으로 평가한 10세 이상 전체여성의 평가치가 533천원이었으며, 본 연구에서는 698천으로 165천 더 높게 평가되었다. 전체남성의 경우에도 김태홍의 연구에서는 월 무급노동가치가 135천원, 본 연구에서는 약 26천원 더 높은 161천으로 평가되었으며, 전업주부의 경우도 본 연구가 1,026천원 보다 약 9만원 더 큰 1,117천원으로 평가되었다.

그리고 개별기능대체비용법에서의 활동별·기능별 분류에 대응되는 세부직종의 범주는 거의 유사하였지만, 본 연구에서는 20세 이상 전체여성, 전체남성을 대상으로 추계하며, 아울러 연령별로 5가지 범주로 구분하기 때문에 추계치의 미세한 차이가 발생하였으며, 종합대체비용법Ⅱ에서도 동일한 직종의 임금으로 추계하고 있지만, 본 연구에서는 연령별로 구분하여 동일직종의 평균임금을 매치하므로 추계치의 편차가 존재한다. 그 결과 전체여성, 전체남성 및 전업주부 모두 본 연구의 추계치가 높았으나, 크기의 추이는 김태홍의 연구와 동일하였다. 즉 전체여성의 경우 개별기능대체비용법에서는 김태홍 연구결과 432천원, 본 연구 639천원으로 207천원 높았으며, 종합대체비용법Ⅱ에서도 430천원에 비해 205천원 큰 635천원이었다. 전체남성도 김태홍 연구결과 개별기능대체비용법에서 117천원, 본 연구 152천원으로 35천원 더 높았고, 종합대체비용법Ⅱ에서도 김태홍 연구결과87천원, 본 연구 149천원으로 62천원 더 높았다. 전업주부의 경우 개별기능대체비용법에서 김태홍 연구결과 968천원, 본 연구 1,056천원으로 88천원 더 높았고 종합대체비용법Ⅱ에서 김태홍의 연구결과 856천원, 본 연구 944천원으로 역시 88천원 높게 나타났다.

따라서 본 연구결과를 기존연구 범주에 국한하여 비교하면, 김태홍의 연구결과와 동일한 추이 즉, 총기회비용법에 의한 가치(697천원)가 가장 높았고 다음으로 개별기능대체비용법(639천원), 종합대체비용법Ⅱ(634천원) 순으로 나타나고 있지만 추가된 본 연구의 추계방법을 반영할 때에는 종합대체비용법Ⅰ, HybridⅠ, 총기회비용법의 순이 된다. 이러한 결과를 1999년 기준 도시일용근로자 임금 733,106원, 전체직종 여성근로자 임금 866,570원과 비교해 볼 때, 전체여성의 무급노동가치는 어떠한 추계방법으로도 전부 낮게 추계되었으나, 전업주부의 경우에는 전반적으로 전부 높게 추계되었으며 특히 본 연구에서 제시한 HybridⅠ에 의한 월 무급노동추계액 113만원은 전업주부의 가계 내에서의 다기능, 다 역할적 업무를 수행하는 지위와 특성을 고려해 볼 때, 합리적인 무급노동가치 평가액이라 할 수 있겠다.

본 연구가 기존연구에 비해 평가한 전체여성의 무급가사노동가치에는 전체여성의 참여 및 봉사활동의 가치(약 1% 내외)를 포함하고 있고, 연령대상도 상이하다. 이러한 차이를 반영한다고 하더라도 기존연구 결과와 큰 차이는 발견할 수 없었다. 그 이유는 본 연구에서 사용한 자료의 질과 량의 차이에 있다고 볼 수 있다. 즉, 전체여성의 생활시간조사의 표본분류 규모차이와 아울러 연령별, 활동별 시간 참여비율 및 대응되는 직종의 임금 등을 반영한 임금자료를 사용하였기 때문에 기존의 평가결과와 약간의 차이가 있다고 보아야 할 것이다. 또한 기존의 연구에서 제시하지 못했던 순기회비용법과 Hybrid평가방법에 의한 전체여성의 무급노동을 기존의 범주가 무급가사노동(또는 가사노동)에만 국한되어 평가하였지만 본 연구에서는 좀 더 가계의 생산자로서의 역할에 비중을 두어 무급(가사)노동까지 확대 분류하여 전체여성, 전체남성, 전업주부의 무급가사노동가치에 대한 평가를 제시하고 있다는 점에서 의의가 있다.

<표 III-18> 기존연구(1999)와의 1인당 월 무급노동가치 비교

A. 전체여성

(단위: 원)

연구자 \ 평가방법	개별기능 대체비용법	종합대체 비용법 II	총기회 비용법	순기회 비용법	Hybrid II
김태홍 (2001)	432,000	430,000	533,000	-	-
본 연 구 (2001)	639,595	635,304	697,797	693,771	655,214

주: 본 연구의 종합대체비용법 II와 Hybrid II는 가사 및 관련 여성근로자임금을 사용한 평가액임.

B. 전체남성

(단위: 원)

연구자 \ 평가방법	개별기능 대체비용법	종합대체 비용법 II	총기회 비용법	순기회 비용법	Hybrid II
김태홍 (2001)	117,000	87,000	135,000	-	-
본 연 구 (2001)	152,664	149,729	161,329	157,112	155,123

C. 전업주부

(단위: 원)

연구자 \ 평가방법	개별기능 대체비용법	종합대체 비용법 II	총기회 비용법	순기회 비용법	Hybrid II
김태홍 (2001)	968,555	856,689	1,026,716	-	-
본 연 구 (2001)	1,056,808	944,327	1,117,006	1,112,895	1,060,719

나. 해외연구

전체여성의 무급가사노동가치에 대한 해외연구와의 국제적인 비교에는 제약요소가 많다는 점을 우선 지적해 두고자 한다. 각 국의 무급노동의 범주, 무급노동의 시간 사용량, 대상인구의 연령계층 및 평가방법의 기초적인 범주는 유사하나 대응되는 임금이 상이할 수 있기 때문이다. 이런 점에서 본 연구는 우리나라 보다 생활시간조사가 23년 앞서고 동일문화권에 있는 일본과 최근 가계생산 가치 평가에 대한 활발한 연구가 이루어지고 있는 호주의 평가결과를 참고로 주요선진 국가들과 연결시켜보고자 한다. 본 비교에는 전체 규모와 편의상 국내 총생산규모와 비교하도록 한다.

일본의 Fukami, Masahito(1999)는 무급노동의 범위를 주요가사노동(취사, 청소, 세탁, 바느질·편물, 기타 가사일)에 간호(nursing care), 아이 보살피기(child care), 쇼핑, 자원봉사활동(volunteer work)을 포함하여 정의하고 그 가치를 평가하였다. 평가방법은 통상적으로 여러 나라에서 무급노동의 가치를 평가하기 위해 사용되는 시장대체비용법(개별기능대체비용법[15], 종합대체비용법)과 기회비용법을 사용하였다. 첫째, 시장대체비용법 중 개별기능대체비용법은 남녀별 평균임금통계를 사용하였고, 종합대체비용법Ⅱ는 가사근로자(home workers)의 임금조사를 기반으로 평가하였으며 둘째, 기회비용법은 전체산업별 성별, 연령별 평균임금통계를 사용하여 평가하였다.

구체적인 무급노동가치의 평가액은 평성8년(1996년) 「사회생활기본조사」결과와 「국민생활시간조사(NHK)」를 기초로 하여 추출된 1인당 무급노동시간, 시간당 임금은 무급노동에 대응되는 직종의 성별평균임금 및 평가 대상인구를 적용하였다. 평가결과에 의하면 1996년 기준 전체 15세 이상 인구를 대상으로 한 무급노동가치 평가는 기회비용법으로 평가한 무급노동가치 평가액이 가장 높았고, 종합대체비용법Ⅱ에 의한 무급노동가치 평가액이 가장 낮았다. 무급노동가치 총추계액은 약 76~116조엔으로서 GDP 대비 비중은 15.2%~23.2%를 차지함으로써 한국의 20세 이상 전체 무급노동가치 추계액의 GDP 대비 비중 22%~24%[16]로서 약 1%~7% 정도 높게 추계되었다.

그 이유는 Oda K. and Sato R.(1997)에 의하면 다른 나라에 비해서 짧은 일

---

15) 「사회생활기본조사(일본 총무청)」는 가사업무가 세분화되고 있지 않기 때문에, 「국민생활시간조사(NHK)」의 가사업무내역(취사, 청소, 세탁, 바느질·편물, 기타가사일)중 시간비율을 사용해서 사회생활기본조사의 가사활동을 분할하여 조사되고 있다.
16) 우리나라의 전체여성과 전체남성을 합산한 총 추계액을 GDP대비 비율로 나타낸 것이다.

본의 유급노동에 대한 무급노동시간을 들고 있다. 이 외의 이유로는 이동, 주택관리 및 정원관리와 같은 활동이 무급노동에 포함되어 있지 않는 것과 외국의 무급노동 조사 대상연령이 일반적으로 16세 이상인데 비해 일본은 15세 이상인 것에도 기인한다고 하였다. 따라서 우리나라와의 총추계치의 차이도 일본의 임금수준이 우리나라보다 상대적으로 높음에도 불구하고 추계대상인구, 무급노동시간 비율, 무급노동 범주 및 적용되는 추계기법에 기인하는 것으로 추측된다.

일본은 생활시간조사가 1976년 이래 최초로 실시된 이후 무급노동가치총액의 GDP대비 증가율은 지금까지 약 0.7%~2.6%정도 증가하였으며, 전체여성은 방법별 증가율의 차이는 있지만 1991년 보다 0.5%~1.7%로 개별기능대체비용법에 의한 무급노동추계치의 증가율이 상대적으로 높았으며 종합대체비용법Ⅱ에 의한 증가율이 상대적으로 가장 낮게 나타났다.

호주통계국의 Dennis Trewin(2000)은 1997년 호주 생활시간조사자료를 기반으로 15세 이상인구를 대상으로 무급노동의 가치를 전국, 지역별로 분류하여 기존의 평가방법에 순기회비용법을 추가하여 평가하였다. 특히, 각각의 평가방법에 남성, 여성의 임금율 뿐만 아니라 각 범주에 해당하는 남성, 여성비율을 반영한 가중평균임금을 적용하고 있다. 또한 무급노동과 무급가사노동17)을 분리적으로 가치를 평가하는 데 그 결과 개별적 남성, 여성임금으로 평가 하였을 경우보다 남성. 여성의 가중평균 임금율로 평가된 가치가 약간 높게 나타났다. 호주 무급노동의 GDP대비 비율은 전반적으로 1992년 추계가치에 비해 4%~11% 감소한 것으로 나타났다. 1997년 무급노동의 GDP 대비 비율은 각각 총기회비용법이 60%, 순기회비용법18) 및 개별기능대체비용법이 48%, 종합대체비용법이 43% 차지하였는데 우리나라와는 다르게 총기회비용법에 의한 평가치가 가장 높았다. 그러한 이유는 호주에서는 무급가사노동 범주에 속하는 집 관리 및 정

---

17) 음식준비, 청소, 세탁, 기타 가사일, 정원관리, 가정관리, 아이 보살피기 및 구매 관련행동 등을 포함하며 이를 위한 이동시간을 포함된다. 무급노동에는 이외에 자원봉사 및 지역 활동이 포함되고 있다.
18) 1992년과 1997년에 평가된 순기회비용법에는 다음과 같은 차이가 있다. 1992년에는 노동관련 비용만 감산하였으나, 1997년에는 노동관련 비용뿐만 아니라 사회보장세까지 포함하여 감산되었다.

원관리에 매치되는 시장임금이 상대적으로 높기 때문이며, 이 활동에 대한 시간소비도 다른 나라에 비하여 훨씬 큰 것이 주요인 인 것으로 본다.

이밖에 주요선진 국가들의 무급(가사)노동가치의 GDP 대비 비중은 추계방법에 사용된 노동력 참여율과 상대 임금율에 따라서 다소 차이가 있기 때문에 본 연구결과와 직접적으로 비교하기는 어렵지만, 대표적으로 생활시간조사 기간이 동일한 뉴질랜드는 1999년 기준 15세 이상 인구를 대상으로 추계된 종합대체비용법Ⅱ에 의해서는 39%, 캐나다는 1992년 기준 15세 이상 인구를 대상으로 32%~54%, 그 외 국가(독일 12세 이상 인구, 스위스 14세 이상 인구)에서는 대상기간과 대상연령의 차이는 있었지만 최소 31%에서 최대 71%까지 차지한 국가도 있었다. 이러한 결과의 차이를 수평적으로 비교하는 것은 어렵지만, 무엇보다도 국가마다 다른 경제적, 사회적, 문화적 및 기후적인 요소의 차이에 따라 무급가사노동가치 추계치가 GDP 에 미치는 정도가 다른 것으로 판단된다.

Ⅴ 정책방안

1. 여성무급가사노동 실태와 정책과제　　130
2. 무급가사노동의 가치평가와 정책과제　　134
3. 연구의 한계 및 향후 연구　　148

I. 여성무급가사노동 실태와 정책과제

가. 무급가사노동의 정책적 중요성

우리나라의 가사노동 성별 격차는 크다. 1999년과 2004년의 가족과 관련된 많은 변화에도 불구하고 가사노동은 여전히 여성이 몫으로 남아있다. 해당기간 여성의 무급가사노동시간은 감소하고 남성의 경우 조금 증가하였지만 가사노동의 성별분업에 큰 영향을 미치지 못하고 있다. 가사노동의 성별분업 지속에 대해 정책적 관심을 기울이는 이유는 이것이 여성의 사회적 활동을 가로 막고 가정과 사회에 양성평등을 확립하는데 장애가 되기 때문이다. 가족내에서 가사노동의 분담이 이루어지지 않고 현재와 같이 여성이 가사노동을 전담하는 것은 여성의 취업기회, 승진기회, 유급노동시간을 제한하는 방식으로 영향을 미친다. 또 20대-30대 미혼의 젊은 여성들은 취업과 가사노동의 양립이 어렵다는 것을 걱정하고 있으며 이것은 결혼과 출산의 지연으로 이어질 것이다. 우리사회 초미의 관심사인 저출산도 기혼여성이 과도한 가사노동부담과 관련 있다. 가사노동의 여성 전담이 사회적으로 미치는 영향력은 상당하지만 가족이라는 사적인 영역 안에서 이루어지는 일이기 때문에 정책적 개입은 우회적일 수밖에 없다. 그럼에도 불구하고 여성의 가사노동 전담을 개선하는 것은 중요한 정책과제이다.

나. 무급가사노동시간의 성별격차와 문제점에 대한 홍보

무급가사노동시간의 성별 격차는 개선되어야할 문제이지만 위에서 언급한 것처럼 정책적 개입이 쉽지 않다. 가장 중요한 방법은 무급가사노동시간의 성별차이의 다양한 모습을 자료로 축적하여 대중에게 효과적으로 보여주는 것이다. 예를 들면, 무급가사노동시간 사용과 관련하여 다음과 같은 자료를 제시한다.

- 남성과 달리 여성은 결혼을 전후로 무급가사노동시간이 크게 증가한다.
- 전통적 성별분업에 대한 태도는 무급가사노동시간과 별 상관이 없어 가사노동과 관련된 태도와 행동 간 격차가 상당하다.
- 맞벌이 가구에서 가사노동을 공평하게 분담해야 한다는 의견이 대다수임에도 불구하고 2004년 여성의 무급가사노동시간은 3시간39분, 남자는 31분으로 성별격차가 상당하다.
- 부인의 취업여부에 상관없이 남편의 무급가사노동시간은 30여분이다.
- 기혼 미취업여성의 주말 무급가사노동시간은 감소하지만 취업여성의 무급가사노동시간은 주말에 증가하여 기혼 취업여성의 주말은 고단하다.

여성의 사회적 역할에 대한 태도가 개방적으로 변하고 여성의 사회진출이 활발함에도 불구하고 2004년에도 여성은 여전히 가사노동을 전담하고 있다는 현실을 보여주어야 한다. 아울러 이러한 현실이 여성의 적극적 경제활동에 장애가 된다는 것을 효과적으로 보여주어야 한다.

다음의 부문별 가사부담에 대한 분석결과는 중요한 시사점을 제공한다.

1) 맞벌이 가구 취업여성의 부담

2003년 전국가족조사에 의하면 "맞벌이 부부는 집안일도 공평하게 분담해야 한다"에 대해서 기혼남성 80.6% 여성 88.1%가 그렇다고 응답하였다. 그러나 맞벌이가구의 남성은 비맞벌이가구의 남성과 유사한 수준인 30분 정도만 가사노동에 참여하고 있고 1999년과 2004년 사이 맞벌이가구 남성의 무급가사노동시간 변화는 큰 차이가 없다. 부인이 취업상태임에도 불구하고 이들의 남편이 부인이 일하지 않는 가구의 남편 정도만큼만 가사노동을 한다면 기혼 취업여성은 만성적으로 이중노동에 시달릴 수밖에 없다. 이처럼 성별 역할이나 가사노동분담에 대한 일반 남녀의 태도는 개방적이지만 관련 행동은 전혀 그렇지 않다는 것을 자료상으로 보여주어야 한다.

2) 한 부모가구의 무급가사노동시간 부족

한 부모가구는 부모 혼자서 가족의 생계와 가사노동을 책임져야 하기 때문에 어려움이 많다. 본 연구에 의하면 양부모가구와 비교해 편부모 가구의 무급가사노동시간이 짧은 것을 보여주었다. 편부모가 양부모가구 정도의 가정관리에 대한 서비스나 자녀보살피기와 관련하여 충분한 서비스를 스스로 제공하지 못하고 있는 것이다. 편모는 취업노동을 하면서 나름대로 가정관리와 가족보살피기에 시간을 투입하고 있지만 편부의 경우는 관련 시간이 편모가구나 양부모가구에 비해 많이 짧다. 가족의 유지를 위한 가사노동과 관련하여 한 부모가구는 어려움이 많은데 편부가구의 문제점이 더 심각하다. 편부가구에서 자녀보살피기와 관련된 시간이 부족함을 짐작할 수 있다. 특히 가족돌보기와 관련된 시간이 편부가구에서 지나치게 짧은 것을 고려할 때 가족보살피기와 관련하여 이들 가족에게 특별한 관심이 요구된다.

3) 농가여성의 이중부담

농가여성의 무급가사노동시간은 비농가여성보다 짧다. 그런데 가사노동을 가정관리와 가족보살피기로 분리하여 살펴보면 농가여성의 가정관리 시간은 비농가여성이 경우보다 길지만 이들의 가족보살피기 시간은 비농가여성의 절반에 불과하다. 그 이유는 농가에 거주하는 미취학아동이 거의 없기 때문이다. 남성의 경우 취업노동시간이 농가와 비농가별로 별 차이를 보이지 않지만 여성의 경우는 차이가 크다. 전체 농가여성의 취업노동시간은 비농가여성의 경우보다 길어서 평일, 토요일, 일요일 각각 1시간27분, 1시간38분, 2시간9분 더 길다. 취업활동과 가사노동을 병행해야하는 농가여성 다수의 이중부담이 큰 것을 알 수 있다. 농가여성 중 생산활동에 종사하는 기혼여성들만의 무급가사노동시간은 평일, 토요일, 일요일 각각 3시간49분, 4시간6분, 3시간40분인데 기혼남성의 경우는 각각 48분, 45분, 39분에 불과하여 생산활동에 종사하는 농가여성의 부담이 상당함을 알 수 있다. 농가여성의 과도한 가정관리시간 부담은 여성의 생산활동에 부정적 영향을 미칠 것이다. 농가여성의 이중부담을 자료로 제공하여 농가의 가사노동 분담 필요성을 강조해야 한다.

4) 미취학아동과 가사노동부담

여성의 취업유무에 상관없이 미취학아동이 있는 경우 여성의 무급가사노동시간은 크게 증가한다. 취업여성의 경우 미취학아동이 있는 여성은 없는 여성에 비해 평일, 토요일, 일요일 각각 1시간8분, 1시간25분, 1시간36분 더 가사노동에 종사한다. 그러나 평일 취업노동시간은 미취학아동 유무에 따라 큰 차이가 없다. 이것은 미취학아동이 있는 취업여성의 이중부담이 상당한 수준임을 보여준다. 미취학아동 유무에 상관없이 미취업여성의 주말 무급가사노동시간은 감소하지만 취업여성의 경우는 증가한다. 기혼취업여성은 주말 휴식이 어려운데 미취학아동이 있는 경우 더욱 그러하다. 미취학아동이 있는 취업여성의 경우 휴식이 절대로 필요한데, 이것은 가사노동 분담을 통해서 가능하다.

5) 건강과 무급가사노동시간

피곤함을 느끼는 정도는 취업노동시간과 무급가사노동시간을 합한 총노동시간에 비례하였다. 남녀 모두의 경우 총 노동시간이 증가할수록 피곤함을 느끼는 정도가 더 강하게 나타났다. 무급가사노동시간량이 가장 많은 미취학아동이 있는 경우를 보면, 평일 항상 피곤함을 느끼는 여성, 가끔 피곤함을 느끼는 여성, 피곤하지 않은 여성 각각의 총노동시간은 11시간33분, 10시간56분, 10시간5분으로 항상 피곤함을 느끼는 여성의 무급가사노동시간이 상당한 수준임을 알 수 있다. 기혼취업여성의 경우 가사노동과 취업노동을 합친 총 노동시간이 가장 긴데, 이들의 이중부담은 건강에 부정적 영향을 미칠 것으로 예상된다. 기혼 취업여성의 건강유지를 위해 개인적 혹은 사회적 차원의 가사노동분담이 절실하다.

다. 남성의 가사노동 참여를 증진하는 교육·홍보 프로그램 개발

본 연구에서는 직업, 임금, 소득 등 다양한 사회경제적 변수에 따라서 무급가사노동시간이 어떻게 다른지 살펴보았다. 그런데 이들 변수에 따른 무급가사노동시간 차이는 두드러지지 않는다. 여성의 경우는 취업여부나 미취학자녀 유무에 따라 무급가사노동시간이 크게 변화하였지만 남성의 경우는 그렇지 않았다. 무급가사노동시간과 관련하여 가장 중요한 변수는 성별과 결혼여부였다. 여성이면 남성보다 무급가사노동시간이 길었고 기혼여성은 미혼여성의 가사노동을 더 오래하였다. 가사노동과 관련하여 집안일은 여성이 수행하던 전통적 관행의 변화가 오늘날에도 어려움을 알 수 있다. 여성의 역할과 관련된 다양한 변화에도 불구하고 집안일과 아이돌보기는 여성이 일이라는 무의식이 팽배해 있는 것을 알 수 있다. 유아, 아동, 청소년 교육프로그램에 성별을 벗어난 가사노동 분담과 관련된 내용을 개발하는 것이 필요하다. 또 대중매체를 통해서 가사노동의 공동으로 분담에 대해 적극 홍보하고 모범적 가정의 사례를 발굴하여 널리 홍보할 필요가 있다.

2. 가사노동의 가치평가와 정책과제

여성의 가사노동가치와 관련된 문제는 대체로 상해보상, 이혼 시 재산분할, 조세제도에서의 부부간 상속세 및 증여세, 사회보험제도에서의 보험료 산정과 관련되어 있다. 취업여성의 경우 임금을 기준으로 이러한 상해나 재산분할 문제가 해결되어 왔으나 가장 문제가 되는 집단은 전업주부로 적용기준이 부재한 것이 원인이다. 취업여성의 경우에도 임금외에 가사노동을 수행하는 시간이 길고 따라서 가사노동의 가치가 평가받아야 마땅하나 전업주부의 문제를 우선적으로 해결하고 이후 취업여성의 가사노동 관련 문제점에 대한 해결방안이 제시될 수 있다.

Ⅲ장에서 가사노동의 가치평가를 시도하여 다양한 방법을 통한 가치평가액이 제시되었다. 이러한 다양한 가치평가 방법은 각각 장점과 단점을 가지고 있어 어떤 가치평가가 가장 합리적인 방법인가를 선정하는데 있어 논란이 있을 수

있을 것이다. 따라서 가치평가의 방법을 결정하는 것은 이러한 논란이 전무한 방법을 찾는 것이 아니라 가용한 방법 중 사회적인 합의를 통하여 채택한 방법을 작용하는 것이다. 사회적으로 수용할 수 있는 가사노동의 가치평가를 적용하여 고시하고 이를 각종 보상에 이용하도록 하는 것이다.

외국의 경우에도 주관적인 평가법, 총체적 대체비용법, 기회비용법 등이 각각의 사안에 따라 판례로 적용되는 경향이 있다.

가. 상해발생

상해를 입었을 경우 보상을 위하여 보험회사가 제시하는 금액은 입원기간 중의 일실손해와 가족개호비를 인정하지 않기 때문에 실제로 가사노동의 가치에 비하여 저평가된다고 지적되고 있다. 우리나라의 경우 손해배상액을 산정할 경우 가장 일반적인 방법은 일실수입계산법으로 일실수입은 1)입원기간수입, 2)입원기간이후 수입, 3)입원기간 중 가족 개호비로 구성된다.

1) 기존 계산방법
입원 기간 중 수입

입원기간 중에는 장해와 관계없이 소득의 전액을 일실수입으로 받게 된다. 월평균 소득에 입원일자를 곱하여 산출하게 된다. 문제는 월평균 소득이 없는 사람에게 어떻게 적용할 것인가 인데 무직자나 가정주부의 경우 공사장 일용 노임 정도를 소득으로 보고 있다. 1일 단가를 52,585원[19]으로 책정하고 있으며 일평균 근로일인 22일을 적용하면 1,156,870원이 무직자나 주부의 한 달 소득으로 산출된다. 또한 이 수입을 인정받기 위하여 환자의 나이가 소득을 올릴 수 있는 연령에 포함되어야 한다. 여성의 경우 20세 이상이어야 하며 60세 미만이어야 한다. 다만 농업 종사자의 경우 65세 까지는 기준으로 한다. 따라서 전업주부의 경우 가사노동이 전 생애에 걸쳐 이루어지므로 60세 이후가 되면 실질적으로

---

[19] 2004년 9월 현재

보상을 받을 수 없는 제도적 문제점을 가지고 있다.

입원기간 이후(퇴원) 수입

손해피해자가 평생 벌어들일 예상 수입에 환자의 장해율을 곱한다. 그러나 장해 없는 사건은 이 부분에서 계산할 것이 없다. 장애가 발생하면 전업주부의 경우는 위의 입원기간 중 수입을 기준으로 산출한다. 따라서 기준이 되는 금액이 현실화되지 않을 경우 장애율을 적용한다 하더라도 실질적으로 금액이 비현실적으로 도출되는 문제점이 발생한다.

입원기간 중 가족 개호 및 간병비

교통사고로 병원에 입원하게 되면 경미한 사고가 아니면 가족이나 전문 간병인이 식사, 운동, 탈의, 용변 등을 위하여 간병을 하게 된다. 이때 가족이 개호(간병과 같은 의미)한 경우도 법원은 개호가 필요한 경우라면 가족이건 전문 간병인이건 이를 가리지 않고 인정하고 있다. 단 가족 개호비건 전문 간병인 간병비이건 고려하지 않고 노임단가를 적용하고 있다.

2) 문제점

가사노동의 가치를 평가하는 방법에 건설부문의 일용노임단가를 적용하는 것은 몇가지 문제점을 가지고 있다. 첫째, 주부의 가사노동과 건설일용직 종사자의 업무가 현저하게 달라 노동 가치를 평가하기 위한 동일한 기준이 될 수 없다는 점이다. 금액의 고하를 막론하고 이 문제는 많은 지적을 받아왔다. 둘째, 모든 전업주부에게 동일한 금액의 보상을 적용하는 것에 대한 문제제기가 있어왔다. 전업주부라 하더라도 가정 내에서의 가사노동 활동은 매우 상이한 것으로 나타난다. 특히 자녀가 있는 경우 등은 가사노동의 시간에서 많은 차이를 보이고 있다. 연령별로만 구분해 보아도 매우 상이한 그림을 보이고 있다. 동시에 가사노동의 질적 수준 역시 매우 상이한 것으로 나타나 이에 대한 적절한 차별화가 필요하다.

3) 본 연구결과를 이용한 적용

본 연구결과는 통계청의 "생활시간조사" 자료와 노동부의 "임금구조기본통계조사" 자료를 분석한 결과로 전국규모의 신뢰할 수 있는 자료를 근거로 하고 있다. 전업주부의 가사노동 가치평가를 위하여 5년을 주기로 무급가사노동시간을 변경하여 적용하고 임금은 매년 조사되는 임금구조기본통계조사의 결과를 이용하여 적용한다.

연구결과 평가방법 중 Hybrid I 기법을 이용하여 가치평가한 결과에 의하여 전업주부의 가사노동가치를 평가하기로 한다. Hybrid I 은 기존의 4가지 가치평가방법의 전업주부는 연령별, 학력별 임금적용을 기본으로 적용할 수 있다. 기타 특이한 사항을 개별적으로 반영할 수 있는 방법은 기타 소송 등에 의하여 적용할 수 있다.

생활시간조사가 이루어진 2004년 자료를 기초로 주부들의 손해배상금액을 추정하여 기존의 산정방법과 비교하면 <표 V-1>에서 제시된 바와 같이 기존의 주부에 대한 손해배상금액과 유사한 수준으로 분석되었다(부표 참조). 2004년 전업주부의 손해배상금액을 기존의 일실수입산정법에 의하여 산정하면 월 115만 원대였으며, 본 연구의 Hybrid 평가법 I 에 의한 산정 보상액은 연령대별로 월 60만원(60대 이상)-167만원(30대)으로써 전체 월평균가치는 111만원 수준이었다. 이 결과에 의하면 여성의 무급가사노동가치에 의거한 보상액 수준을 기준으로 할 때, 기존의 일실수입산정법에 의한 보상액 수준은 과거(1999년) 분석결과에 의하면 65%수준(전체평균대비)으로, 특히 무급가사노동 가치가 제일 높은 30대 여성이 생산한 가치에 비해서는 53%수준에 불과한 수준이었으나, 2004년 분석결과는 유사한 추계치를 나타내고 있다.

뿐만 아니라 노동부에서 발표한 2004년 취업여성의 월평균임금 (128만원) 수준은 본 연구에서 측정한 주부의 무급가사노동의 Hybrid I 의 평가가치금액 약 111만원 보다 약 15% 높은 수준에 해당됨으로 취업여성들의 임금수준이 과거

분석결과에 비해 오히려 주부의 무급가사노동 가치와 근사되는 경제적 보상을 받고 있는 것으로 평가될 수 있겠다.

<표 Ⅴ-1> 전업주부의 손해배상액 비교

방법 형태	기존방법 일실수입산정법	본 연구 Hybrid I
도시거주 여성	・도시 일용근로자의 보통 　인부임금 적용 　(대한건설협회에서 년 간 조사) ・2004년 기준 : 　1일 52,585원×22일 　　=월 1,156,870원 ※2005년 기준 : 　1일 53,090원×22일 　　=월 1,167,980원	・2004년 연령별 가치 : 20대 : 1일 39,424.9원×30.4일 　　　=월 1,198,518원 30대 : 1일 54,994.5원×30.4일 　　　=월 1,671,833.0원 40대 : 1일 38,315.3원×30.4일 　　　=월 1,106212.8원 50대 : 1일 30,486.6원×30.4일 　　　=월 926,791.2원 60대 : 1일 20,006.3원×이상 30.4일 　　　=월 608,190.8원 전체 : 1일 36,645.5원×30.4일 　　　=월 1,114,023.7원 ※2005년 기준 　(여성평균임금상승율 10% 반영) : 전체 : 1일 40,310.1원×30.4일 　　　=월 1,225,426원
농촌거주 여성	・도시 일용근로자 농촌임금 적용 　(농업협동조합중앙회 매월조사) ・2004년 기준 : 　1일 39,286원×25일=월 982,150원 ※2005년 10월 기준 : 　1일 40,044원×25일 　　=월 1,001,100원	

평균적으로 이러한 적용기준을 비교할 수 있는 것과 더불어 본 연구 결과를 이용할 경우 학력별, 가구사항별로 상이한 평가금액을 보이고 있어 해당하는 전업주부의 사항을 보다 세부적으로 고려해 볼 수 있을 것이다(부표 참고). 예를 들어 대졸학력자의 경우 평가액은 평균보다 상회할 것이며 저학력자의 경우 평균보다 낮은 수준에서 결정이 될 것이다. 또한 6세 미만 자녀가 있는 경우와 그렇지 않은 경우의 노동가치 평가는 매우 달라질 것이며 본 연구에서 제시한 표에 근거하여 적용의 기준을 마련할 수 있을 것이다.

나. 이혼 시 재산분할

1) 기존의 사례

전업주부의 가사노동가치를 재산분할에 적용하는 경우 우리나라의 경우 이혼 시 재산분할청구권에서 부부가 혼인 중 취득한 공동재산의 청산과 이혼 후의 부양 두가지 요소가 반영되어 있음을 알 수 있다. 청산적 요소는 민법 상의 부부별산제를 채택하면 혼인중 쌍방의 협력에 의하여 형성유지된 재산이라도 혼인해소시 일방에 귀속되는 것은 공평에 위배되므로 혼인해소시 재산의 형성유지에 힘쓴 쌍방의 기여도에 따라 공평하게 배분하도록 하는 원칙이라 할 수 있고 여성의 이혼 시 재산분할의 근거가 된다. 부부의 이혼 시 부부사이에 합의가 되지 않을 경우에는 가정법원에 재산분할을 청구하게 된다. 전업여성의 가사노동가치를 인정한 법적 성격은 그 기여도에 따라서 재산분할을 청구할 수 있다. 구체적인 방법으로는 부부가 재산을 분할해야 하는 경우에, 전체재산 중에서 분할대상이 명백하게 구분이 가능한 재산을 공제하고, 부부가 혼인 중에 형성한 재산에 대해서는 선진국의 '부부재산별산제'에 의거하면 원칙적으로 50%로 분할한다(우리나라에서도 민법 제830조에 의거 도입됨). 우리나라의 경우에도 선진국의 부부재산별산제 수준의 재산분할, 혹은 주부무급가사노동 가치에 대한 배우자 소득수준의 상대적 비율을 재산분할의 기반으로 활용할 수 있을 것이다.

문제는 분할액의 산정방식으로 기여도설이 가장 우세한데 외국의 경우 영국이나 미국은 결혼 후 형성한 재산에 관하여 소유명의에 무관하게 50%씩 분할하고 있으며 독일의 경우 미래소득까지 결혼연수에 비례하여 분할하는 부가이익공동제를 채택하고 있다. 일본은 맞벌이 부부의 경우 50%씩 분할해 주고 전업주부에게는 보통 15~35%를 분할하고 결혼지참금이나 알뜰한 살림 등으로 기여가 있는 경우 50%까지 분할해 준 사례가 있다.

우리나라의 경우 전업주부의 기여도에 대한 평가 중 35%까지의 사례를 찾아 볼 수 있으며 결혼기간이 20년을 상회할 경우 50%를 인정할 수 있다는 논의는 있으나 일반적으로 판례를 통하여 50% 수준의 분할을 받은 사례는 거의 드문 것으로 나타나고 있다.

2) 본 연구결과를 이용한 적용

부부가 혼인 중에 형성한 재산에 대하여 원칙적으로 50%로 분할하며 맞벌이의 경우 소득 뿐 아니라 가사노동의 수행가치도 남성에 비하여 많으므로 기본분할에 더하여 경제적 기여도를 별도로 평가하도록 한다. 혼인 기간에 대체로 20대나 30대에 시작되는 점을 고려한다면 50%의 기여도를 산정받는 근거를 마련해야할 것이다. 예를 들어 본 연구결과에서 제시한 2004년도의 연령별 가사노동가치를 보면 20대는 월평균 120만원, 30대의 경우 월평균 167만원 수준으로 나타나고 있다. 반면 시장평균임금을 보면 25~29세의 경우 141만원, 30~34세 178만원, 35-39세의 경우 202만원으로 나타나고 있다(노동부 임금구조기본통계, 2004). 따라서 가사노동의 가치가 시장노동의 가치에 비하여 다소 과소평가되고는 있으나 그 편차가 과거에 비하여 줄어든 것을 알 수 있다. 특히 각계에서 제기하고 있는 액수로 평가할 수 없는 고도의 가치성이라는 정성적인 부분을 고려한다면 전업주부의 기여도 50%를 인정받는 부분이 결코 무리한 요구일 수 없다는 근거가 될 수 있다. 전업주부의 가사노동가치를 재산분할에 적용하는 방식을 사법부에 권고하여 이혼재판 시 일차적인 참고자료로 이용하도록 한다.

다. 조세 및 사회보장제도

1) 기존의 사례

조세제도 관련 부부간 상속세, 증여세문제에 있어서 전업주부의 무급가사노동가치의 평가는 부부가 공동으로 형성한 재산을 다른 배우자에게 증여하거나 상속할 때에, 공동 형성한 재산부분을 증여세 및 상속세에서 공제하는 범위를 결정하는 데 활용될 수 있다. 현재 우리나라에서는 증여세의 경우 배우자 기초공제액이 5억 원이고, 상속세는 법정상속 지분 내에서 배우자가 실제로 상속받은 가액으로 최대 30억 원까지 공제되고 있다. 이런 점에서 우리 라의 증여세에서 인정하고 있는 배우자 기초공제액의 산정은 주부의 무급가사노동 가치에 입각하여 보다 객관적으로 재 산정 될 필요가 있겠다.

소득과세에 있어서도 소득세의 인적공제에 있어서 현행소득세는 부양가족 1인당 100만원씩을 일률적으로 공제하고 있으나, 여성의 무급가사노동가치의 국민경제기여도에서도 밝혀진 바와 같이 배우자(여성)에 대한 인적공제는 상향, 조정될 필요가 있다.

동시에 우리나라의 평균수명에 있어서 여성은 남성에 비하여 약 8년이 길고 고령인구의 2/3가 여성이다. 특히 노후소득보장제도로서 도입된 연금제도에 있어서 거의 대부분의 전업여성들은 실제로 배우자의 연금으로부터 파생된 연금수급혜택을 받게 된다. 이혼 시 여성들은 이혼배우자 연금분할제도(1998. 12월 도입)에 의하여 연금을 분할 받음으로서 노후소득보장이 가능하게 되었다. 그러나 우리나라에서는 분할연금수급권자가 재혼한 때에는 그 재혼기간동안 분할연금의 지급은 정지하고, 그 정지 기간 동안 노령연금수급권자에게 지급한다. 뿐만 아니라 분할 연금수급권자에게 2개 이상의 분할연금수급권이 발생한 경우에는 2개 이상의 분할연금수급권을 하나의 분할연금수급권으로 보고 선택하도록 하고 있다. 그리고 이러한 분할연금수급권은 사유 발생일로부터 3년이 경과한 때에는 소멸된다. 그러나 실질적인 남녀 간의 평등한 사회보장 혜택을 보장하기 위해서는 앞으로 중·장기적으로 여성들의 사회보장 수급권, 특히 노후소득을 보장하는 국민연금수급권이 확보되는 방향으로 발전되어야 할 것이다. 그러기 위해서는 전업주부들의 국민연금 임의가입에 대하여 적극적으로 유도할 필요가 있으며, 여성 무급가사노동가치가 보험료산정에 기본적인 자료로 활용될 수 있을 것이다.

그러나 이러한 조세 및 사회보장제도의 손질이 취업한 기혼여성에게 형평성 문제를 야기할 수 있다. 따라서 가사노동에 대한 부분을 배우자 공제를 통하여 반영하고자 한다면 전업주부 및 취업여성에 대한 보다 포괄적인 접근이 있어야 할 것이며 향후 여성의 취업증가와 이에 따른 부담의 경감이라는 국가 정책 방향과 부합하도록 세밀하게 고안되어야 할 것이다. 동시에 사회보장이나 연금의 문제에 있어 전업주부가 가지는 노후소득보장에서의 문제점을 효과적으로 해결하기 위하여 이들의 연금수급권을 확대하는 등의 노력과 더불어 취업여성에 불리한 방안이 마련되지 않도록 개인 및 가구합산을 충분히 고려할 필요가 있어 향후 연구가 필요한 부분이다.

라. 전업주부 가사노동가치평가와 관련 각계 전문가 의견

1) 여성단체

가사노동가치의 평가 작업은 경제적 가치 평가로의 의미도 중요하나, 생산노동이라는 인식 차원의 접근이 함께 이루어져야 할 것으로 생각한다. 자칫 금액으로의 환산이 가사노동에의 왜곡된 가치형성을 불러일으킬 수 있기 때문이다.

그럼에도 불구하고 현실에서의 가사노동, 돌봄 노동, 재생산노동으로 인한 여성의 경제적인 기여도 산정은 객관화되어 있지 않다. 주부 상해 시 일용직 노동자 임금기준에 의한 배상의 예나 전업주부의 이혼 시 재산분할권, 연금, 보험 등에서의 여성의 노동가치는 생산성의 측면에서 제대로 평가되지 않고 있음은 사실이다.

투입/비용에 대한 접근과 생산결과물 접근에 의한 가치평가에 대한 논의는 지속적으로 있어온 바 각각의 장단점이 있고 객관적 자료를 토대로 한 제대로 된 가치평가인가에 대한 확신이 없었던 것이 사실이며, 가사노동이 경제에 미치는 영향에 대한 인식과 연구가 부재했던 것 또한 현실이다. 가사노동을 대체직종으로 추계한 개별기능대체비용법과 종합대체비용법인 시장대체비용법, 취업여성의 소득이 전업주부의 상실된 소득이라는 전제의 총기회비용법과 세금공제후의 순기회비용법이라는 방식의 기회비용법으로 크게 구분하여 정리되었는데 이를 기반으로 과대·과소평가될 가능성을 줄이기 위한 임금가중치를 활용한 방안으로 Hybrid Ⅰ(개별기능대체비용법, 종합대체비용법Ⅰ, 총기회비용법, 순기회비용법)과 Hybrid Ⅱ(개별기능대체비용법, 종합대체비용법Ⅱ, 총기회비용법, 순기회비용법)로 구분하여 추정하는 Hybrid 평가모형을 활용한 것은 의미가 있다할 것이다. 추계방법에 있어 총임금과 순임금의 선택 문제 또한 연구의 입장에 동의한다.

이번 연구는 Hybrid 평가방법에 의해 전업주부의 무급노동 가치에 대한 평가를 제시하고 있다는 점, 여성 외에 남성, 전업주부와 취업주부 각각의 가사노동 가치에 대한 추계를 제시하고 있음이 주목할 만하다. 생산노동으로의 가사노동에 대한 가치평가가 보다 과학적으로 그리고 객관성을 가질 수 있을 것으로 본다. 다만 그 경제적 산정이 가지는 의미가 좁게 해석되어서는 안 될 것이다.

무엇보다 현실적 자료가 충분히 뒷받침되어 있지 않은 상황에서 가사노동가치 평가 작업은 어려운 일임은 분명하다. 가사노동의 가치평가가 가지는 육체적, 정신적, 관리차원의 복합적인 의미와 연결, 앞으로의 사회변화 속에서 담아내야 할 다양한 의미가 있음을 지속적으로 고민해가야 한다. 가사노동(돌봄, 경영 포함)의 사회적 가치에 대한 다층적 연구, 공유를 바탕으로 한 사회구성원들의 인식 변화와 객관적 산정을 위한 보다 구체적인 통계자료가 마련되어져야 할 것이다.

2) 학계

전업주부의 경우 과거보다 무급가사노동 사용량이 약 10%늘어났다는 점은 가사일이 기계의 발달로 인해 시간을 단축시켜주고 편리화될 것이라는 기대와는 다른 내용이다. 이는 가사노동이 보다 편리화 되어 간다는 막연한 사고에 대하여 반론을 제기할 수 있는 조사내용이므로 가사노동이 전자시스템 되어 간다는 사고로 인해 가사노동에 대한 가치평가를 절하하고자 하는데 대한 다른 결론을 제시해 주고 있다.

위 보고서의 통계에 의하면 취업주부와 취업남성(여기서는 전체남성)의 가사노동에 대한 노동시간은 현저한 차이를 보이고 있다. 민법에서 부부가 이혼을 하는 경우 판사는 재량으로 재산분할의 비율을 결정하게 되는바, 맞벌이 부부가 이혼하는 경우 재산분할에 있어서 판사는 부부의 재산비율을 결정하기 위한 기여도를 고려할 때, 위의 이러한 점은 취업주부에게 높은 기여도를 평가할 수 있는 근거자료로 사용 될 수 있을 것이다.

　그러나 무급가사노동의 가치를 이렇게 통계적으로 노동시간을 산정하여 계산하는 것이 여성에게 부정적인 측면으로 작용할 수 있으므로 유의해야 한다고 생각한다. 정책을 입안하는 경우에 있어서도 그 신중성은 고려되어야 한다. 예를 들어 현재 부부재산분할시 부부가 혼인 중 협력하여 이룬 재산을 분할하는 경우에 있어서 동등하게 평가해야 한다는 논의가 전개되고 있다. 이는 가사노동과 경제활동의 노동 가치를 동등하게 평가하는 것이다. 대부분 외국의 입법례가 그러하다. 그러나 예를 들어 전업주부의 가사노동의 가치가 100만원으로 평가된다고 한다면 경제활동 소득이 월 300만원인 남편과 비교할 때 이혼 시 재산분할을 동등하게 평가하라고 주장할 수 있겠는가? 오히려 여성의 가사노동의 가치는 이러한 조사로 인해 한정되고, 평가절하가 될 수 있는 자료를 제공해주는 경우도 발생할 수 있다.

　다시 말해, 여성의 가사노동의 가치에 대한 인식이 희박한 경우 이러한 데이터는 여성의 가사노동 역시 이 정도의 가치가 있다는 평가를 할 수 있는 근거자료를 마련해 줄 수 있는 장점이 있을 수 있으나 이러한 조사를 통하여 여성의 무급노동의 가치를 획일화, 일반화시켜, 가족공동생활에서 여러 가지 파출부가 할 수 없는 혹은 다른 사람으로 대체될 수 없는 여성의 일이 단순한 수치로 측정됨으로써 여성의 가사노동의 가치가 훼손될 수 있는 경우를 발생시킬 수도 있을 것이기 때문이다.

　무급가사노동에 대한 가사노동의 평가는 사고 시 손해배상을 산정하는데 있어서 기준액수를 제공해줄 수 있는 근거를 마련해 줄 수 있는 장점이 있고, 전업주부가 사고를 당했을 경우, 일용직 근로자가 아닌 조사에 의한 적절한 평가를 받을 수 있다는 장점이 있으나, 가족법상 이를 활용하는데 있어서는 위의 설명한데로 평가 절하될 위험성이 있으므로 신중해야 할 것이다. 일반노동시간에 대한 산출과 함께 액수로 평가할 수 없는 고도의 가치성도 병행되어 인식되어야 할 것으로 생각한다.

3) 손해보험협회

현재 전업주부가 교통사고 등의 상해를 입었을 경우 손해를 산정하는 방식은 알려진 바와 같이 건설일용직의 노임단가에 월별 근로일수인 22일을 적용하는 것이 일반적이다. 본 사안은 민원이 제기될 소지가 많은 분야로 향후 공신력있는 기준이 마련된다면 변경하여 적용가능하다.

현재 건설부분과 제조업 부문에서는 이러한 작업이 이루어져 반영이 되고 있다. 통계법에 근거, 통계작성 및 승인기관으로 지정되는 곳으로 건설부문은 대한건설협회, 제조업 부문은 중소기업협동조합이다. 이와 유사하게 가사노동의 경우도 관련된 절차를 거쳐 지정된 단가를 고시하도록 할 수 있을 것이다.

현재 손해보험의 약관은 금융감독원에서 개정할 수 있으며 주부의 가사노동가치도 동일한 과정을 거쳐서 기준이 마련되어야 할 것이다.

4) 법조계

이 연구에서 적용한 7가지 방법론에 따라 가사노동 가치가 매우 다르게 산출되기 때문에, 법원으로서는 방법론 가운데 어느 것이 현실에 가장 부합하는지가 명확히 드러나고 검증될 때에만 소송실무에 도입할 수 있을 것이다.

또한 전업주부 외에 취업주부에게도 가사노동가치를 평가하여 주기로 한다면, 주부 외에 가사노동을 부담하는 사람의 가사노동 가치평가 문제도 대두될 수 있다. 미혼이면서 가족의 가사노동을 전담하는 여성, 20세 미만의 소년 소녀 가장, 남성인 가사노동부담자 등도 자신 외에 타인을 위하여 가사노동을 하고 있다면 그 노동의 가치가 평가되어야 할 것이다. 특히 20세 미만의 가사노동부담자의 경우 이들은 일실수입 산정 시 20세까지는 아무런 수입이 없는 것으로 보고 있는데, 가사노동가치를 인정하면 이들에게도 수입상실을 인정하여야 하는 결과가 된다. 주부의 가사노동가치를 공식적으로 평가받으려면, 갈수록 다양화되는 가족 형태를 감안하여, 주부와 유사한 위치에서 타인을 위하여 가사노동을 제공하는 자의 노동 가치에 대한 검토가 필요하다.

주부의 가사노동은 자신을 위한 노동(독신으로 지내도 필요한 가사노동)과

가족을 위한 노동으로 명확히 구분할 수 없다. 만일 산출된 가사노동가치에 자신을 위한 노동시간이 포함된다면 독신에게도 가사노동 가치가 평가되어야 한다는 결론에 이를 수 있다. 그렇지 않다면 채무자로서는 주부 가사노동가치 가운데 일정액을 삭감하여야 한다고 주장할 수 있을 것이다.

위 문제를 넘어 연구된 가사노동가치가 손해배상사건 실무에 적용된다고 전제할 경우, 연구에 따르면 방법론에 따라 다르나 전업주부의 무급 노동가치가 전체 평균 82만원-117만 원 가량이고, 연령대에 따라 편차가 커서, 실무에 적용할 실익이 없는 경우가 있을 수 있다. 실무에서는 신체상해에 대한 일실수입 산정시 전업주부에 대해 거주지에 따라 도시일용/농촌일용 노동자 보통인부 임금을 적용하므로, 가사노동의 가치가 일용노임보다 높아야 실무상 가사노동 가치를 적용하여 손해배상액을 산정할 수 있다.

2005년 상반기 도시일용노동자의 보통 인부 노임이 월 1,156,870원(하루 52,585원×22일), 2004. 12.의 농촌일용노동자의 보통 인부(여성)노임이 월 881,012원(하루 40,046원×22일)이다. 가사노동의 가치가 위 보통 인부 일용노임보다 적으면 보통 인부 일용 노임을 적용하게 되어, 산정된 가사노동가치가 손해배상사건에서 전업주부에게 유리하게 활용될 가능성이 크지 않다. 다만, 영구장애가 아닌 일시장애이고 30대 전업주부라면 노동능력 상실기간 동안의 일용노임보다 가사노동가치가 크므로, 가사노동가치를 적용하는 실익이 있을 것이다.

재산분할과 관련하여, 가사노동 가치평가는 여성의 기여도를 높게 평가하는 기준이 될 수 있을 것이다. 지금은 전업주부의 경우 20%, 취업주부로서 남성과 같은 정도의 수입이 있으면 40% 정도의 기여도를 인정하는 것이 법원의 실무이나, 가사노동 가치평가가 이루어지면 전업주부의 기여도도 50% 이상으로 인정될 경우도 생길 수 있어, 가사노동 가치가 정량화된다면 유용하게 쓰일 수 있을 것이다.

4. 연구의 한계 및 향후 연구

본 연구는 기본적으로 2004년 통계청의 생활시간자료를 중심으로 관련된 조사결과를 이용하여 실태를 파악하고, 가사노동가치를 평가하며, 위성계정을 개발한 것이다. 자료의 한계로 인한 연구의 한계가 있음을 밝혀두며 후속 작업으로 보완할 수 있을 것으로 예상된다. 우선 가치평가에 있어 전업주부를 산출하는 명확한 근거가 필요할 것으로 보인다. 현재는 경제활동인구조사를 이용하여 비경제활동인구중 육아 및 가사 종사자인 유배우 여성을 선정하고 있으나 이 개념이 전체 전업주부를 포괄하는 개념인가에 대한 후속논의가 필요할 것이다. 또한 가치평가의 기준이 되는 집단별 시간사용을 파악할 때 집단의 구분이 세분화될수록 해당하는 집단의 수가 적어 이들의 대표성을 반영하기에 어려움이 있다. 따라서 본 연구결과의 적용에서 매우 세분화된 집단의 경우를 반영할 때는 세심한 주의를 요한다.

생활시간조사는 국민의 일상생활을 파악할 수 있는 매우 유용한 자료이다. 국가통계로 생활시간자료를 수집하는 나라는 세계적으로도 몇몇 선진국에 제한되어 있으며 우리나라의 경우 매우 선도적인 역할을 담당하고 있다. 생활시간자료의 의미는 국민의 실제 활동을 파악함으로써 이들의 의식이나 가치관 등 주관적인 정보가 아닌 매우 객관적인 정보를 통하여 사회의 변화를 파악할 수 있다는 데에 있다. 따라서 이 자료의 활용을 통하여 국민들의 생활에 관련된 매우 다양한 정보를 추출할 수 있다.

또한 생활시간자료는 개인의 일지형태로 조사되기 때문에 매우 정확하고 다양한 정보를 담고 있다. 시간량 뿐 아니라 시간대, 주 활동과 동시에 수행된 활동 등을 파악할 수 있는 소중한 자료이다. 예를 들어 여성이 가사노동을 수행하는 경우 어떤 활동과 어떤 활동을 동시에 수행하는지, 어느 시간대에 가사노동을 수행하는지 등에 대한 정보를 이용하여 여성과 관련된 각종 정책수립에 이용할 수 있을 것이다. 가사노동 뿐 아니라 국민의 일과 관련된 정보를 통하여

일 시간 및 시간대, 일의 특성 등을 파악할 수 있을 것이다. 이동과 관련하여 어떤 종류의 이동이 어떤 시간대에 집중되어 있는지 등을 파악하고 이와 관련된 정책을 수립할 수 있을 것으로 보인다. 이처럼 매우 다양한 정보를 가진 생활시간조사 자료가 가계활동을 파악하는 데만 사용되어서는 안 될 것이다. 향후에는 보다 다양한 용도로 생활시간조사 자료가 사용되어 국민의 행동양식을 정확하게 파악하고 보다 객관적인 자료를 토대로 정책을 수립할 수 있는 기초자료로서의 역할을 담당할 수 있을 것이다.

참고문헌

1. 국내문헌

권태희,「가계생산의 경제적 가치추계와 국민경제에 대한 기여도 분석」, 성균관대학교 대학원 박사학위논문, 2001.

_____, "무급노동의 경제적 가치추계" 한국경제연구학회, 제8권, 2002. 6. pp. 91-122.

김준영, "전업주부의 가사노동가치 추계, 국민경제에 대한 기여도 분석 및 제도적 반영" 한국 통계청, 2001. 10.

김태홍, "무급노동의 가치추계와 정책화 방안" 한국여성개발원·여성부·UNDP 공동 주최 세미나 자료, 2001. 4. 27.

김태홍, 김종숙, 허경옥,「무급노동의 국민소득계정통합-해외사례와 국내정책방안」, 한국여성개발원, 2003.

노동부,『임금구조기본통계조사』, 1999년, 2004년 원시자료.

문숙재 외,「무보수 가사노동 위성계정 개발을 위한 연구」, 여성부, 2001

한국여성개발원 外,『여성 무급노동의 경제적 추계와 정책방안』, 2001.

한국통계청,『경제활동인구조사연보』, 1999, 2004.

_____,『한국표준직업분류』, 1993, 2000.

2. 외국문헌

Australian Bureau of Statistics (2000). Unpaid work and the Australian economy, catalogue NO. 5240.0 Australian Bureau of Statistics, Canberra.

Arboleda Heidi, "Valuation of unpaid work in household production and volunteer," UN ESCAP, 1999.

Becker, G. S. (1981). A treatise on the family. Harvard University Press, Cambridge, M.A.

Chadeau, Ann, "What is household' non-market production worth?," *OECD Economic Studies*, Spring 1992, pp. 85-103.

Chandler W. "The value of household work in Canada, 1992," *Canadian Economic Observer*, Cat. No. 11-010, April, 1994.

Douthitt, R. A. (2003). The invisible economy: Measures of a U.S. Satellite income accountancy and a proposal for refining the measurement of consumer durable good flows. Expert Group Meeting at Korean Women's Development Institute. Feb. 2003.

Douthitt, R. A., & Ironmonger, D. (1994). The valuation of unpaid work in national accounts: A U. S. - Australia comparison. Discussion paper, Department of Consumer Science, University of Wisconsin.

Eisner, R. (1989). The total incomes system of accounts. University of Chicago Press, Chicago.

Eustat (2000), 「Household Production Satellite Account for the Autonomous Community of the Basque Country」.

Fitzgerald, J., Swenson, M. Wicks, J. (1996). Valuation of Household Production at Market Prices and Estimation of Production Functions, *The Review of Income and Wealth* 42(2), 165-80.

Fitzgerald, J., Wicks, J. (1990). Measuring the value of household output: A comparison of direct and indirect approaches, *Review of Income and Wealth*, 36, 2, 129-141.

Fukami, Masahito, "Monetary Valuation of unpaid work in 1996 -Japan-" International Seminar on Time Use Studies, UNDP and ESCAP, 7-10. Dec. 1999.

Goldschmidt-Clermont, L. (1993). Monetary valuation of non-market productive time methodological considerations, *Review of Income and Wealth* 39(4), 419-34.

Goldschmidt-Clermont, L, Pagnossin-Aligisakis, E. (1999). Households' non-SNA production: Labor time, value of labour and of product, and contribution to extended private consumption, *Review of Income and Wealth* 45(4), 519-29.

Heckman, J. (1976). A life-cycly model of earnings, learning and consumption, Journal of Political Economy, 84, S11-S44.

Hirway, I. (2003). Measuring unpaid household production evidences from developing countries, Expert Group Meeting at Korean Women's Development Institute. Feb. 2003.

Hirway, I. (2000). Valuation of Unpaid Work: Issues Emerging from the Indian Pilot Time Use Survey, *Paper presented at Training Workshop of Statistical Aspects of Integrating Unpaid Work into National Policies* (Bangkok, 11-15 September 2000).

Hollway, S., Short, S., Tamplin, S. (2000), 「Household Satellite Account (Experimental) Methodology」, Office of National Statistics.

Huang, Y. (1994). The value of single parents' household production: A satellite account measurement. Master Thesis. University of Wisconsin-Madison.

Ironmonger, D. (1989). Research on the household economy. In : Ironmonger D (ed.) Households Work. Allen and Unwin, Sydney, Australia.

Ironmonger, D. (1996). Counting outputs, capital inputs and caring labor: estimating gross household product. Feminist Economics, 2, 3, 37-64.

Ironmonger, D. (1999). An overview of time use surveys. *Paper presented at International Seminar on Time Use Seminar* (Ahmedabad, India 7-10 December 1999).

Ironmonger, D. (2000). Household Production and the Household Economy, *Department of Economics Research Paper*, No 759 (Dept of Economics, University of Melbourn).

Ironmonger, D. (2002). Calculating Australia's gross household product: Measuring the economic value of the household economy 1970-2000. No

833 Dept of Economics, University of Melbourn).

Ironmonger, D. (2003). Progress in the Development of the Methology of the National ccounts of household production. Expert Group Meeting at Korean Women's Development Institute. Feb. 2003.

Jackson, C. "The value of household work in Canada, 1986," *Canadian Economic Observer*, Cat. No. 11-010, June, 1992.

James, H. S. Jr. "The valuation of household production: How different are the opportunity cost and market price valuation methods?," Working paper, Jan., 1996.

Katsuki, O. Setsuko, S. Masanori, I. and Hideki, K. "Monetary valuation of unpaid work," KWDI, *Workshop on integrating paid and unpaid work into national polices*, 1997, pp. 344-369.

Macdonald, Martha, "Economic restructuring and gender in Canada: Feminist policy initiatives," *World Development*, Vol. 23, No. 11, 1998, pp. 2005-2017.

Macredie Ian and Sewell Dale, "Statistics Canada's Measurement and Valuation of Unpaid Work," *Canadian Observer*, Oct. 28, 1998.

Masahito, Fukami, "1996の 無償勞動の 貨幣評價," 經濟企劃聽 經濟硏究所, 國民經濟計算部, 1998, 11.

Mikami, H. (1999). Time Use Survey in Japan, *Paper presented at Time Use Seminar* (Ahmedabad, India, 7-10 December 1999).

Parent, S. L. Rogerson, R. and Wright, R. "Homework in development economics: household production and the wealth of nations," *Journal of Political Economy*, 108, 2000, pp. 680-687.

Picchio, A. (ed.) (2003). *Unpaid work and the Economy: A gender analysis of the standards of living,* Routledge.

_____, (1996). "The analytical and political visibility of the work of social reproduction," in UNDP Background Papers, *Human Development Report*

1995, New York.

Randall Wary, L., "Theories of value and the monetary theory of production," Working paper No. 261., Jan, 1999, pp. 1-33.

Reid, M. G. (1934). Economics of household productions. Wiley, New York.

Robinson, J. (1993). Americans' use of time, 1985. College Park, University of Maryland, Survey Research Center (Producer). Ann Arbor, MI: Inter-university consortium for Political and Social Research (Distributor).

Shivakumar, Sujai J. "Valuing women's work: theoretical constraints in determining the worth of household and other non-market activity," KWDI, *Workshop on integrating paid and unpaid work into national polices*, 1997, pp. 371-406.

_____, "Valuation as an issue in national accounting and policy analysis," 1999, Working paper, pp. 161-195.

Sousa-Posa, Alfonso, Widmer, Rolf and Schmid Hans, "Assigning monetary values to unpaid labour using input-based approaches: The Swiss case," International Statistical Institute, Helsinki, Aug. 1999.

Statistics Canada, " Statistics Canada's measurement and valuation of unpaid work," Working paper, Oct. 1998, pp. 1-14.Sousa-Poza, A. (1999). Assigning Monetary Values to Unpaid Labour Using Input Based Approaches: The Swiss Case, *Proceeding of the 52nd ISI Session*. Finland Statistics.

Statistics New Zealand (2001). *Measuring Unpaid Work in New Zealand 1999*, Statistics New Zealand, Wellington, New Zealand.

Tatau Te Tari, "Measuring Unpaid Work in New Zealand," Working paper, May, 2001, Statistics New Zealand.

Trewin Dennis, "Unpaid work and the Australian economy 1997," Working paper, Oct. 2000, Australian Bureau of Statistics.

Yoko Kakuma-Tsuchida, Chiyo Kato and Atsuko Kusano, "無償勞動の 貨幣評價," 日本家政學會誌 Vol. 55 No 1, 2004, pp. 59-70.

Zick, C. D., Bryant, K. (1990). Shadow wage assessments of the value of home production: Patterns from the 1970's, Lifestyles: Family and Economic Issues, 11, 2, 143-160.

부 록

<부표 1> 전체여성과 전업주부의 '99 vs '04년 무급노동시간 비교

(단위 : 시간, 분)

활동유형		전체여성		전업주부	
중분류	소분류	1999	2004	1999	2004
4 가정관리		3.21	2.47	4.59	4.00
41 음식준비 및 정리	411, 412	1.28	1.24	2.07	1.59
	413	0.13	0.13	0.20	0.18
42 의류관리	421	0.19	0.16	0.28	0.22
	422	0.05	0.05	0.07	0.08
	423, 424	0.03	0.02	0.04	0.04
	425	0.02	0.01	0.03	0.02
43 청소 및 정리	431	0.08	0.06	0.10	0.08
	432, 433	0.30	0.29	0.44	0.42
44 집 관리	441	0.01	0.01	0.01	0.01
	442, 443	0.03	0.03	0.04	0.05
45 가정관리 관련 물품구입	451, 452	0.15	0.14	0.25	0.22
	453, 454	0.00	0.01	0.01	0.01
46 가정경영	461	0.01	0.01	0.02	0.02
	462	0.00	0.00	0.00	0.00
	463	0.02	0.01	0.03	0.02
49 기타 84 가정관리 관련 이동	499, 841	0.12	0.12	0.20	0.19
5 가족 보살피기		0.53	0.51	1.49	1.44
51 미취학 아동 돌보기	511, 512 513, 519	0.32	0.28	1.11	1.04
52 초·중·고등학생 보살피기	521, 522, 523, 524, 529	0.10	0.10	0.17	0.18
53 배우자 보살피기 54 부모 및 조부모 보살피기 55 기타 가족 보살피기 85 가족 보살피기 관련 이동	531, 539, 541, 549, 551, 559, 851	0.11	0.13	0.20	0.22
무급가사노동		4.14	3.38	6.48	5.45
6 참여 및 봉사활동		0.04	0.03	0.04	0.04
61 이웃 및 친분 있는 주부 돕기	611, 612, 619	0.02	0.02	0.02	0.02
64 자원봉사 86 참여 및 봉사활동 관련 이동	631	0.00	0.00	0.00	0.00
	632	0.00	0.00	0.00	0.00
	633	0.01	0.01	0.01	0.01
	634, 639 861	0.01	0.01	0.01	0.01
무급노동		4.18	3.41	6.52	5.49

<부표 2> 전체여성의 연령계층별 '99 vs '04년 무급노동시간 비교

(단위 : 시간, 분)

활동유형		연령계층별										
중분류	소분류	전체		20대		30대		40대		50대		60대	
		'99	'04	'99	'04	'99	'04	'99	'04	'99	'04	'99	'04
4 가정관리		3.21	2.47	2.03	1.21	3.49	3.02	3.57	3.13	3.55	3.16	3.09	2.49
41 음식준비 및 정리	411, 412	1.28	1.24	0.49	0.35	1.41	1.32	1.49	1.37	1.44	1.40	1.22	1.26
	413	0.13	0.13	0.05	0.03	0.13	0.10	0.16	0.14	0.19	0.18	0.18	0.19
42 의류관리	421	0.19	0.16	0.12	0.07	0.21	0.17	0.22	0.19	0.24	0.19	0.19	0.17
	422	0.05	0.05	0.03	0.03	0.05	0.06	0.05	0.06	0.05	0.06	0.06	0.06
	423, 424	0.03	0.02	0.02	0.01	0.03	0.03	0.04	0.04	0.03	0.03	0.02	0.02
	425	0.02	0.01	0.02	0.01	0.02	0.01	0.02	0.01	0.01	0.01	0.01	0.01
43 청소 및 정리	431	0.08	0.06	0.06	0.05	0.09	0.08	0.08	0.06	0.07	0.05	0.08	0.06
	432, 433	0.30	0.29	0.19	0.16	0.34	0.33	0.34	0.33	0.34	0.33	0.30	0.30
44 집 관리	441	0.01	0.01	0.00	0.00	0.01	0.01	0.01	0.01	0.02	0.01	0.01	0.01
	442, 443	0.03	0.03	0.01	0.02	0.02	0.03	0.03	0.04	0.04	0.04	0.05	0.05
45 가정관리 관련 물품구입	451, 452	0.15	0.14	0.12	0.10	0.19	0.18	0.17	0.17	0.17	0.15	0.09	0.09
	453, 454	0.00	0.01	0.00	0.01	0.01	0.01	0.01	0.01	0.00	0.00	0.00	0.00
46 가정경영	461	0.01	0.01	0.00	0.01	0.02	0.01	0.01	0.01	0.01	0.01	0.00	0.00
	462	0.00	0.00	0.00	0.00	0.00	0.00	0.00	0.00	0.00	0.00	0.00	0.00
	463	0.02	0.01	0.02	0.01	0.02	0.02	0.02	0.02	0.02	0.02	0.01	0.00
49 기타 84 가정관리 관련 이동	499, 841	0.12	0.12	0.09	0.09	0.15	0.15	0.14	0.14	0.14	0.14	0.09	0.09
5 가족 보살피기		0.53	0.51	1.05	0.50	1.40	1.55	0.28	0.34	0.29	0.28	0.24	0.21
51 미취학 아동 돌보기	511, 512, 513, 519	0.32	0.28	0.54	0.40	0.57	1.09	0.04	0.06	0.16	0.14	0.13	0.10
52 초·중·고등 학생 보살피기	521, 522, 523, 524, 529	0.10	0.10	0.02	0.01	0.29	0.28	0.12	0.14	0.01	0.01	0.02	0.02
53 배우자 보살피기 54 부모 및 조부모 보살피기 55 그 외 가족 보살피기 85 가족 보살피기 관련 이동	531, 539 541, 549, 551, 559, 851	0.11	0.13	0.09	0.08	0.15	0.18	0.11	0.14	0.12	0.12	0.08	0.09
무급가사노동		4.14	3.38	3.08	2.11	5.30	4.57	4.25	3.47	4.24	3.44	3.33	3.09
6 참여 및 봉사활동		0.04	0.03	0.01	0.01	0.03	0.03	0.04	0.04	0.05	0.04	0.05	0.05
61 이웃 및 친분 있는 주부 돕기	611, 612, 619	0.02	0.02	0.01	0.00	0.02	0.01	0.02	0.02	0.03	0.02	0.04	0.04
64 자원봉사 86 참여 및 봉사활동 관련 이동	631	0.00	0.00	0.00	0.00	0.00	0.01	0.00	0.00	0.00	0.00	0.00	0.00
	632	0.00	0.00	0.00	0.00	0.01	0.00	0.00	0.00	0.00	0.00	0.00	0.00
	633	0.01	0.01	0.00	0.00	0.00	0.01	0.01	0.01	0.01	0.01	0.01	0.00
	634, 639, 861	0.01	0.01	0.00	0.00	0.01	0.01	0.01	0.01	0.01	0.01	0.01	0.01
무급노동		4.18	3.41	3.10	2.12	5.33	4.60	4.29	3.51	4.29	3.48	3.38	3.14

<부표 3> 전업주부의 활동유형별·연령계층별 무급노동시간

(단위: 시간. 분)

중분류	소분류	전체	20대	30대	40대	50대	60대
4 가정관리		4.00	3.23	3.55	4.27	4.15	3.41
41 음식준비 및 정리	411, 412	1.59	1.42	1.56	2.07	2.05	1.54
	413	0.18	0.09	0.14	0.19	0.22	0.25
42 의류관리	421	0.22	0.21	0.21	0.24	0.23	0.20
	422	0.08	0.07	0.08	0.09	0.09	0.07
	423, 424	0.04	0.02	0.04	0.06	0.04	0.03
	425	0.02	0.03	0.01	0.02	0.02	0.01
43 청소 및 정리	431	0.08	0.09	0.10	0.08	0.06	0.07
	432, 433	0.42	0.40	0.43	0.45	0.42	0.36
44 집관리	441	0.01	0.01	0.01	0.01	0.01	0.01
	442, 443	0.05	0.03	0.04	0.06	0.06	0.06
45 가정관리 관련 물품구입	451, 452	0.22	0.18	0.23	0.25	0.23	0.14
	453, 454	0.01	0.01	0.01	0.01	0.01	0.00
46 가정경영	461	0.02	0.02	0.02	0.02	0.02	0.00
	462	0.00	0.00	0.00	0.00	0.00	0.00
	463	0.02	0.02	0.02	0.03	0.02	0.00
49 기타 84 가정관리 관련 이동	499, 841	0.19	0.18	0.20	0.22	0.21	0.15
5 가족 보살피기		1.44	3.29	2.57	0.57	0.44	0.35
51 미취학 아동 돌보기	511, 512, 513, 519	1.04	3.02	1.55	0.11	0.24	0.16
52 초중고등학생 보살피기	521, 522, 523, 524, 529	0.18	0.03	0.37	0.21	0.02	0.02
53 배우자보살피기 54 부모 및 조부모 보살피기 55 그외 가족보살피기 85 가족 보살피기 관련 이동	531, 539, 541, 549, 551, 559, 851	0.22	0.24	0.25	0.25	0.18	0.17
무급가사노동		5.45	6.52	6.52	5.24	4.58	4.16
6 참여 및 봉사활동		0.04	0.01	0.04	0.07	0.05	0.04
61 이웃 및 친분있는 주부돕기	611, 612, 619	0.02	0.01	0.02	0.02	0.02	0.02
64 자원봉사 86 참여 및 봉사활동관련 이동	631	0.00	0.00	0.00	0.00	0.00	0.00
	632	0.00	0.00	0.01	0.01	0.00	0.00
	633	0.01	0.00	0.00	0.02	0.02	0.01
	634, 639, 861	0.01	0.00	0.01	0.02	0.01	0.01
무급노동		5.49	6.53	6.56	5.31	5.03	4.20

<부표 4> 취업주부의 활동유형별·연령별 무급노동시간

(단위: 시간. 분)

중분류	소분류	전체	20대	30대	40대	50대	60대
4 가정관리		2.41	2.03	2.33	2.44	2.48	2.59
41 음식준비 및 정리	411,412	1.27	0.59	1.21	1.28	1.32	1.43
	413	0.12	0.04	0.09	0.12	0.15	0.20
42 의류관리	421	0.16	0.12	0.14	0.16	0.17	0.18
	422	0.05	0.04	0.05	0.05	0.05	0.05
	423, 424	0.02	0.02	0.02	0.03	0.02	0.01
	425	0.01	0.02	0.01	0.01	0.01	0.00
43 청소 및 정리	431	0.05	0.06	0.06	0.05	0.05	0.05
	432, 433	0.27	0.24	0.27	0.28	0.27	0.29
44 집관리	441	0.01	0.01	0.00	0.01	0.01	0.01
	442, 443	0.02	0.03	0.02	0.02	0.03	0.03
45 가정관리 관련 물품구입	451, 452	0.12	0.12	0.14	0.13	0.10	0.07
	453, 454	0.00	0.01	0.00	0.01	0.00	0.00
46 가정경영	461	0.01	0.01	0.01	0.01	0.01	0.00
	462	0.00	0.00	0.00	0.00	0.00	0.00
	463	0.01	0.02	0.01	0.01	0.01	0.00
49 기타 84 가정관리 관련 이동	499, 841	0.10	0.11	0.11	0.11	0.10	0.08
5 가족 보살피기		0.38	1.12	1.15	0.23	0.15	0.13
51 미취학 아동 돌보기	511, 512, 513, 519	0.16	0.57	0.37	0.03	0.05	0.05
52 초중고등학생 보살피기	521, 522, 523, 524, 529	0.11	0.03	0.24	0.11	0.01	0.01
53 배우자보살피기 54 부모 및 조부모 보살피기 55 그외 가족보살피기 85 가족 보살피기 관련 이동	531, 539, 541, 549, 551, 559, 851	0.10	0.13	0.14	0.09	0.09	0.07
무급가사노동		3.19	3.15	3.48	3.07	3.04	3.12
6 참여 및 봉사활동		0.03	0.00	0.02	0.03	0.03	0.04
61 이웃 및 친분있는 주부돕기	611, 612, 619	0.02	0.00	0.01	0.02	0.03	0.03
64 자원봉사 86 참여 및 봉사활동관련 이동	631	0.00	0.00	0.00	0.00	0.00	0.00
	632	0.00	0.00	0.00	0.00	0.00	0.00
	633	0.00	0.00	0.00	0.00	0.00	0.00
	634, 639, 861	0.01	0.00	0.00	0.01	0.01	0.00
무급노동		3.22	3.15	3.50	3.10	3.07	3.15

<부표 5> 전체남성의 활동유형별·연령별 무급노동시간

(단위: 시간. 분)

중분류	소분류	전체	20대	30대	40대	50대	60대
4 가정관리		0.29	0.19	0.25	0.26	0.33	0.45
41 음식준비 및 정리	411,412	0.06	0.05	0.05	0.05	0.07	0.10
	413	0.01	0.00	0.00	0.01	0.01	0.03
42 의류관리	421	0.01	0.01	0.01	0.01	0.01	0.01
	422	0.00	0.00	0.00	0.00	0.00	0.00
	423, 424	0.00	0.00	0.00	0.00	0.00	0.00
	425	0.00	0.00	0.00	0.00	0.00	0.00
43 청소 및 정리	431	0.02	0.02	0.01	0.02	0.02	0.03
	432, 433	0.06	0.03	0.04	0.05	0.07	0.11
44 집관리	441	0.02	0.01	0.01	0.02	0.02	0.04
	442, 443	0.03	0.01	0.02	0.03	0.05	0.06
45 가정관리 관련 물품구입	451, 452	0.04	0.03	0.05	0.04	0.04	0.04
	453, 454	0.00	0.00	0.00	0.00	0.00	0.00
46 가정경영	461	0.00	0.00	0.00	0.00	0.00	0.00
	462	0.00	0.00	0.00	0.00	0.00	0.00
	463	0.01	0.00	0.01	0.01	0.01	0.01
49 기타 84 가정관리 관련 이동	499, 841	0.05	0.04	0.05	0.05	0.05	0.06
5 가족 보살피기		0.15	0.08	0.26	0.14	0.11	0.13
51 미취학 아동 돌보기	511, 512, 513, 519	0.07	0.03	0.16	0.03	0.04	0.05
52 초중고등학생 보살피기	521, 522, 523, 524, 529	0.01	0.00	0.02	0.03	0.00	0.01
53 배우자보살피기 54 부모 및 조부모 보살피기 55 그외 가족보살피기 85 가족 보살피기 관련 이동	531, 539, 541, 549, 551, 559, 851	0.07	0.05	0.08	0.09	0.07	0.07
무급가사노동		0.45	0.27	0.50	0.40	0.44	0.59
6 참여 및 봉사활동		0.03	0.05	0.02	0.03	0.03	0.03
61 이웃 및 친분있는 주부돕기	611, 612, 619	0.01	0.01	0.01	0.01	0.01	0.01
64 자원봉사 86 참여 및 봉사활동관련 이동	631	0.00	0.00	0.00	0.00	0.00	0.00
	632	0.00	0.00	0.00	0.00	0.00	0.00
	633	0.00	0.00	0.00	0.00	0.00	0.00
	634, 639, 861	0.01	0.03	0.01	0.01	0.01	0.01
무급노동		0.47	0.31	0.52	0.43	0.47	1.02

<부표 6> 전업주부의 활동유형별·연령별 시간당 평균임금

(단위: 원)

시간사용코드	KSCO 코드	무급노동 활동	평균 임금	연령별 시간당 평균임금				
				20대	30대	40대	50대	60대
가정관리			5,212	5,329	5,231	5,297	5,729	4,265
411-412	512	식사준비 및 설겆이	4,478	4,805	4,646	4,332	4,541	3,763
413	741	간식 및 저장식품 만들기	3,298	3,409	3,329	3,501	3,461	2,552
421	913	세탁 및 세탁물 널기	3,593	4,615	3,620	3,389	3,170	2,935
422	512	옷정리	4,478	4,805	4,646	4,332	4,541	3,763
423-424	913	다림질 및 의류수선	3,593	4,615	3,620	3,389	3,170	2,935
425	743	재봉, 뜨개질	3,274	3,538	3,522	3,280	3,001	2,578
431	512	방, 물품정리	4,478	4,805	4,646	4,332	4,541	3,763
432-433	914	집안청소 및 기타	3,996	5,541	2,930	4,351	4,173	3,817
441	712	가재도구, 집수리 서비스 받기	4,944	4,838	6,665	3,454	3,234	5,061
442-443	914	세차 및 집관리	3,996	5,541	2,930	4,351	4,173	3,817
451-452	512	시장보기 및 쇼핑하기	4,478	4,805	4,646	4,332	4,541	3,763
453	341	내구재 구매관련행동	9,160	7,913	9,575	11,396	12,391	2,457
461	412	가계부 정리	7,330	6,007	7,474	7,601	10,337	4,873
462	131	가정계획	10,483	9,212	9,333	10,774	11,510	13,529
463	412	은행 및 관공서 일보기	7,330	6,007	7,474	7,601	10,337	4,873
499-841	512	기타 가사일	4,478	4,805	4,646	4,332	4,541	3,763
가족보살피기			7,940	6,157	7,624	9,302	9,051	7,720
511-512, 519	233	미취학 아이 보살피기	8,398	5,682	7,532	9,962	10,812	9,049
521-523, 529	233	초·중·고등학생 돌보기	8,398	5,682	7,532	9,962	10,812	9,049
530, 540, 550, 851	323	배우자 및 부모 보살피기	7,022	7,106	7,809	7,983	5,528	5,061
무급가사노동			5,643	5,460	5,609	5,929	6,253	4,811
참여, 봉사활동			5,642	4,856	5,821	5,868	5,682	5,859
610	511	이웃 및 친분이 있는 사람 돕기	4,264	3,830	4,589	3,799	4,023	5,061
641	511	국가 및 지역행사 지원	4,264	3,830	4,589	3,799	4,023	5,061
642	233	자녀교육관련봉사	8,398	5,682	7,532	9,962	10,812	9,049
643	323	아동, 노인, 장애인관련	7,022	7,106	7,809	7,983	5,528	5,061
644, 649, 861	511	재해지역, 기타자원봉사 및 이동	4,264	3,830	4,589	3,799	4,023	5,061
무급노동			5,643	5,334	5,653	5,916	6,134	5,029

자료: 『임금구조기본통계조사보고서(노동부, 2000)』 원시자료 이용.

<부표 7> 전체여성의 무급노동가치 평가액 종합표

		20대	30대	40대	50대	60대	전체
개별 기능 대체 비용법	총추계액(10억원)	11,734.04	49173.90	35758.81	17897.59	8085.84	122650.17
	연간 1인당 평가액(원)	3844705.79	12031783.26	9131462.18	7504230.48	4882752.53	7478986.85
	월별 1인당 평가액(원)	320,392.15	1002648.61	760955.18	625352.54	406896.04	623248.90
종합대체 비용법 I	총추계액 (10억원)	11,252.51	48115.89	39949.90	22374.12	9265.79	130958.22
	연간 1인당 평가액(원)	3686929.64	11772910.97	10201712.00	9381184.45	5595286.62	8127604.74
	월별 1인당 평가액(원)	307244.14	981075.91	850142.67	781765.37	466273.89	677300.39
종합대체 비용법 II	총추계액 (10억원)	10601.68	36417.55	27963.58	14505.65	8541.15	98029.61
	연간 1인당 평가액(원)	3473684.15	8910581.44	7140852.38	6082034.43	5157699.91	6152970.46
	월별 1인당 평가액(원)	289473.68	742548.45	595071.03	506836.20	429808.33	512747.54
총기회 비용법	총추계액(10억원)	14792.45	66129.45	35741.09	18677.18	9391.55	144731.72
	연간 1인당 평가액(원)	4846805.73	16180437.48	9126938.33	7831103.99	5671224.44	8731301.99
	월별 1인당 평가액(원)	403900.48	1348369.79	760578.19	652592.00	472602.04	727608.50
순기회 비용법	총추계액 (10억원)	14771.85	66009.36	35623.07	18654.65	9371.48	144430.41
	연간 1인당 평가액(원)	4840055.22	16151055.73	9096799.71	7821655.69	5659103.40	8713733.95
	월별 1인당 평가액(원)	403337.94	1345921.31	758066.64	651804.64	471591.95	726144.50
Hybrid 1	총추계액 (10억원)	13174.00	57539.38	36718.30	19356.09	9027.85	135815.62
	연간 1인당 평가액(원)	4316513.42	14078635.09	9376482.11	8115762.17	5451597.76	8267798.11
	월별 1인당 평가액(원)	359709.45	1173219.59	781373.51	676313.51	454299.81	688983.18
Hybrid 2	총추계액 (10억원)	13338.44	58345.84	36441.74	19097.81	9007.48	136231.32
	연간 1인당 평가액(원)	4370393.19	14275958.90	9305858.96	8007467.37	5439300.87	8279795.86
	월별 1인당 평가액(원)	364199.43	1189663.24	775488.25	667288.95	453275.07	689982.99

<부표 8> 전업주부의 무급노동가치 평가액 종합표

		20대	30대	40대	50대	60대	전체
개별기능대체비용법	총추계액(10억원)	13,963.2	25,096.2	19,358.0	8,799.3	3,901.2	71,117.9
	연간1인당평가액(원)	12,780,473.4	17,153,384.1	13,809,064.2	10,306,391.6	6,580,840.1	12,126,030.7
	월별1인당평가액(원)	1,065,039.4	1,429,448.7	1,150,755.4	858,866.0	548,403.3	1,010,502.6
종합대체비용법 I	총추계액(10억원)	13,395.0	24,415.2	20,869.0	10,761.7	4,406.7	73,847.6
	연간1인당평가액(원)	12,260,436.9	16,687,955.8	14,886,903.1	12,604,930.5	7,433,530.0	12,774,751.3
	월별1인당평가액(원)	1,021,703.1	1,390,663.0	1,240,575.3	1,050,410.9	619,460.8	1,064,562.6
종합대체비용법 II	총추계액(10억원)	12,620.3	18,479.2	14,607.6	6,977.1	4,062.0	56,746.2
	연간1인당평가액(원)	11,551,314.9	12,630,639.1	10,420,327.3	8,172,062.0	6,852,181.1	9,925,304.9
	월별1인당평가액(원)	962,609.6	1,052,553.3	868,360.6	681,005.2	571,015.1	827,108.7
총기회비용법	총추계액(10억원)	17,609	33,556	18,670	8,984	4,466	83,285
	연간1인당평가액(원)	16,117,464	22,935,570	13,318,534	10,522,181	7,534,416	14,085,633
	월별1인당평가액(원)	1,343,122	1,911,298	1,109,878	876,848	627,868	1,173,803
순기회비용법	총추계액(10억원)	17,584.5	33,494.9	18,608.7	8,972.7	4,456.9	83,117.7
	연간1인당평가액(원)	16,095,016.0	22,893,921.9	13,274,553.9	10,509,486.0	7,518,312.8	14,058,258.1
	월별1인당평가액(원)	1,341,251.3	1,907,826.8	1,106,212.8	875,790.5	626,526.1	1,171,521.5
Hybrid I	총추계액(10억원)	15,681.1	29,233.2	19,351.6	9,358.1	4,307.5	77,931.5
	연간1인당평가액(원)	14,382,218.4	20,061,996.2	13,977,419.6	11,121,494.6	7,298,290.1	13,368,283.8
	월별1인당평가액(원)	1,198,518.2	1,671,833.0	1,164,785.0	926,791.2	608,190.8	1,114,023.6
Hybrid II	총추계액(10억원)	15,876.8	29,645.6	19,221.7	9,238.0	4,299.0	78,281.0
	연간1인당평가액(원)	14,564,151.0	20,338,215.4	13,828,559.8	10,925,100.9	7,273,748.9	13,385,955.2
	월별1인당평가액(원)	1,213,679.3	1,694,851.3	1,152,380.0	910,425.1	606,145.7	1,115,496.3

<부표 9> 1999년 전체여성의 무급가사노동가치 평가액 종합표

		20대	30대	40대	50대	60대 이상	전체
개별기능 대체 비용법	총추계액 (10억원)	17,239.73 (13.15)	41,282.05 (33.72)	25,897.66 (24.94)	17,283.61 (17.36)	11,919.78 (10.83)	113,622.84 (100.00)
	연간 1인당 평가액(원)	5,375,657	10,416,869	7,845,399	7,870,497	5,328,468	7,675,145
	월별 1인당 평가액(원)	447,971	868,072	653,783	655,875	440,039	639.595
종합대체 비용법 I	총추계액 (10억원)	17,591.04 (13.15)	45,095.53 (33.72)	33,356.46 (24.94)	23,217.01 (17.36)	14,488.76 (10.83)	133,748.80 (100.00)
	연간 1인당 평가액(원)	5,485,202	11,379,139	10,104,956	10,572,409	6,476,872	8,974,020
	월별 1인당 평가액(원)	457,100	948,262	842,080	881,034	539,739	747,835
종합대체 비용법 II	총추계액 (10억원)	16,609.52 (15.78)	37,449.60 (35.57)	23,539.33 (22.35)	16,380.92 (15.56)	11,310.29 (10.49)	105,289.66 (100.00)
	연간 1인당 평가액(원)	5,179,146	9,449,812	7,130,968	7,459,435	5,056,008	7,623,647
	월별 1인당 평가액(원)	431,596	787,484	594,247	621,620	421,334	635,304
총기회 비용법	총추계액 (10억원)	18,827.37 (15.09)	50,857.53 (40.75)	26,440.03 (21.18)	15,281.57 (12.25)	13,393.07 (10.73)	124,799.58 (100.00)
	연간 1인당 평가액(원)	5,870,711	12,833,090	8,009,703	6,958,822	5,987,067	8,373,563
	월별 1인당 평가액(원)	489,226	1,069,424	667,475	579,902	498,922	697,797
순기회 비용법	총추계액 (10억원)	18,728.58 (15.09)	50,633.11 (40.81)	26,177.88 (21.10)	15,226.77 (12.27)	13,313.21 (10.73)	124,079.55 (100.00)
	연간 1인당 평가액(원)	5,839,907	12,776,460	7,930,289	6,933,866	5,951,366	8,325,252
	월별 1인당 평가액(원)	486,659	1,064,705	660,857	577,822	495,947	693,771
Hybrid I	총추계액 (10억원)	18,064.90 (14.56)	46,796.10 (37.71)	28,069.72 (22.62)	17,889.89 (14.41)	13,282.60 (10.70)	124,103.21 (100.00)
	연간 1인당 평가액(원)	5,632,959	11,808,250	8,503,399	8,146,581	5,937,686	8,326,839
	월별 1인당 평가액(원)	469,413	984,021	708,617	678,882	494,807	693,903
Hybrid II	총추계액 (10억원)	17,870.66 (15.25)	45,173.41 (38.55)	25,574.88 (21.82)	16,062.00 (13.71)	12,502.69 (10.67)	117,183.65 (100.00)
	연간 1인당 평가액(원)	5,572,393	11,398,791	7,747,616	7,314,209	5,589,044	7,862,564
	월별 1인당 평가액(원)	464,366	949,899	645,635	609,517	465,754	655,214

<부표 10> 1999년 전업주부의 무급가사노동가치 평가액 종합표

		20대	30대	40대	50대	60대 이상	전체
개별기능 대체 비용법	총추계액 (10억원)	14,123.86 (20.95)	26,662.80 (39.56)	12,637.92 (18.75)	8,712.15 (12.93)	5,267.01 (7.81)	67,403.24 (100.00)
	연간 1인당 평가액(원)	14,862,026	15,096,075	11,342,466	10,941,508	7,655,167	12,681,701
	월별 1인당 평가액(원)	1,238,502	1,258,006	945,206	911,792	637,931	1,056,808
종합대체 비용법 I	총추계액 (10억원)	14,859.79 (18.83)	28,970.40 (36.72)	16,627.21 (21.07)	11,832.35 (15.00)	6,613.53 (8.38)	78,903.29 (100.00)
	연간 1인당 평가액(원)	15,636,428	16,402,912	14,922,835	14,860,130	9,612,226	14,845,398
	월별 1인당 평가액(원)	1,303,036	1,366,909	1,243,570	1,238,344	801,018	1,237,117
종합대체 비용법 II	총추계액 (10억원)	12,893.85 (21.41)	22,993.79 (38.18)	11,369.81 (21.1)	8,159.42 (18.88)	4,813.20 (7.99)	60,230.07 (100.00)
	연간 1인당 평가액(원)	13,567,731	13,018,983	10,204,348	10,247,331	6,995,589	11,331,919
	월별 1인당 평가액(원)	1,130,644	1,084,915	850,362	853,944	582,966	944,327
총기회 비용법	총추계액 (10억원)	13,648.47 (19.16)	31,343.18 (43.99)	12,833.72 (18.13)	7,641.13 (10.73)	5,776.86 (8.11)	71,243.36 (100.00)
	연간 1인당 평가액(원)	14,361,794	17,746,369	11,518,196	9,596,420	8,396,198	13,404,072
	월별 1인당 평가액(원)	1,196,816	1,478,864	959,850	799,702	699,683	1,117,006
순기회 비용법	총추계액 (10억원)	13,619.19 (19.19)	31,243.16 (44.02)	12,745.24 (18.01)	7,621.26 (10.73)	5,752.30 (8.11)	70,981.15 (100.00)
	연간 1인당 평가액(원)	14,330,989	17,689,740	11,438,783	9,571,464	8,360,497	13,354,740
	월별 1인당 평가액(원)	1,194,249	1,474,145	953,232	797,622	696,708	1,112,895
Hybrid I	총추계액 (10억원)	14,097.43 (19.50)	29,449.37 (40.74)	13,801.19 (19.09)	9,063.84 (12.54)	5,867.37 (8.12)	72,279.21 (100.00)
	연간 1인당 평가액(원)	14,834,222	16,674,102	12,386,497	11,383,182	8,527,750	13,598,917
	월별 1인당 평가액(원)	1,236,185	1,389,509	1,032,208	948,599	710,646	1,133,243
Hybrid II	총추계액 (10억원)	13,605.84 (20.11)	28,152.15 (41.61)	12,431.04 (18.37)	8,050.60 (11.90)	5,413.81 (8.00)	67,653.45 (100.00)
	연간 1인당 평가액(원)	14,316,941	15,939,624	11,156,793	10,110,672	7,868,532	12,728,623
	월별 1인당 평가액(원)	1,193,078	1,328,302	929,733	842,556	655,711	1,060,719

<부표 11> 1999년 전체남성의 무급가사노동가치 평가액 종합표

		20대	30대	40대	50대	60대 이상	전체
개별기능 대체 비용법	총추계액 (10억원)	2,285.82 (9.54)	7,277.72 (30.36)	6,992.17 (29.17)	4,131.44 (17.24)	3,282.36 (13.69)	23,969.51 (100.00)
	연간 1인당 평가액(원)	962,449	1,792,541	2,128,514	2,024,226	2,481,000	1,831,971
	월별 1인당 평가액(원)	80,204	149,378	177,376	168,686	206,750	152,664
종합대체 비용법 I	총추계액 (10억원)	2,468.08 (9.50)	7,415.16 (28.55)	7,412.50 (28.53)	4,733.33 (18.22)	3,949.96 (15.20)	25,979.03 (100.00)
	연간 1인당 평가액(원)	1,039,191	1,826,393	2,256,467	2,319,125	2,985,612	1,985,557
	월별 1인당 평가액(원)	86,599	152,199	188,039	193,260	248,801	165,463
종합대체 비용법 II	총추계액 (10억원)	2,287.74 (9.73)	7,011.87 (29.83)	6,841.93 (29.11)	3,957.30 (16.83)	3409.76 (14.50)	23,508.60 (100.00)
	연간 1인당 평가액(원)	963,260	1,727,062	2,082,780	1,938,901	2,577,291	1,796,744
	월별 1인당 평가액(원)	80,272	143,922	173,565	161,575	214,774	149,729
총기회 비용법	총추계액 (10억원)	2,310.32 (9.12)	8,446.90 (33.31)	7,132.63 (28.16)	4,326.29 (17.08)	3,113.75 (12.29)	25,329.90 (100.00)
	연간 1인당 평가액(원)	972,767	2,080,518	2,171,274	2,119,690	2,353,552	1,935,945
	월별 1인당 평가액(원)	81,064	173,377	1,809,395	176,641	196,129	161,329
순기회 비용법	총추계액 (10억원)	2,237.16 (9.07)	8,216.99 (33.31)	6,871.76 (27.86)	4,275.35 (17.33)	3,066.52 (12.43)	24,667.78 (100.00)
	연간 1인당 평가액(원)	941,962	2,023,889	2,091,860	2,094,734	2,317,851	1,885,339
	월별 1인당 평가액(원)	78,497	168,657	174,322	174,561	193,154	157,112
Hybrid I	총추계액 (10억원)	2,335.24 (9.33)	7,800.97 (31.17)	7,127.20 (28.47)	4,380.52 (17.50)	3,387.22 (13.53)	25,031.15 (100.00)
	연간 1인당 평가액(원)	983,260	1,921,421	2,169,620	2,146,260	2,560,260	1,913,111
	월별 1인당 평가액(원)	81,938	160,118	180,802	178,855	213,355	159,426
Hybrid II	총추계액 (10억원)	2,284.00 (9.38)	7,707.00 (31.64)	6,969.15 (28.61)	4,166.62 (17.11)	3,228.75 (13.26)	24,355.52 (100.00)
	연간 1인당 평가액(원)	961,685	1,898,277	2,121,508	2,041,460	2,440,475	1,861,474
	월별 1인당 평가액(원)	80,140	158,190	176,792	170,122	203,373	155,123

<부표 12> 취업주부의 무급노동가치 평가액 종합표

		20대	30대	40대	50대	60대	전체
개별기능대체비용법	연간 1인당 평가액(원)	5649745.28	8986975.82	7015485.69	5561258.42	4565659.14	6355824.87
	월별 1인당 평가액(원)	470812.11	748914.65	584623.81	463438.20	380471.59	529652.07
종합대체비용법 I	연간 1인당 평가액(원)	5507341.22	9092972.66	8511567.82	7675093.80	5516964.62	7260788.02
	월별 1인당 평가액(원)	458945.10	757747.72	709297.32	639591.15	459747.05	605065.67
종합대체비용법 II	연간 1인당 평가액(원)	5111238.01	6707318.82	5699627.23	4747634.29	5000823.74	5453328.42
	월별 1인당 평가액(원)	425936.50	558943.24	474968.94	395636.19	416735.31	454444.03
총기회비용법	연간 1인당 평가액(원)	7131672.49	12179603.94	7284865.09	6112957.47	5498728.96	7641565.59
	월별 1인당 평가액(원)	594306.04	1014967.00	607072.09	509413.12	458227.41	636797.13
순기회비용법	연간 1인당 평가액(원)	7121739.68	12157487.23	7260809.30	6105582.13	5486976.59	7626518.99
	월별 1인당 평가액(원)	593478.31	1013123.94	605067.44	508798.51	457248.05	635543.25
Hybrid I	연간 1인당 평가액(원)	6362517.50	10623144.17	7510970.68	6354657.63	5267176.33	7223693.26
	월별 1인당 평가액(원)	530209.79	885262.01	625914.22	529554.80	438931.36	601974.44
Hybrid II	연간 1인당 평가액(원)	6442893.16	10766960.77	7416927.31	6230553.48	5243699.42	7220206.83
	월별 1인당 평가액(원)	536907.76	897246.73	618077.28	519212.79	436974.95	601683.90

<부표 13> 전업주부(중졸)의 무급노동가치 평가액 종합표

		20대	30대	40대	50대	60대	전체
개별기능대체비용법	연간1인당 평가액(원)	10554535.40	13617299.22	12142692.59	10376057.57	6551565.46	10648430.05
	월별1인당 평가액(원)	879544.62	1134774.93	1011891.05	864671.46	545963.79	887369.17
종합대체비용법 I	연간1인당 평가액(원)	10447594.99	14523268.44	14510283.14	13211157.98	7533008.18	12045062.55
	월별1인당 평가액(원)	870632.92	1210272.37	1209190.26	1100929.83	627750.68	1003755.21
종합대체비용법 II	연간1인당 평가액(원)	9696175.07	10712909.34	9716565.34	8172114.67	6828255.89	9025204.06
	월별1인당 평가액(원)	808014.59	892742.45	809713.78	681009.56	569021.32	752100.34
총기회비용법	연간1인당 평가액(원)	13529001.17	19453226.59	12419034.58	10522248.86	7508108.73	12686323.99
	월별1인당 평가액(원)	1127416.76	1621102.22	1034919.55	876854.07	625675.73	1057193.67
순기회비용법	연간1인당 평가액(원)	13510158.33	19417901.85	12378024.94	10509553.66	7492061.74	12661540.10
	월별1인당 평가액(원)	1125846.53	1618158.49	1031502.08	875796.14	624338.48	1055128.34
Hybrid I	연간1인당 평가액(원)	12029130.45	16783270.87	12850169.27	11138948.62	7271234.66	12014550.77
	월별1인당 평가액(원)	1002427.54	1398605.91	1070847.44	928245.72	605936.22	1001212.56
Hybrid II	연간1인당 평가액(원)	12177774.61	16995682.26	12694139.75	10944187.38	7246631.29	12011683.06
	월별1인당 평가액(원)	1014814.55	1416306.86	1057844.98	912015.61	603885.94	1000973.59

<부표 14> 전업주부(고졸)의 무급노동가치 평가액 종합표

		20대	30대	40대	50대	60대	전체
개별기능대체비용법	연간1인당 평가액(원)	13234080.30	17145425.72	13851048.79	10649383.83	6573288.07	12290645.34
	월별1인당 평가액(원)	1102840.02	1428785.48	1154254.07	887448.65	547774.01	1024220.45
종합대체비용법 I	연간1인당 평가액(원)	12872465.43	17055762.90	15525615.12	13669888.95	7630071.85	13350760.85
	월별1인당 평가액(원)	1072705.45	1421313.58	1293801.26	1139157.41	635839.32	1112563.40
종합대체비용법 II	연간1인당 평가액(원)	11946642.12	12580972.56	10396465.20	8455874.96	6916238.74	10059238.72
	월별1인당 평가액(원)	995553.51	1048414.38	866372.10	704656.25	576353.23	838269.89
총기회비용법	연간1인당 평가액(원)	16669061.15	22845382.35	13288035.06	10887612.85	7604851.56	14258988.59
	월별1인당 평가액(원)	1389088.43	1903781.86	1107336.26	907301.07	633737.63	1188249.05
순기회비용법	연간1인당 평가액(원)	16645844.92	22803897.86	13244155.84	10874476.84	7588597.80	14231394.65
	월별1인당 평가액(원)	1387153.74	1900324.82	1103679.65	906206.40	632383.15	1185949.55
Hybrid I	연간1인당 평가액(원)	14878478.52	19997966.13	13963795.13	11504007.73	7349267.32	13538702.97
	월별1인당 평가액(원)	1239873.21	1666497.18	1163649.59	958667.31	612438.94	1128225.25
Hybrid II	연간1인당 평가액(원)	15067018.16	20274495.70	13817003.97	11300442.52	7322875.28	13556367.13
	월별1인당 평가액(원)	1255584.85	1689541.31	1151417.00	941703.54	610239.61	1129697.26

<부표 15> 전업주부(대졸)의 무급노동가치 평가액 종합표

		20대	30대	40대	50대	60대	전체
개별기능 대체 비용법	연간1인당 평가액(원)	12736768.62	17511614.06	15834948.43	9291185.70	7296783.28	12534260.02
	월별1인당 평가액(원)	1061397.39	1459301.17	1319579.04	774265.47	608065.27	1044521.67
종합 대체 비용법 I	연간1인당 평가액(원)	12419635.35	17508439.60	17067271.49	12249274.73	8122418.38	13473407.91
	월별1인당 평가액(원)	1034969.61	1459036.63	1422272.62	1020772.89	676868.20	1122783.99
종합 대체 비용법 II	연간1인당 평가액(원)	11526380.83	12914883.93	11428809.28	7577116.09	7362523.68	10161942.76
	월별1인당 평가액(원)	960531.74	1076240.33	952400.77	631426.34	613543.64	846828.56
총 기회 비용법	연간1인당 평가액(원)	16082673.69	23451721.23	14607505.10	9756140.77	8095570.70	14398722.30
	월별1인당 평가액(원)	1340222.81	1954310.10	1217292.09	813011.73	674630.89	1199893.52
순 기회 비용법	연간1인당 평가액(원)	16060274.16	23409135.70	14559268.77	9744369.89	8078268.14	14370263.33
	월별1인당 평가액(원)	1338356.18	1950761.31	1213272.40	812030.82	673189.01	1197521.94
Hybrid I	연간1인당 평가액(원)	14347148.34	20506537.08	15502344.65	10245670.38	7898254.16	13699990.92
	월별1인당 평가액(원)	1195595.69	1708878.09	1291862.05	853805.87	658187.85	1141665.91
Hybrid II	연간1인당 평가액(원)	14528309.97	20788319.99	15355261.49	10057357.14	7877185.58	13721286.83
	월별1인당 평가액(원)	1210692.50	1732360.00	1279605.12	838113.09	656432.13	1143440.57

<부표 16> 전업주부(대학원졸)의 무급노동가치 평가액 종합표

		20대	30대	40대	50대	60대	전체
개별기능대체비용법	연간1인당 평가액(원)	6285573.18	20759870.03	11969117.67	1742275.41	-	10189209.07
	월별1인당 평가액(원)	523797.76	1729989.17	997426.47	145189.62	-	849100.76
종합대체비용법 I	연간1인당 평가액(원)	5876379.13	20467460.51	15056049.36	2685972.06		11021465.26
	월별1인당 평가액(원)	489698.26	1705621.71	1254670.78	223831.00	-	918455.44
종합대체비용법 II	연간1인당 평가액(원)	5453733.69	15097569.11	10082028.45	1661479.76		8073702.75
	월별1인당 평가액(원)	454477.81	1258130.76	840169.04	138456.65	-	672808.56
총기회비용법	연간1인당 평가액(원)	7609554.17	27415188.86	12886143.98	2139287.60		12512543.65
	월별1인당 평가액(원)	634129.51	2284599.07	1073845.33	178273.97	-	1042711.97
순기회비용법	연간1인당 평가액(원)	7598955.78	27365406.14	12843591.86	2136706.52	-	12486165.08
	월별1인당 평가액(원)	633246.32	2280450.51	1070299.32	178058.88	-	1040513.76
Hybrid I	연간1인당 평가액(원)	6853106.71	24044354.82	13176080.31	2172939.11	-	11561620.24
	월별1인당 평가액(원)	571092.23	2003696.24	1098006.69	181078.26	-	963468.35
Hybrid II	연간1인당 평가액(원)	6944906.64	24380537.25	12999387.21	2124720.55	-	11612387.91
	월별1인당 평가액(원)	578742.22	2031711.44	1083282.27	177060.05	-	967698.99

<부표 17> 전업주부(중졸, 미취학아이 유)의 무급노동가치 평가액 종합표

		20대	30대	40대	50대	60대	전체
개별기능대체비용법	연간1인당 평가액(원)	14586986.40	17026679.14	18720161.54	13832078.03	14930011.13	15819183.25
	월별1인당 평가액(원)	1215582.20	1418889.93	1560013.46	1152673.17	1244167.59	1318265.27
종합대체비용법 I	연간1인당 평가액(원)	14003696.14	17442614.95	20914546.23	12844045.75	15824682.97	16205917.21
	월별1인당 평가액(원)	1166974.68	1453551.25	1742878.85	1070337.15	1318723.58	1350493.10
종합대체비용법 II	연간1인당 평가액(원)	12996511.59	12866329.20	14005071.65	7945027.59	14344201.15	12431428.24
	월별1인당 평가액(원)	1083042.63	1072194.10	1167089.30	662085.63	1195350.10	1035952.35
총기회비용법	연간1인당 평가액(원)	18133936.24	23363552.25	17900303.56	10229856.15	15772376.39	17080004.92
	월별1인당 평가액(원)	1511161.35	1946962.69	1491691.96	852488.01	1314364.70	1423333.74
순기회비용법	연간1인당 평가액(원)	18108679.76	23321126.82	17841193.88	10217513.73	15738666.28	17045436.10
	월별1인당 평가액(원)	1509056.65	1943427.24	1486766.16	851459.48	1311555.52	1420453.01
Hybrid I	연간1인당 평가액(원)	16233423.92	20324771.45	18825959.73	11764566.60	15566243.33	16542993.00
	월별1인당 평가액(원)	1352785.33	1693730.95	1568829.98	980380.55	1297186.94	1378582.75
Hybrid II	연간1인당 평가액(원)	16442989.89	20595657.39	18629659.24	11663109.33	15541953.30	16574673.83
	월별1인당 평가액(원)	1370249.16	1716304.78	1552471.60	971925.78	1295162.78	1381222.82

<부표 18> 전업주부(중졸, 미취학아이 무)의 무급노동가치 평가액 종합표

		20대	30대	40대	50대	60대	전체
개별기능대체비용법	연간1인당 평가액(원)	4880399.66	11481738.89	11951656.26	10287670.60	6464147.88	9013122.66
	월별1인당 평가액(원)	406699.97	956811.57	995971.36	857305.88	538678.99	751093.55
종합대체비용법 I	연간1인당 평가액(원)	5051735.96	12741218.04	14325068.47	13245589.43	7447629.05	10562248.19
	월별1인당 평가액(원)	420978.00	1061768.17	1193755.71	1103799.12	620635.75	880187.35
종합대체비용법 II	연간1인당 평가액(원)	4688401.15	9398401.91	9592539.47	8193413.16	6750864.42	7724724.02
	월별1인당 평가액(원)	390700.10	783200.16	799378.29	682784.43	562572.03	643727.00
총기회비용법	연간1인당 평가액(원)	6541691.35	17066254.93	12260513.39	10549672.36	7423011.81	10768228.77
	월별1인당 평가액(원)	545140.95	1422187.91	1021709.45	879139.36	618584.32	897352.40
순기회비용법	연간1인당 평가액(원)	6532580.25	17035264.65	12220027.21	10536944.08	7407146.69	10746392.58
	월별1인당 평가액(원)	544381.69	1419605.39	1018335.60	878078.67	617262.22	895532.71
Hybrid I	연간1인당 평가액(원)	5760752.05	14607858.99	12677143.35	11139151.01	7185535.24	10274088.13
	월별1인당 평가액(원)	480062.67	1217321.58	1056428.61	928262.58	598794.60	856174.01
Hybrid II	연간1인당 평가액(원)	5827390.52	14783299.43	12522259.42	10941172.67	7160901.77	10247004.76
	월별1인당 평가액(원)	485615.88	1231941.62	1043521.62	911764.39	596741.81	853917.06

<부표 19> 전업주부(고졸, 미취학아이 유)의 무급노동가치 평가액 종합표

		20대	30대	40대	50대	60대	전체
개별기능대체비용법	연간1인당 평가액(원)	14577135.48	18707284.51	21450379.81	20835603.53	3158851.82	15745851.03
	월별1인당 평가액(원)	1214761.29	1558940.38	1787531.65	1736300.29	263237.65	1312154.25
종합대체비용법 I	연간1인당 평가액(원)	14140985.21	18802054.58	20514374.67	19045983.67	3866788.10	15274037.24
	월별1인당 평가액(원)	1178415.43	1566837.88	1709531.22	1587165.31	322232.34	1272836.44
종합대체비용법 II	연간1인당 평가액(원)	13123926.45	13869103.02	13737103.54	11781401.96	3505029.86	11203312.97
	월별1인당 평가액(원)	1093660.54	1155758.59	1144758.63	981783.50	292085.82	933609.41
총기회비용법	연간1인당 평가액(원)	18311717.25	25184456.90	17557805.45	15169493.86	3854006.90	16015496.07
	월별1인당 평가액(원)	1525976.44	2098704.74	1463150.45	1264124.49	321167.24	1334624.67
순기회비용법	연간1인당 평가액(원)	18286213.16	25138724.93	17499826.76	15151191.71	3845769.78	15984345.27
	월별1인당 평가액(원)	1523851.10	2094893.74	1458318.90	1262599.31	320480.81	1332028.77
Hybrid I	연간1인당 평가액(원)	16354396.51	21997147.05	19237075.81	17526305.91	3681430.37	15759271.13
	월별1인당 평가액(원)	1362866.38	1833095.59	1603089.65	1460525.49	306785.86	1313272.59
Hybrid II	연간1인당 평가액(원)	16562428.93	22297444.97	19117026.02	17383475.59	3664009.11	15804876.92
	월별1인당 평가액(원)	1380202.41	1858120.41	1593085.50	1448622.97	305334.09	1317073.08

<부표 20> 전업주부(고졸, 미취학아이 무)의 무급노동가치 평가액 종합표

		20대	30대	40대	50대	60대	전체
개별기능 대체 비용법	연간1인당 평가액(원)	7186694.11	14770587.44	13508327.33	10512303.00	6592593.56	10514101.09
	월별1인당 평가액(원)	598891.18	1230882.29	1125693.94	876025.25	549382.80	876175.09
종합 대체 비용법 I	연간1인당 평가액(원)	7156412.28	14405624.59	15300785.87	13578411.35	7647323.65	11617711.55
	월별1인당 평가액(원)	596367.69	1200468.72	1275065.49	1131534.28	637276.97	968142.63
종합 대체 비용법 II	연간1인당 평가액(원)	6641703.33	10626130.81	10245912.10	8399289.05	6931876.54	8568982.37
	월별1인당 평가액(원)	553475.28	885510.90	853826.01	699940.75	577656.38	714081.86
총기회 비용법	연간1인당 평가액(원)	9267119.39	19295648.26	13095608.61	10814753.97	7622046.34	12019035.31
	월별1인당 평가액(원)	772259.95	1607970.69	1091300.72	901229.50	635170.53	1001586.28
순기회 비용법	연간1인당 평가액(원)	9254212.39	19260609.66	13052364.81	10801705.86	7605755.83	11994929.71
	월별1인당 평가액(원)	771184.37	1605050.80	1087697.07	900142.16	633812.99	999577.48
Hybrid I	연간1인당 평가액(원)	8229003.46	16962901.25	13726083.08	11410586.48	7366993.88	11539113.63
	월별1인당 평가액(원)	685750.29	1413575.10	1143840.26	950882.21	613916.16	961592.80
Hybrid II	연간1인당 평가액(원)	8329813.34	17203252.63	13578081.11	11206838.60	7340646.46	11531726.43
	월별1인당 평가액(원)	694151.11	1433604.39	1131506.76	933903.22	611720.54	960977.20

<부표 21> 전업주부(대졸, 미취학아이 유)의 무급노동가치 평가액 종합표

		20대	30대	40대	전체
개별 기능대체 비용법	연간1인당 평가액(원)	15045885.18	18630948.30	23530454.63	19069096.04
	월별1인당 평가액(원)	1253823.77	1552579.02	1960871.22	1589091.34
종합대체 비용법 I	연간1인당 평가액(원)	14701640.32	18802539.68	22925910.05	18810030.01
	월별1인당 평가액(원)	1225136.69	1566878.31	1910492.50	1567502.50
종합대체 비용법 II	연간1인당 평가액(원)	13644257.70	13869460.85	15351947.36	14288555.30
	월별1인당 평가액(원)	1137021.47	1155788.40	1279328.95	1190712.94
총기회비용법	연간1인당 평가액(원)	19037731.57	25185106.67	19621785.94	21281541.40
	월별1인당 평가액(원)	1586477.63	2098758.89	1635148.83	1773461.78
순기회비용법	연간1인당 평가액(원)	19011216.31	25139373.52	19556991.66	21235860.50
	월별1인당 평가액(원)	1584268.03	2094947.79	1629749.30	1769655.04
Hybrid I	연간1인당 평가액(원)	16975535.90	21978529.15	21388198.37	20114087.81
	월별1인당 평가액(원)	1414627.99	1831544.10	1782349.86	1676173.98
Hybrid II	연간1인당 평가액(원)	17189253.07	22277031.64	21243673.09	20236652.60
	월별1인당 평가액(원)	1432437.76	1856419.30	1770306.09	1686387.72

<부표 22> 전업주부(대졸, 미취학아이 무)의 무급노동가치 평가액 종합표

		20대	30대	40대	50대	60대	전체
개별기능 대체 비용법	연간1인당 평가액(원)	6374947.42	14525283.22	14909064.69	9291185.70	7296783.28	10479452.86
	월별1인당 평가액(원)	531245.62	1210440.27	1242422.06	774265.47	608065.27	873287.74
종합대체 비용법 I	연간1인당 평가액(원)	6135951.25	14057843.22	16380966.46	12249274.73	8122418.38	11389290.81
	월별1인당 평가액(원)	511329.27	1171486.94	1365080.54	1020772.89	676868.20	949107.57
종합대체 비용법 II	연간1인당 평가액(원)	5694636.67	10369594.19	10969236.74	7577116.09	7362523.68	8394621.47
	월별1인당 평가액(원)	474553.06	864132.85	914103.06	631426.34	613543.64	699551.79
총기회 비용법	연간1인당 평가액(원)	7945684.32	18829811.68	14020111.60	9756140.77	8095570.70	11729463.81
	월별1인당 평가액(원)	662140.36	1569150.97	1168342.63	813011.73	674630.89	977455.32
순기회 비용법	연간1인당 평가액(원)	7934617.77	18795618.98	13973814.94	9744369.89	8078268.14	11705337.94
	월별1인당 평가액(원)	661218.15	1566301.58	1164484.58	812030.82	673189.01	975444.83
Hybrid I	연간1인당 평가액(원)	7108802.02	16581176.05	14806757.53	10245670.38	7898254.16	11328132.03
	월별1인당 평가액(원)	592400.17	1381764.67	1233896.46	853805.87	658187.85	944011.00
Hybrid II	연간1인당 평가액(원)	7200237.58	16818337.14	14658801.97	10057357.14	7877185.58	11322383.88
	월별1인당 평가액(원)	600019.80	1401528.10	1221566.83	838113.09	656432.13	943531.99

<부표 23> 취업주부(중졸)의 무급노동가치 평가액 종합표

		20대	30대	40대	50대	60대	전체
개별기능 대체 비용법	연간1인당 평가액(원)	6681394.74	7413358.63	6145251.22	5392498.63	4507992.33	6028099.11
	월별1인당 평가액(원)	556782.90	617779.89	512104.27	449374.89	375666.03	502341.59
종합대체 비용법 I	연간1인당 평가액(원)	6542127.63	7953761.17	7994359.32	7676047.98	5489287.53	7131116.73
	월별1인당 평가액(원)	545177.30	662813.43	666196.61	639670.67	457440.63	594259.73
종합대체 비용법 II	연간1인당 평가액(원)	6071599.72	5866993.56	5353287.32	4748224.52	4975735.99	5403168.22
	월별1인당 평가액(원)	505966.64	488916.13	446107.28	395685.38	414644.67	450264.02
총기회 비용법	연간1인당 평가액(원)	8471658.06	10653684.40	6842197.63	6113717.45	5471143.35	7510480.18
	월별1인당 평가액(원)	705971.51	887807.03	570183.14	509476.45	455928.61	625873.35
순기회 비용법	연간1인당 평가액(원)	8459858.95	10634338.58	6819603.59	6106341.19	5459449.94	7495918.45
	월별1인당 평가액(원)	704988.25	886194.88	568300.30	508861.77	454954.16	624659.87
Hybrid I	연간1인당 평가액(원)	7550518.97	9180416.45	6943691.31	6313127.41	5232070.54	7043964.93
	월별1인당 평가액(원)	629209.91	765034.70	578640.94	526093.95	436005.88	586997.08
Hybrid II	연간1인당 평가액(원)	7645294.89	9295706.39	6844941.92	6185030.26	5207895.43	7035773.78
	월별1인당 평가액(원)	637107.91	774642.20	570411.83	515419.19	433991.29	586314.48

<부표 24> 취업주부(고졸)의 무급노동가치 평가액 종합표

		20대	30대	40대	50대	60대	전체
개별기능대체비용법	연간1인당 평가액(원)	6359023.92	8869900.45	7137058.85	5693222.07	5523671.19	6716575.30
	월별1인당 평가액(원)	529918.66	739158.37	594754.90	474435.17	460305.93	559714.61
종합대체비용법 I	연간1인당 평가액(원)	6157924.13	8972853.79	8522660.96	7337631.01	6369967.15	7472207.41
	월별1인당 평가액(원)	513160.3442	747737.8162	710221.7465	611469.2512	530830.5957	622683.9508
종합대체비용법 II	연간1인당 평가액(원)	5715029.20	6618714.63	5707055.56	4538887.67	5774023.42	5670742.10
	월별1인당 평가액(원)	476252.43	551559.55	475587.96	378240.64	481168.62	472561.84
총기회비용법	연간1인당 평가액(원)	7974137.86	12018710.44	7294359.47	5844179.57	6348911.99	7896059.87
	월별1인당 평가액(원)	664511.49	1001559.20	607863.29	487014.96	529076.00	658004.99
순기회비용법	연간1인당 평가액(원)	7963031.69	11996885.90	7270272.32	5837128.51	6335342.54	7880532.19
	월별1인당 평가액(원)	663585.97	999740.49	605856.03	486427.38	527945.21	656711.02
Hybrid I	연간1인당 평가액(원)	7124580.36	10483222.03	7548838.97	6169279.03	6144518.45	7494087.77
	월별1인당 평가액(원)	593715.03	873601.84	629069.91	514106.59	512043.20	624507.31
Hybrid II	연간1인당 평가액(원)	7215433.71	10625177.37	7457312.13	6059468.85	6123329.15	7496144.24
	월별1인당 평가액(원)	601286.14	885431.45	621442.68	504955.74	510277.43	624678.69

<부표 25> 취업주부(대졸)의 무급노동가치 평가액 종합표

		20대	30대	40대	50대	60대	전체
개별기능대체비용법	연간1인당 평가액(원)	4990010.23	9425943.22	8867462.16	4668249.12	5786109.85	6747554.92
	월별1인당 평가액(원)	415834.19	785495.27	738955.18	389020.76	482175.82	562296.24
종합대체비용법 I	연간1인당 평가액(원)	4923045.10	9492823.56	9867437.14	6750922.99	5902979.42	7387441.64
	월별1인당 평가액(원)	410253.76	791068.63	822286.43	562576.92	491914.95	615620.14
종합대체비용법 II	연간1인당 평가액(원)	4568966.08	7002263.89	6607562.15	4175963.74	5350724.84	5541096.14
	월별1인당 평가액(원)	380747.17	583521.99	550630.18	347996.98	445893.74	461758.01
총기회비용법	연간1인당 평가액(원)	6375044.49	12715185.18	8445324.04	5376886.10	5883467.83	7759181.53
	월별1인당 평가액(원)	531253.71	1059598.77	703777.00	448073.84	490288.99	646598.46
순기회비용법	연간1인당 평가액(원)	6366165.49	12692095.92	8417436.23	5370398.83	5870893.17	7743397.93
	월별1인당 평가액(원)	530513.79	1057674.66	701453.02	447533.24	489241.10	645283.16
Hybrid I	연간1인당 평가액(원)	5672424.74	11101215.65	8890870.45	5533696.59	5860736.92	7411788.87
	월별1인당 평가액(원)	472702.06	925101.30	740905.87	461141.38	488394.74	617649.07
Hybrid II	연간1인당 평가액(원)	5742856.86	11252383.98	8799085.64	5419292.84	5856766.66	7414077.20
	월별1인당 평가액(원)	478571.41	937698.67	733257.14	451607.74	488063.89	617839.77

<부표 26> 취업주부(대학원졸)의 무급노동가치 평가액 종합표

		20대	30대	40대	50대	60대	전체
개별기능대체비용법	연간1인당 평가액(원)	5052179.03	9613156.89	8701261.32	6542152.60	1277332.69	6237216.51
	월별1인당 평가액(원)	421014.92	801096.41	725105.11	545179.38	106444.39	519768.04
종합대체비용법 I	연간1인당 평가액(원)	4755798.26	9163408.87	9186840.80	10641197.93	1604305.70	7070310.31
	월별1인당 평가액(원)	396316.52	763617.41	765570.07	886766.49	133692.14	589192.53
종합대체비용법 II	연간1인당 평가액(원)	4413748.10	6759275.22	6151812.34	6582397.23	1454214.52	5072289.48
	월별1인당 평가액(원)	367812.34	563272.94	512651.03	548533.10	121184.54	422690.79
총기회비용법	연간1인당 평가액(원)	6158469.99	12273949.89	7862816.50	8475360.97	1599002.86	7273920.04
	월별1인당 평가액(원)	513205.83	1022829.16	655234.71	706280.08	133250.24	606160.00
순기회비용법	연간1인당 평가액(원)	6149892.63	12251661.86	7836852.21	8465135.36	1595585.33	7259825.48
	월별1인당 평가액(원)	512491.05	1020971.82	653071.02	705427.95	132965.44	604985.46
Hybrid I	연간1인당 평가액(원)	5537584.27	10844435.17	8388875.78	8518686.36	1519096.62	6961735.64
	월별1인당 평가액(원)	461465.36	903702.93	699072.98	709890.53	126591.39	580144.64
Hybrid II	연간1인당 평가액(원)	5611062.18	11002430.20	8313877.24	8319197.35	1511088.05	6951531.01
	월별1인당 평가액(원)	467588.52	916869.18	692823.10	693266.45	125924.00	579294.25

<부표 27> 취업주부(중졸, 미취학아이 유)의 무급노동가치 평가액 종합표

		20대	30대	40대	50대	60대	전체
개별기능대체비용법	연간1인당 평가액(원)	7976303.37	7220095.71	13523438.15	11319223.83	5397717.32	9087355.67
	월별1인당 평가액(원)	664691.95	601674.64	1126953.18	943268.65	449809.78	757279.64
종합대체비용법 I	연간1인당 평가액(원)	7792622.17	8000337.89	13309597.84	12850229.22	5720188.66	9534595.16
	월별1인당 평가액(원)	649385.18	666694.82	1109133.15	1070852.44	476682.39	794549.60
종합대체비용법 II	연간1인당 평가액(원)	7232155.23	5901350.30	8912546.77	7948852.54	5185035.11	7035987.99
	월별1인당 평가액(원)	602679.60	491779.19	742712.23	662404.38	432086.26	586332.33
총기회비용법	연간1인당 평가액(원)	10090972.56	10716071.70	11391394.25	10234781.08	5701281.27	9626900.17
	월별1인당 평가액(원)	840914.38	893005.97	949282.85	852898.42	475106.77	802241.68
순기회비용법	연간1인당 평가액(원)	10076918.12	10696612.59	11353778.04	10222432.72	5689095.99	9607767.49
	월별1인당 평가액(원)	839743.18	891384.38	946148.17	851869.39	474091.33	800647.29
Hybrid I	연간1인당 평가액(원)	8998206.40	9175067.04	12382634.64	11140984.65	5627001.58	9464778.86
	월별1인당 평가액(원)	749850.53	764588.92	1031886.22	928415.39	468916.80	788731.57
Hybrid II	연간1인당 평가액(원)	9111515.94	9285476.59	12295511.92	10980337.46	5618243.19	9458217.02
	월별1인당 평가액(원)	759293.00	773789.72	1024625.99	915028.12	468186.93	788184.75

<부표 28> 취업주부(중졸, 미취학아이 무)의 무급노동가치 평가액 종합표

		20대	30대	40대	50대	60대	전체
개별기능대체비용법	연간1인당 평가액(원)	2690335.23	7434273.78	6025705.12	5356000.98	4499427.04	5201148.43
	월별1인당 평가액(원)	224194.60	619522.81	502142.09	446333.42	374952.25	433429.04
종합대체비용법 I	연간1인당 평가액(원)	2809195.94	7923481.96	7900974.57	7644719.11	5481342.05	6351942.72
	월별1인당 평가액(원)	234099.66	660290.16	658414.55	637059.93	456778.50	529328.56
종합대체비용법 II	연간1인당 평가액(원)	2607150.80	5844658.47	5290753.80	4728845.21	4968533.85	4687988.43
	월별1인당 평가액(원)	217262.57	487054.87	440896.15	394070.43	414044.49	390665.70
총기회비용법	연간1인당 평가액(원)	3637738.17	10613126.83	6762271.66	6088765.04	5463224.14	6513025.17
	월별1인당 평가액(원)	303144.85	884427.24	563522.64	507397.09	455268.68	542752.10
순기회비용법	연간1인당 평가액(원)	3632671.63	10593854.66	6739941.55	6081418.89	5451547.65	6499886.87
	월별1인당 평가액(원)	302722.64	882821.22	561661.80	506784.91	454295.64	541657.24
Hybrid I	연간1인당 평가액(원)	3197579.48	9157739.41	6850651.40	6283742.57	5223987.84	6142740.14
	월별1인당 평가액(원)	266464.96	763144.95	570887.62	523645.21	435332.32	511895.01
Hybrid II	연간1인당 평가액(원)	3234082.58	9273743.86	6751934.42	6155828.13	5199799.83	6123077.76
	월별1인당 평가액(원)	269506.88	772811.99	562661.20	512985.68	433316.65	510256.48

<부표 29> 취업주부(고졸, 미취학아이 유)의 무급노동가치 평가액 종합표

		20대	30대	40대	전체
개별 기능 대체 비용법	연간1인당 평가액(원)	8454422.06	10378140.93	12173160.60	10335241.20
	월별1인당 평가액(원)	704535.17	864845.08	1014430.05	861270.10
종합 대체 비용법 I	연간1인당 평가액(원)	8202204.22	10398775.37	12538541.60	10379840.40
	월별1인당 평가액(원)	683517.02	866564.61	1044878.47	864986.70
종합 대체 비용법 II	연간1인당 평가액(원)	7612279.01	7670528.05	8396222.01	7893009.69
	월별1인당 평가액(원)	634356.58	639210.67	699685.17	657750.81
총기회 비용법	연간1인당 평가액(원)	10621356.45	13928664.51	10731464.04	11760495.00
	월별1인당 평가액(원)	885113.04	1160722.04	894288.67	980041.25
순기회 비용법	연간1인당 평가액(원)	10606563.30	13903371.71	10696027.02	11735320.68
	월별1인당 평가액(원)	883880.28	1158614.31	891335.59	977943.39
Hybrid I	연간1인당 평가액(원)	9485860.04	12173809.02	11523713.61	11061127.56
	월별1인당 평가액(원)	790488.34	1014484.09	960309.47	921760.63
Hybrid II	연간1인당 평가액(원)	9606507.31	12340639.54	11428332.72	11125159.86
	월별1인당 평가액(원)	800542.28	1028386.63	952361.06	927096.65

<부표 30> 취업주부(고졸, 미취학아이 무)의 무급노동가치 평가액 종합표

		20대	30대	40대	50대	60대	전체
개별기능대체비용법	연간1인당 평가액(원)	3159272.69	7959276.69	7029829.31	5693222.07	5523671.19	5873054.39
	월별1인당 평가액(원)	263272.72	663273.06	585819.11	474435.17	460305.93	489421.20
종합대체비용법 I	연간1인당 평가액(원)	3031042.21	8109837.75	8439455.18	7337631.01	6369967.15	6657586.66
	월별1인당 평가액(원)	252586.85	675819.81	703287.93	611469.25	530830.60	554798.89
종합대체비용법 II	연간1인당 평가액(원)	2813041.27	5982121.52	5651338.22	4538887.67	5774023.42	4951882.42
	월별1인당 평가액(원)	234420.11	498510.13	470944.85	378240.64	481168.62	412656.87
총기회비용법	연간1인당 평가액(원)	3925015.63	10862741.54	7223145.46	5844179.57	6348911.99	6840798.84
	월별1인당 평가액(원)	327084.64	905228.46	601928.79	487014.96	529076.00	570066.57
순기회비용법	연간1인당 평가액(원)	3919548.97	10843016.10	7199293.47	5837128.51	6335342.54	6826865.92
	월별1인당 평가액(원)	326629.08	903584.67	599941.12	486427.38	527945.21	568905.49
Hybrid I	연간1인당 평가액(원)	3514152.01	9460574.57	7465762.13	6169279.03	6144518.45	6550857.24
	월별1인당 평가액(원)	292846.00	788381.21	622146.84	514106.59	512043.20	545904.77
Hybrid II	연간1인당 평가액(원)	3559558.17	9587526.60	7374247.41	6059468.85	6123329.15	6540826.04
	월별1인당 평가액(원)	296629.85	798960.55	614520.62	504955.74	510277.43	545068.84

<부표 31> 취업주부(대졸, 미취학아이 유)의 무급노동가치 평가액 종합표

		20대	30대	40대	전체
개별기능대체 비용법	연간1인당 평가액(원)	7280554.89	10738733.07	10365940.85	9461742.94
	월별1인당 평가액(원)	606712.91	894894.42	863828.40	788478.58
종합대체 비용법 I	연간1인당 평가액(원)	7182183.78	10861052.48	10054842.53	9366026.27
	월별1인당 평가액(원)	598515.32	905087.71	837903.54	780502.19
종합대체 비용법 II	연간1인당 평가액(원)	6665621.27	8011521.04	6733055.00	7136732.44
	월별1인당 평가액(원)	555468.44	667626.75	561087.92	594727.70
총기회비용법	연간1인당 평가액(원)	9300491.92	14547862.68	8605720.23	10818024.94
	월별1인당 평가액(원)	775040.99	1212321.89	717143.35	901502.08
순기회비용법	연간1인당 평가액(원)	9287538.44	14521445.50	8577302.76	10795428.90
	월별1인당 평가액(원)	773961.54	1210120.46	714775.23	899619.07
Hybrid I	연간1인당 평가액(원)	8275615.54	12689828.56	9391910.92	10119118.34
	월별1인당 평가액(원)	689634.63	1057485.71	782659.24	843259.86
Hybrid II	연간1인당 평가액(원)	8378384.17	12861710.18	9329603.81	10189899.39
	월별1인당 평가액(원)	698198.68	1071809.18	777466.98	849158.28

<부표 32> 취업주부(대졸, 미취학아이 무)의 무급노동가치 평가액 종합표

		20대	30대	40대	50대	60대	전체
개별기능대체비용법	연간1인당 평가액(원)	3396203.18	7657583.15	8534246.77	4668249.12	5786109.85	6008478.41
	월별1인당 평가액(원)	283016.93	638131.93	711187.23	389020.76	482175.82	500706.53
종합대체비용법 I	연간1인당 평가액(원)	3351946.39	7652021.63	9764802.91	6750922.99	5902979.42	6684534.67
	월별1인당 평가액(원)	279328.87	637668.47	813733.58	562576.92	491914.95	557044.56
종합대체비용법 II	연간1인당 평가액(원)	3110865.14	5644419.12	6538834.88	4175963.74	5350724.84	4964161.54
	월별1인당 평가액(원)	259238.76	470368.26	544902.91	347996.98	445893.74	413680.13
총기회비용법	연간1인당 평가액(원)	4340567.06	10249518.64	8357481.65	5376886.10	5883467.83	6841584.26
	월별1인당 평가액(원)	361713.92	854126.55	696456.80	448073.84	490288.99	570132.02
순기회비용법	연간1인당 평가액(원)	4334521.63	10230906.74	8329883.90	5370398.83	5870893.17	6827320.85
	월별1인당 평가액(원)	361210.14	852575.56	694156.99	447533.24	489241.10	568943.40
Hybrid I	연간1인당 평가액(원)	3861841.31	8963375.44	8738208.75	5533696.59	5860736.92	6591571.80
	월별1인당 평가액(원)	321820.11	746947.95	728184.06	461141.38	488394.74	549297.65
Hybrid II	연간1인당 평가액(원)	3909764.93	9086625.97	8641721.99	5419292.84	5856766.66	6582834.48
	월별1인당 평가액(원)	325813.74	757218.83	720143.50	451607.74	488063.89	548569.54

<부표 33> 취업주부(대학원졸, 미취학아이 유)의 무급노동가치 평가액 종합표

		20대	30대	40대	전체
개별기능대체 비용법	연간1인당 평가액(원)	8030003.23	9907495.41	18713152.66	12216883.77
	월별1인당 평가액(원)	669166.94	825624.62	1559429.39	1018073.65
종합대체 비용법 I	연간1인당 평가액(원)	7959388.49	9714346.16	20905594.76	12859776.47
	월별1인당 평가액(원)	663282.37	809528.85	1742132.90	1071648.04
종합대체 비용법 II	연간1인당 평가액(원)	7386927.26	7165667.30	13999077.44	9517224.00
	월별1인당 평가액(원)	615577.27	597138.94	1166589.79	793102.00
총기회 비용법	연간1인당 평가액(원)	10306924.82	13011904.17	17892642.19	13737157.06
	월별1인당 평가액(원)	858910.40	1084325.35	1491053.52	1144763.09
순기회 비용법	연간1인당 평가액(원)	10292569.60	12988276.10	17833557.81	13704801.17
	월별1인당 평가액(원)	857714.13	1082356.34	1486129.82	1142066.76
Hybrid I	연간1인당 평가액(원)	9161552.92	11425603.26	18818152.77	13135102.98
	월별1인당 평가액(원)	763462.74	952133.60	1568179.40	1094591.92
Hybrid II	연간1인당 평가액(원)	9274541.04	11586439.59	18621959.85	13160980.16
	월별1인당 평가액(원)	772878.42	965536.63	1551829.99	1096748.35

<부표 34> 취업주부(대학원졸, 미취학아이 무)의 무급노동가치 평가액 종합표

		20대	30대	40대	50대	60대	전체
개별기능대체비용법	연간1인당 평가액(원)	3461594.44	8799523.75	8287320.87	6542152.60	1277332.69	5673584.87
	월별1인당 평가액(원)	288466.20	733293.65	690610.07	545179.38	106444.39	472798.74
종합대체비용법 I	연간1인당 평가액(원)	2984559.90	7817582.36	8700295.40	10641197.93	1604305.70	6349588.26
	월별1인당 평가액(원)	248713.32	651465.20	725024.62	886766.49	133692.14	529132.35
종합대체비용법 II	연간1인당 평가액(원)	2769902.10	5766542.94	5826005.45	6582397.23	1454214.52	4479812.45
	월별1인당 평가액(원)	230825.17	480545.25	485500.45	548533.10	121184.54	373317.70
총기회비용법	연간1인당 평가액(원)	3864823.86	10471279.36	7446392.90	8475360.97	1599002.86	6371371.99
	월별1인당 평가액(원)	322068.65	872606.61	620532.74	706280.08	133250.24	530947.67
순기회비용법	연간1인당 평가액(원)	3859441.03	10452264.77	7421803.72	8465135.36	1595585.33	6358846.04
	월별1인당 평가액(원)	321620.09	871022.06	618483.64	705427.95	132965.44	529903.84
Hybrid I	연간1인당 평가액(원)	3547865.57	9401128.67	7956301.75	8518686.36	1519096.62	6188615.79
	월별1인당 평가액(원)	295655.46	783427.39	663025.15	709890.53	126591.39	515717.98
Hybrid II	연간1인당 평가액(원)	3600809.11	9549961.81	7886375.84	8319197.35	1511088.05	6173486.44
	월별1인당 평가액(원)	300067.43	795830.15	657197.99	693266.45	125924.00	514457.20

<부표 35> 여성가구주(전체)의 무급노동가치 평가액 종합표

		20대	30대	40대	50대	60대	전체
개별기능대체비용법	연간1인당 평가액(원)	2735642.94	7849410.60	6810179.09	6448853.92	4408356.60	5650488.63
	월별1인당 평가액(원)	227970.24	654117.55	567514.92	537404.49	367363.05	470874.05
종합대체비용법 I	연간1인당 평가액(원)	2587676.16	7682746.19	7632687.50	7744981.20	5070817.23	6143781.66
	월별1인당 평가액(원)	215639.68	640228.85	636057.29	645415.10	422568.10	511981.80
종합대체비용법 II	연간1인당 평가액(원)	2438009.54	5814852.06	5342622.36	5021246.79	4674247.33	4658195.62
	월별1인당 평가액(원)	203167.46	484571.01	445218.53	418437.23	389520.61	388182.97
총기회비용법	연간1인당 평가액(원)	3401736.63	10559002.34	6828566.43	6465255.37	5139637.09	6478839.57
	월별1인당 평가액(원)	283478.05	879916.86	569047.20	538771.28	428303.09	539903.30
순기회비용법	연간1인당 평가액(원)	3396998.78	10539828.45	6806017.41	6457454.98	5128652.21	6465790.36
	월별1인당 평가액(원)	283083.23	878319.04	567168.12	538121.25	427387.68	538815.86
Hybrid I	연간1인당 평가액(원)	3038920.83	9186840.39	7009789.74	6764057.22	4936389.97	6187199.63
	월별1인당 평가액(원)	253243.40	765570.03	584149.15	563671.44	411365.83	515599.97
Hybrid II	연간1인당 평가액(원)	3077538.34	9315560.73	6956482.17	6680109.78	4924885.68	6190915.34
	월별1인당 평가액(원)	256461.53	776296.73	579706.85	556675.81	410407.14	515909.61

<부표 36> 여성가구주(전업주부)의 무급노동가치 평가액 종합표

		20대	30대	40대	50대	60대	전체
개별기능 대체비용법	연간1인당 평가액(원)	13982581.59	17141438.31	13280588.58	10439745.23	6765703.46	12322011.43
	월별1인당 평가액(원)	1165215.13	1428453.19	1106715.72	869978.77	563808.62	1026834.29
종합대체비용법 I	연간1인당 평가액(원)	13119421.94	16543326.95	14078676.86	11937195.11	7314389.81	12598602.13
	월별1인당 평가액(원)	1093285.16	1378610.58	1173223.07	994766.26	609532.48	1049883.51
종합대체비용법 II	연간1인당 평가액(원)	12360617.77	12521173.61	9854596.28	7739154.05	6742358.38	9843580.02
	월별1인당 평가액(원)	1030051.48	1043431.13	821216.36	644929.50	561863.20	820298.33
총기회비용법	연간1인당 평가액(원)	17246678.31	22736795.35	12595456.08	9964777.56	7413658.87	13991473.23
	월별1인당 평가액(원)	1437223.19	1894732.95	1049621.34	830398.13	617804.91	1165956.10
순기회비용법	연간1인당 평가액(원)	17222657.58	22695508.04	12553863.86	9952754.96	7397813.74	13964519.64
	월별1인당 평가액(원)	1435221.46	1891292.34	1046155.32	829396.25	616484.48	1163709.97
Hybrid I	연간1인당 평가액(원)	15435649.22	19842317.10	13110699.19	10551218.98	7222889.94	13232554.89
	월별1인당 평가액(원)	1286304.10	1653526.42	1092558.27	879268.25	601907.50	1102712.91
Hybrid II	연간1인당 평가액(원)	15633871.88	20124644.58	13027859.69	10432607.18	7215059.39	13286808.54
	월별1인당 평가액(원)	1302822.66	1677053.72	1085654.97	869383.93	601254.95	1107234.05

<부표 37> 여성가구주(취업주부)의 무급노동가치 평가액 종합표

		20대	30대	40대	50대	60대	전체
개별기능대체비용법	연간1인당 평가액(원)	4823735.77	7630284.18	5651858.42	5423988.31	4356115.36	5577196.41
	월별1인당 평가액(원)	401977.98	635857.01	470988.20	451999.03	363009.61	464766.37
종합대체비용법 I	연간1인당 평가액(원)	4672507.49	7430239.08	6547100.61	6625845.97	5036281.40	6062394.91
	월별1인당 평가액(원)	389375.62	619186.59	545591.72	552153.83	419690.12	505199.58
종합대체비용법 II	연간1인당 평가액(원)	4402257.92	5623736.62	4582748.36	4295686.06	4642412.42	4709368.28
	월별1인당 평가액(원)	366854.83	468644.72	381895.70	357973.84	386867.70	392447.36
총기회비용법	연간1인당 평가액(원)	6142437.82	10211961.96	5857348.60	5531038.12	5104632.55	6569483.81
	월별1인당 평가액(원)	511869.82	850996.83	488112.38	460919.84	425386.05	547456.98
순기회비용법	연간1인당 평가액(원)	6133882.80	10193418.25	5838006.69	5524364.87	5093722.48	6556679.02
	월별1인당 평가액(원)	511156.90	849451.52	486500.56	460363.74	424476.87	546389.92
Hybrid I	연간1인당 평가액(원)	5458126.51	8894678.55	5965047.93	5763252.52	4897177.98	6195656.70
	월별1인당 평가액(원)	454843.88	741223.21	497087.33	480271.04	408098.16	516304.72
Hybrid II	연간1인당 평가액(원)	5525359.76	9020005.24	5915235.88	5689431.80	4885273.51	6207061.24
	월별1인당 평가액(원)	460446.65	751667.10	492936.32	474119.32	407106.13	517255.10